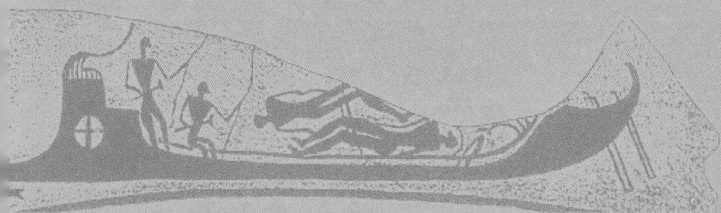

我们头上的灿烂星空

林炎平 著

ZHEJIANG UNIVERSITY PRESS
浙江大学出版社

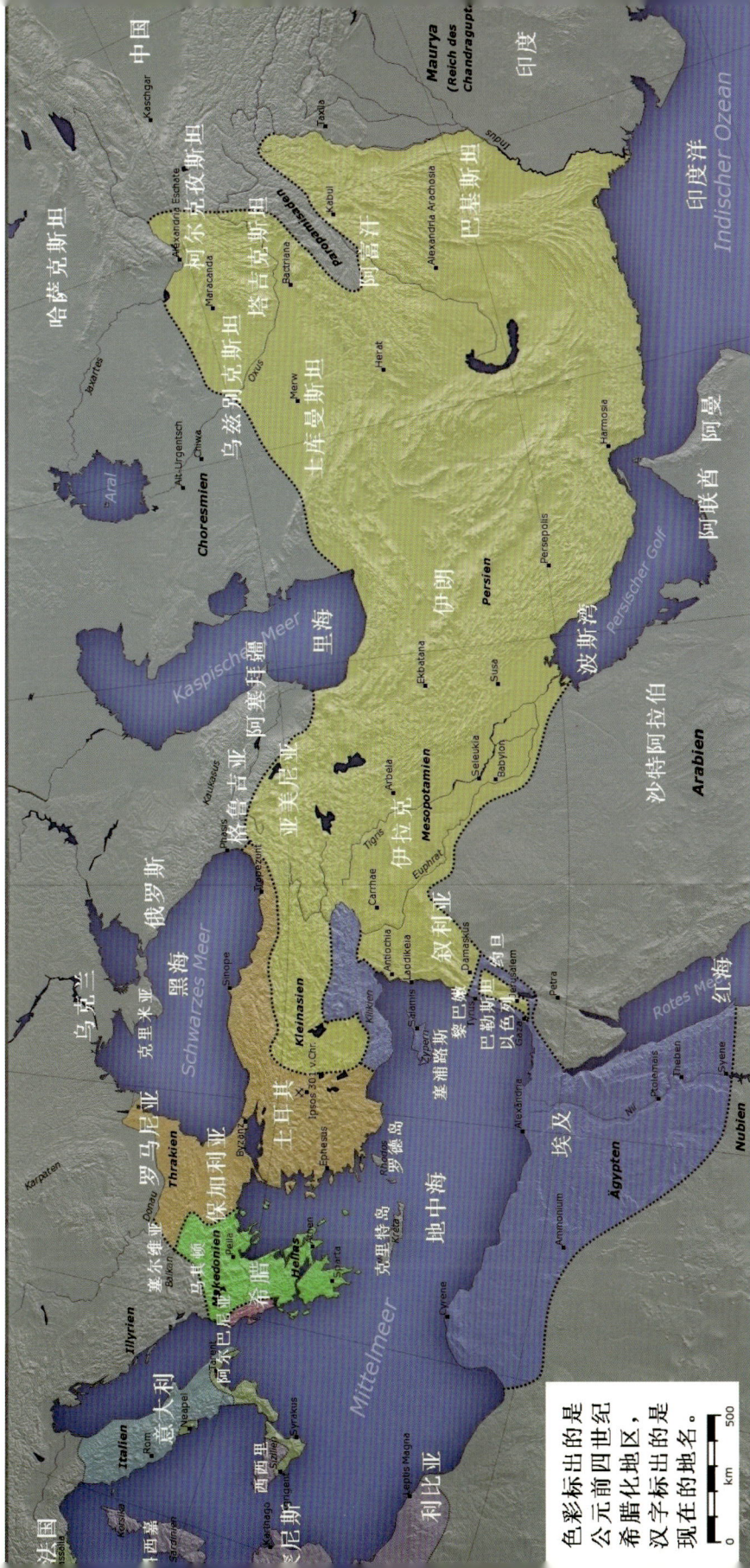

彩图 1-1 公元前四世纪希腊化时代古希腊文明所影响的地区（由着色部分表示）。图中还有一些希腊化地区没有标出，比如乌克兰的克里米亚地区（未着色），西班牙东南部地区和北非西北部地区（未纳入图中）。可见欧亚非三大洲古希腊文明受到希腊文明的影响，其中以亚洲受到影响的地域最广

色彩标出的是
公元前四世纪
希腊化地区，
汉字标出的是
现在的地名。

中国

印度

Indischer Ozean 印度洋

Maurya
(Reich des
Chandragupta)

哈萨克斯坦

Kaschgar

Jaxartes

阿姆河
Alexandria Eschate

Alt-Urgentsch
Chiwa

利
索
克
斯

Maracanda

塔
吉
克
斯
坦

乌
兹
别
克
斯
坦

Oxus

Drangiana

Kabul

阿富汗

snpul

巴基斯坦

Alexandria Arachosia

土库曼斯坦

Herat

Merv

Bactriana

Aral

Aral

Choresmien

Kaspisch Meer

里海

伊朗

Persien

Hormosia

Persepolis

阿曼

阿联酋

波斯湾

Persischer Golf

格
鲁
吉
亚

阿
塞
拜
疆

Koukasos

Phasis

Trapezunt

俄罗斯

Schwarzes Meer
黑海

Sinope

亚
美
尼
亚

伊
拉
克

Mesopotamien

Arbela

Tigris

Ekbatana

Susa

Seleukia

Babylon

沙特阿拉伯

Arabien

乌克兰

克里米亚

Bukarest

Donau

罗马尼亚

Thrakien

塞
尔
维
亚

马其顿

保加利亚

阿
尔
巴
尼
亚

Byzanz

Kleinasien

土耳其
(罗德岛)

Ipsos 301 v.Chr.

Kilikien

Salamis

Ephesos

Cypern

叙利亚

Antiochia

Laodikeia

Carrhae

Euphrat

Damaskus

约旦

以色列

Gaza

Jerusalem

Petra

塞
浦
路
斯

黎巴嫩

巴勒斯坦

Illyrien

Makedonien

Pella

希腊
Hellas

Delphi

克里特岛

Kreta

地中海

Rhodos

(罗德岛)

Kyrene

Ammonium

Alexandria

埃及

Ägypten

Nil

Memphis

红海

Rotes Meer

Rotes Meer

Ptolemais

Theben

Syene

Nubien

意大利
Italien

Rom

Neapel

西西里
Sizilien

Syrakus

尼斯

利比亚

Leptis Magna

法国

Massalia

西
撒
丁
岛
Sardinien

Karpaten

Kerkyra

Mittelmeer

色彩标出的是
公元前四世纪
希腊化地区，
汉字标出的是
现在的地名。

0   km   500

目 录

一　梦回古希腊

　　现代的希腊，位于欧洲南部的巴尔干半岛，古老的雅典城就在其南端；在西边和其平行的，是亚平宁（意大利）半岛；再向西，是伊比利亚（西班牙、葡萄牙）半岛；东边，是小亚细亚（今天的土耳其）；向南越过地中海，是埃及的亚历山大港和北非；向东北穿过博斯普鲁斯海峡，就是黑海，一直到黑海北岸的克里米亚（今属乌克兰）。所有这些地区都曾经是古代希腊文明圈的范围。"希腊奇迹"（彩图1-1）就发生在这里。

　　2004年雅典奥运会前，我从巴黎的工作中逃脱出来拜访了希腊。这是期待和准备已久的拜访，对于希腊的景仰，早自我大学时代就已开始，至于理由，正是本书要叙述的。

　　在抵达希腊之前，我就已经知道将看到什么，正因为如此，我更加忐忑不安。五月的雅典和爱琴海，阳光明媚，碧波万顷。蓝色的地中海、白色的海岛和海岸线，构成了希腊国旗的颜色。雅典和爱琴海（彩图1-2），不知是谁，用这两个美丽的中文译名表达了本来就非常美丽的地名，使得原本的美丽又平添了几分浪漫。

　　希腊，是传说中天神宙斯、雅典娜和阿波罗的故乡，也是哲人苏格拉底、柏拉图和亚里士多德的故乡；是天地间盗火英雄普罗米修斯的故乡，也是军事天才亚历山大的故乡；是绝色美人海伦的故乡，也是千古诗人荷马的故乡；是科学和民主的故乡，也是现代文明的故乡。

这些神话中的英雄、真实的历史人物和惊世骇俗的理念交织在一起，这些浪漫的神话、真实的历史和深刻的哲理重叠在一起，构成了古希腊在我心目中独特的地位和对她的憧憬。古希腊瑰丽的神话令人陶醉，而古希腊真实的历史却更加辉煌。

这里曾经演绎了举世无双的浪漫和无可争辩的壮举，其激起的波涛至今还留在地中海的涟漪里，拍打着希腊的海岸，波及整个世界。这是一个无法仅仅用眼睛观赏的胜地，感受希腊，必须用心智。

虽然这本书的文字始于雅典，但对于这本书的思想准备则早从我的大学时代就开始了，那还是在遥远东方的中国，还是在20世纪80年代。此后岁月如梭，我游历了大半个地球，虽不曾到过希腊，但是古希腊却在我的脑海里越来越清晰，越来越接近，以至于第一次踏上希腊的土地，居然有一种久违的亲切感。在我第一次拜谒雅典后，终于决心落笔写出我所理解的古希腊。

雅典，未曾谋面却魂牵梦绕。当年的古希腊，如今遍布废墟，令人黯然神伤，也让人斗志昂扬。我终于发现并且理解，废墟可以耸立。难道真的有耸立的废墟吗？是的，我用眼睛看到了物质上伟岸的废墟，也用思想看到了精神上耸立的废墟。本书意在表达前者，更在表达后者。

雅典的卫城历经2500年的自然和人为的破坏——暴风和骤雨、雷霆和地震，甚至炸药和焚烧——却至今依旧巍然屹立（彩图1-3）。让人在唏嘘废墟之苍凉的同时，倍感其底蕴的坚韧和伟大。她直视你的眼睛，告诉你，废墟无疑可以耸

雅典卫城复原图

立。她也让你理解，那些即便在物质上不再耸立的废墟也不曾在精神上倒下。

光阴似箭，当我再次来到希腊时，已经是四年后2008年北京奥运会前夕的六月了。几年来，我带着未完成的手稿，走遍了欧洲、美洲和亚洲的许多地方，也探访了曾经是古希腊文明圈的不少名胜。我不仅仅去了希腊境内的著名遗址，还去了希腊以外在古希腊时期也属于希腊文明圈的一些角落。

曾经想沿着2300多年前古希腊亚历山大大帝（Alexander the Great）东征的路线，重新走一遍这位伟大的希腊化时代开创者所到过的各处，但是我知难而退了。在这条当年的远征路线上，今天布满着艰难险阻甚至硝烟烽火。叙利亚、黎巴嫩、埃及、巴勒斯坦、以色列、伊拉克、伊朗、阿富汗和巴基斯坦都在其上。希腊化时期这些地区曾经有过的和平早已不复存在。

所有曾经的古希腊城市，今天只可见断壁残垣，而那些后来接受了古希腊文明的世界各地，则承袭了古希腊建筑的风格，诠释着古希腊的传统和光荣。

世界，由于古希腊的兴起而出现理性的光明，由于古希腊的消亡而步入狂热的黑暗，由于古希腊精神的再生而重返理性和光明。

古希腊，这究竟是一个什么样的文明？当她降临于人间时，如同一位不速之客，和当时所有的文明都格格不入；当她被迫离去后，一别几近千年，让人类饱尝暗夜的煎熬；当她重返人类社会，尘封古旧却不减辉煌，依旧炫目。这是一个不老的文明，正是由于她，我们才有了现代文明。现代文明年轻的活力，正源于古希腊文明深厚的底蕴。

如果我们说人类的物质文明始于水与火，那是不夸张的。世界上每个民族都有着水与火的传说和神话。由于有了

博斯普鲁斯海峡（笔者摄）

水，这个星球才告别了死寂，有了生命；由于有了火，人类才走出洪荒，步入文明。

人类的精神文明也同样需要经历"水与火"的洗礼，这就是科学和民主。整个人类文明从此不再仅仅是过去文明的延续。而"科学"和"民主"正是古希腊人的馈赠，其对于人类文明的进步，就如同"水"与"火"之于人类生命的生存。

如果说人类告别洪荒是由于物质的水与火的恩赐，那么人类走向文明就是因为精神的"水与火"的洗礼。

"水火不容"在这里消失了，代之以水与火对于人类生存不可或缺的意义。人类文明历程中被刻意制造出来的"东西方冲突"曾经被渲染得"水火不容"，其实绝不真实，也大可不必。

拜占庭（Byzantium，今天的伊斯坦布尔），是东西方政治文化冲突和融合的象征：地理上处于欧亚的交界，文化上融汇了东西方的特点，政治上从来都是东西方争夺和妥协的焦点。而拜占庭，源于古希腊。古希腊人在公元前667年得到德尔菲神喻后向东航海至博斯普鲁斯海峡边建立了这座日后闻名

世界的城市，和古希腊在东方小亚细亚的城邦连成一片。数千年来，历经沧桑，阅尽变迁——从古希腊的拜占庭，到罗马帝国的"新罗马"（Nova Roma），到拜占庭帝国亦即东罗马帝国的君士坦丁堡（Constantinopole），再到奥斯曼帝国的伊斯坦布尔（Istanbul），直至今天土耳其的伊斯坦布尔。

这座创建于古希腊的城市，带给人们太多的回忆和遐想。一个夏日的傍晚，我站在伊斯坦布尔城中的高地，从那里可以看到界分欧亚大陆且连接地中海和黑海的狭长的博斯普鲁斯（Bosphorus）海峡，西斜太阳照耀下的海峡和川流不息的船只显得格外清晰，折射着古希腊时代这里的繁荣。数千年来，不同的文明曾经在这里碰撞，彼此借鉴、融合，或者纷争、对抗，乃至战争，甚至屠杀。古希腊人通过这里把文明传向东方和黑海北岸；后来波斯帝国的大流士和薛西斯的大军向西越过这里去攻打古希腊；然后古希腊的亚历山大大帝从这里向东跨越，横扫了波斯帝国，一直征服到了印度河流域和阿富汗；罗马帝国步后尘从这里向东征服了仅次于亚历山大大帝的疆土；15世纪时，奥斯曼帝国又从东向西越过这里把版图扩展到了西方；近代的欧洲随着文艺复兴带来的力量把欧洲文明的版图扩展到了世界各地，也扩展到了这座城市西侧不远的地方，却把这座城市留给了东方。

东方和西方，一个绝不轻松，但却无法回避，而且永远引人入胜的话题。本书要说的就是在东方文化衬托下的作为西方文明本源的古希腊文明。作为一个在西方生活多年的东方人，我所阐述的古希腊文明也许独具视角。我无意罗列东西方文明的细节，也不想对立它们之间的不同，只是以一位文化行者的眼光，以久经科学训练的头脑，探寻这久远的文明，思量眼前的现实和回味曾经的历程。也许，这将会是非常有意义的。

二　奥林匹克——古希腊的启示

我愿意是废墟，……只要我的爱人，是青青的常春藤，
沿着我荒凉的额，亲密地攀缘上升。

——裴多菲

古希腊的废墟，是挥之不去的伤感、刻骨铭心的思念、
难以忘怀的惆怅，也是极目远眺的希冀、昂首挺胸的振奋。

——作　者

奥林匹克运动会，这是一个世界上家喻户晓的名词，中
国人自然也不例外。但说到奥运会的诞生地希腊，就不是那么
为中国人所知了。

希腊，是一个对普通中国人而言既熟悉又陌生的地理名
词。大多数中国人对于希腊的认识更多地来自2004年的雅典奥
运会。那是一届几近完美的奥运会。许多中国人也许是从那时
开始才知道了希腊。

而作为文化名词的希腊，对中国人来说就更加陌生了；
进而对于历史名词的希腊，那就太遥远了；至于诞生奥运会的
那个古希腊，那就更像是一个遥远的梦。

希腊有两个，现代的希腊和古代的希腊。这是两个几乎
完全不同的概念。现代希腊并不是古希腊的直接延续，甚至也
不是古希腊文化的直接继承者。在现代希腊和古希腊之间，是

千年的断层，这既是历史的，也是文化的，甚至是民族的。

古希腊在地理上远不仅是今天的希腊，还包含了地中海沿岸的很多地区，比如小亚细亚、欧洲的南部（今天希腊所在地巴尔干半岛和意大利半岛的南部，以及法国的南部和西班牙的东部）、北非的地中海沿岸，甚至黑海附近的一些地区，直至黑海的北岸（今天的乌克兰克里米亚地区）。如果把亚历山大大帝后希腊化的地区都算在内，那就包括了欧亚非更大的地区：向南包括了整个埃及，向东一直延绵到今天的阿富汗、巴基斯坦和印度河流域。以亚历山大命名的城市是世界上最多的同名城市，那些由亚历山大创建并且命名为亚历山大的城市就有70多个，遍及小亚细亚，直到印度河流域。有一些保留了下来，如埃及的亚历山大里亚；有一些改了名字，如今天阿富汗境内的城市坎大哈。

从民族和文化的角度上说，现代的希腊人更像是仅仅居住在古希腊人曾经居住过的一部分土地上的人。勿庸置疑，现代希腊人是值得自豪的。他们为了保存古希腊文明的遗产所做的不懈努力使得我们今天仍然可以看到古希腊的依稀印象。从1896年在雅典举行的第一届现代奥运会到2004年的第28届奥运会，我们都看到了现代希腊令人钦佩的风采。

当然，奥林匹克运动会也有两个，古代的和现代的。古代的奥运会诞生于公元前786年的古希腊，因举办地在奥林匹亚（Olympia）而得名，每隔四年举行一次，一直延续了1000多年。在古希腊被古罗马统治后，随着基督教成为国教，古希腊的传统被认为是异教，古代奥运会被迫终止了。我们熟悉的奥运会是现代奥运会，它在法国人顾拜旦的倡导下于公元1896年成功举行，当时距离最后一届古代奥运会已经有1500年了。在这久远的历史断层后重新兴起的现代奥林匹克运动，其宗旨就是继续古希腊的奥林匹克传统——和平、友谊、团结和公平竞争。短短的百年，现代奥林匹克运动见证了人类近代的沧桑巨变，而人类也从奥林匹克运动见证了来自古希腊的精神。

在数千年后重返古希腊的奥林匹克运动不仅不无道理，而且充满了远见卓识。在百年奥运之后，在物质极大繁荣的今天，人类社会终于发现，古希腊的奥运会对于我们仍然无可比拟，不可企及。因为，那是古希腊精神的象征。于是，重返古希腊开创的奥林匹克运动不仅仅是一种崇拜，也不仅仅是一种溯源，而是一种精神的回归、理性的启迪。

古希腊的奥运会的参与者是各个城邦国家的运动员，他们没有一个是职业运动员，也就是说，他们都不是以体育为生的。他们也许是士兵，学者，商人，工匠，学生，政治家……

古希腊有数百个城邦，遍及地中海沿岸，一个城邦就是一个国家。这些城邦在文明和文化上属于古希腊，但是在政治上却是完全独立的国家。他们之间有争执，甚至有战争，甚至争执不断、战争不断。但是在奥运会期间，所有交战的城邦都必须休战，他们丢掉武器和铠甲，赤身裸体在同一个运动场比赛。那里没有了城邦的界限，也没有了阶级的区别，在同一个地点，用同一个规则，进行体育竞赛。运动员赛前要宣誓："不以不正当的手段取胜！"

奥林匹克休战和奥林匹克竞赛是如此的难以置信，战争的敌对双方，在你死我活的战场较量中，居然放下武器，赤身裸体走进运动场，进行体育竞赛。而竞赛中不许有敌对的情绪，更不许有由敌对情绪造成的不公平的举动。

这样的胸怀和实践让今天的我们困惑，如果没有准确无误的历史记载，没有多少中国人会相信这样的君子曾经在历史上存在过，也不会相信这样君子的制度和规则曾经在历史上实现过。

这样的制度、规则和胸怀不是凭空出现和存在的，她们是一个伟大文明在体育领域的折射。

尽管，她的战争背景是如此的显而易见，标枪就是武器，摔跤也是格斗。毋庸讳言，征服的荣耀和对胜利者的赞美是其功利的外表。但是，她的和平、友谊、竞争、公正的原则是如此地不容置疑，这是她更加本质的内涵。如果我们说前者是途径，那么后者就是所追求的结果；前者是表象，那么后者就是实质。

没有哪个社会曾经把竞争和友谊在同一个时间和空间里统一起来，也没有哪个社会曾经使征服和公正相辅相成。竞争中不失友谊，征服中不失公正。这也许就是古希腊奥运会给予我们今天最大的启示，这也许就是古希腊精神在现实生活中的一个折射。

也许我们今天还可以争辩说，古希腊也许未必真正做到了这些完美的统一，以此使得我们少一点现代的和东方的惭愧。但是，古希腊却毫无疑义的是这些原则坚定的追求者和实践者。

今天的中国，人人都知道奥林匹克运动会（当然是现代的），但是没有多少人知道现代奥林匹克的宪章和宗旨。也许有一部分人知道古代奥运会，但是很少有人知道古代奥林匹克的背景和原则。至于诞生古希腊奥运会的古希腊，普通大众就更不了解了。没有多少人知道古希腊的文化，而能够理解这个文化和文明的人就更加少了，就是一些知识精英对于古希腊的理解也难免似是而非。

作为现代奥运会直接起源的古代奥运会却仅仅是古希腊

文明中一个部分的一个注释。亦即，如果把古希腊文明比作一部浩瀚的著作，那么伟大的古希腊奥林匹克运动可以比拟为这部伟大著作的某一个章节的一个注释，而现代奥运会只是这个注释的翻译。我在此绝无半点不尊重奥运会的意思，而是，只有这样表述，我们才可以理解现代奥运会和古希腊文明之间的关系和古希腊文明的伟大。

其实，用任何语言来形容古希腊的伟大都不会过分，甚至难以充分。古代的希腊文明是几乎所有现代文明的起源，我们今天的所有现代文明几乎都可以在古希腊找到其源头。说得简单一些，我们今天的科学和民主，就是诞生在古希腊，并且仅仅诞生在古希腊。

世界上有许多物质的奇迹，从古代的被贴上标签的七大奇迹和没有这些标签的奇迹，到现代的无数奇迹，人类创造的物质文明已经让人类自己都难以界定到底哪个才是更加伟大的奇迹。但是在人类创造的精神文明中，只有一种精神文明是独一无二的，而且是无可比拟的，这就是古希腊文明。

我们今天顶礼膜拜和为之激动不已的奥运会仅仅是古希腊精神文明中极小的一部分，而就是这样一部分，已经让我们心潮澎湃。仅仅从现代奥运会由1936年柏林奥运会开创的圣火点燃和火炬传递仪式，我们就可以看到这样一种精神的表象得到了多么广泛的共鸣。但是，我们今天为之共鸣的是精神本身还是其物质表象？当我们高举奥林匹克的火炬时，我们理解奥林匹克精神吗？

从古希腊文明兴起的公元前5000年 [1]，到古希腊文明被摧毁的公元500年，这期间的5000多年里，古希腊带给后世的是这样一种独一无二的精神文明——对人的价值和真理的追求，这就是人类最伟大的精神。在经过中世纪的漫长年代后，欧洲

[1] 从公元前约5000年开始，源于印欧语系的希腊语就在地中海地区开始出现。参见 Charles Freeman. The Greek Achievement. Penguin Books Ltd., 1999. 更准确的年代还在继续研讨之中。

从古希腊精神中找到了真实的自己。那就是曾经震撼了欧洲，进而震撼了世界，至今仍然影响着我们的文艺复兴运动。整个世界因此而走出了禁锢，迈向了开放，开启了现代文明。

我不知道人类应该如何对古希腊感恩戴德，其实任何感恩戴德都不足够；我也不知道人类应该如何对古希腊歌功颂德，因为任何歌功颂德都不充分。也许我们真正可以做的是对古希腊精神的继承和发扬，对此我们迄今做得竭尽全力但是仍然捉襟见肘，一如现代奥运会。但这也许是我们唯一可以不辜负这样一种伟大遗产的方式。

中国有人曾经这样评价孔子的价值："天不生仲尼，万古长如夜。"然而孔子的出现、诸子百家的出现以及那个百家争鸣的时代，并没有给中国带来民主或者科学。"秦砖汉瓦"，从秦朝，到清朝，延续了2000多年。如果没有外来的影响，我们没有任何理由不相信这样的一成不变，同时是物质的和精神的一成不变，会再继续几个千年，也许永远。但用这样的语句——世无古希腊，万古长如夜——来赞美古希腊，却是恰如其分的。

人类如果没有了古希腊会是什么样子？毫无疑问，人类就是没有过古希腊也会继续存在和繁衍，就如同古希腊以前的人类一样。但是，没有古希腊的人类很可能就相当于一个人没有了灵魂和头脑。

古希腊创造的民主就是人类的灵魂，而她倡导的科学则是人类的头脑。人类今天这两种最宝贵的特质，是由，并仅仅是由，古希腊人创造的。

我在这里所写的，不是赞美，因为任何赞美都会显得苍白无力；也不是游记，因为游记已经堆积成山；也不是论述，因为论述是史学家的事情，他们会做得更好。我所写的，是一个经历了西方和东方文化冲击的人感受到的巨大反差，是一种对比了这样的反差后的感慨，是感慨后的深入思考，是思考后在笔头的随意流露。

我不可能跨越时间回到古希腊去拜访。我可以做的是跨越空间到曾经是古希腊的部分遗址去寻源。也许这样的旅行和对于历史记载的研究可以同时把我从某种程度上带回到古代的希腊。当我这样一个与古代和现代的希腊都素昧生平的人第一次来到希腊时，已经是2004年第28届现代奥运会的前夕。作为一个具有中国背景的人，我就像一个在现实空间和书本空间穿梭的孤独行者。我不曾看到我的周围有哪个国人有对古希腊这样的探寻热情，因此也不奢求找到一个同行的旅伴，因为我知道，我的目的地几乎都是废墟。

古代的奥运会遗址已经成为废墟，古代的希腊已经是一个遥远的过去，以古希腊文明为旗帜和实质的文艺复兴也已经远去，甚至由文艺复兴直接导致的工业革命也只见其逐渐淡去的背影。

我怀着十分沉重的心情走遍了雅典的废墟。当我踏浪去几个希腊海岸的小岛时，五月的风正惬意，让这样的沉重有所舒缓。此时此刻地中海的风和古希腊时候的一样，丝毫不变地吹过了7000年。

7000年，对于人类来说是一个相当久远的时间跨度，但在地质年代上，这却是一个极其短暂的瞬间。因此，一切地理上的变迁都是微不足道的，古希腊时代的风也一定这样令人心旷神怡，古希腊的橄榄树枝也一定这样在风中摇曳，只是那些人造的建筑有了巨大的变迁。

过去没有的建筑，巍然矗立；过去矗立的建筑，已成了废墟。

从雅典去爱琴海上的岛屿要在一个著名的港口上船，这就是"比雷埃夫斯"（Piraeus）。从古希腊开始，这里就是著名的港口和军事重镇。古希腊雅典强大的海军就曾经驻扎在这里。我相信，除了港口船只的变化，这里的天和海一定和古希腊时并无二致。

港口停满了船只，大部分是私人游艇。雅典的空气并不干净，但是比雷埃夫斯港口的海水却清澈见底。

比雷埃夫斯港口对我还有一个非常重要的意义，因为我知道，这是柏拉图的著作《理想国》（Republic）中他的老师苏格拉底辩论的起点。这是一部举世闻名的书，在西方家喻户晓，但是在中国却对其知之甚少。

苏格拉底提出了对于追求荣誉和胜利的警告：如果没有正义，"那些热爱荣誉和胜利的人终将成为热衷于赚钱和拜金的人。""当他们越来越看重金钱的同时，就越来越轻视美德。"苏格拉底认为，如果没有正义，从一个热衷荣誉的人转变为拜金者的过程将会非常简单、迅速和自然。于是这些人绝对不应该成为治国的栋梁，也不能够成为一个理想的国家需要的人才。

我们不得不赞叹古希腊关于胜利和荣誉的理性认识。奥林匹克运动赞美荣誉和胜利，也同时崇尚正义和美德。没有正义的荣誉和没有美德的胜利不是奥林匹克的精神。毫无疑问，奥林匹克所赞美的仅仅是具有正义的荣誉和具有美德的胜利。

苏格拉底看似轻描淡写的语言，今天听来却足以振聋发聩。我们今天的体育"英雄"们，有多少遵照了古希腊的奥林匹克原则？我们今天刻意制造这些体育"英雄"的体制，有多少经得起古希腊标准的衡量？胜利和荣誉成了唯一的追求目标，为了"更高、更快、更强"而把"正义、美德、公正"抛

彩图 1-2 典型的希腊地中海、岛屿和海岸线，雅典以南的爱琴海（笔者摄）

彩图 1-3 雅典卫城、帕特农神庙等建筑，历经 2500 年，至今依然耸立

诸脑后。

古希腊哲人的文字，今天我们读起来，俨然在评价当今的一些价值取向，让人不禁汗颜。今天的奥林匹克运动会，比起古希腊的奥运会，多了政治的标榜和商业的张扬，而少了人文的底蕴和精神的赞颂。今天的奥运会，已经在许多方面不同程度地偏离了古希腊的宗旨，也偏离了顾拜旦们创办现代奥运会的初衷。这多少令人想到如今雅典的空气，已经不如古希腊雅典的洁净了，于是也更令人珍惜比雷埃夫斯港口依旧清澈的海水。古希腊的精神应该永存。

雅典和爱琴海的海岸线以及岛屿的植被并不好，许多地方可以看得到裸露的沙砾。实际上，整个希腊本土地区多山地，少平原，并不是一个非常适合农业的地方，因此也绝不会轻而易举就可以做到丰衣足食。可以想象，古希腊人在这里的生活必定需要付出很多的努力。从农耕的角度来看，希腊的自然环境远不如当时波斯帝国统治地区以及当时华夏的中原和长江中下游。我曾经以为古希腊之所以有辉煌的文明一部分是由于她优越的自然环境，其实不然。希罗多德（Herodotus）的《历史》中记载了一个波斯人如此向波斯国王大流士形容古希腊："那是一个山多地少的穷国。"古希腊的哲人亚里士多德这样说：艰难的生存境况，造就了坚忍不拔的人民。

"坚忍不拔的人民"，这太过谦虚了。古希腊人绝不仅仅是"人民"，而更是"公民"。是古希腊人把"公民"这一理念带给了人类社会。古希腊人不仅仅做到了自己丰衣足食，还创造了一个文明。这个文明甚至并不以当时的功利为目的，而是更重视人类对于世界的理解和对于人类自身价值的认知。这文明终究成了人类现代文明的基因。

那些众多的废墟从另外一个角度默默地讲述着古希腊的

故事。与其说是"故事",不如说是"奇迹",一个人类历史上无与伦比和绝无仅有的奇迹。

雅典卫城(Acropolis)上的帕特农神殿(彩图2-1),是来访雅典者的必达之地,也是古希腊最具有代表性的建筑。神殿的巨大在和周围参观者的对比中凸显出来。巨大的石柱和坚固的建筑,历经2500年的沧桑和战火后仍然屹立,[1] 俨然是这个伟大文明的性格和精神。即便时光无情流逝,任凭丑恶猖獗多时,那文明的底蕴永不消蚀,终究是世人永恒的典范和不朽的准则。

巨大的宙斯神殿遗址在卫城脚下不远处,我曾经困惑为什么万神之神宙斯的神殿居然没有占据雅典最神圣的卫城,而他的女儿雅典娜却享有如此殊荣。这个答案相信您在认真读完本书后就会自然得到。我在2004年雅典奥运会前夕摄下了这幅意义深长的照片(彩图2-2)。我在拍摄时特地选择了一个没有任何游人的时刻,摄自宙斯神殿一隅。远处的城堡就是雅典

[1] 在奥斯曼土耳其统治下的19世纪,占领军把帕特农神殿作为军火库屯放炸药,结果引起剧烈爆炸。很难想象在这样的破坏之后,神殿的廊柱和山墙还依然矗立。

卫城，一些橄榄枝被刻意保留在画面上方，提醒我关于这凝固了2500年的辉煌在这个当代夏日的含义。古代奥运会的优胜者得到的是橄榄枝编成的冠，这就是他们的全部奖励。正是由于奥林匹克的和平意义，代表古代奥运会优胜者荣誉的橄榄枝成为了和平的象征，直至今天。

在想象中，时间很容易推移到2500年前。一切似乎都凝固在了久远的古希腊时代，只有微风仍然让我感到这永不停步的时光流逝。古希腊的天空也一定这样湛蓝，橄榄枝也一定如此随风摇曳。然而如今，彼时辉煌神殿已经成为废墟。只有阳光和清风依然如故，慷慨地照耀和吹拂着大地。沧海桑田，物人皆非，只要你有足够的历史知识和对于人类文明的理解，这种伤感就如同此时此地的微风，阵阵袭来。

今天的希腊境内，甚至所有古希腊文明曾经到达的地区，所有古希腊的辉煌故址都已经变成废墟了。我久久坐在宙斯神殿的废墟上，怅然对着远处的雅典卫城。对于一个不理解希腊的人，这样的废墟已经可以令其肃然起敬，而对于熟悉这样一个伟大得无可比拟的文明的人来说，此时的心情是极其复杂的。其实，没有哪个地方比希腊和雅典给予我更深的感动，不是由于她今天的美丽，而是由于她昨天的底蕴。

是一种对于物质形式的文明流逝的遗憾，还是一种对于精神形式的文明永存的赞叹？震撼、感慨、遗憾、激励、愤怒、失落，这些还远远不足以表达我的感受。有谁能够说这是一个和自己毫不相干的古代文明呢？她并不仅仅存在于古代，我们的现代文明就直接起源于她，我们每天都在感受着她的存在，我们每天都在享受她带来的恩泽。

捡起我简陋的行装，再踏上独行的旅途。在希腊旅行，必然会体会到时空的转换是如此奇妙，那些熟悉的地名和依稀

左图：雅典卫城上的帕特农神殿和周围参观者对比，可见其巨大（笔者摄）

古希腊迈锡尼狮子之门（公元前3000年）遗址（笔者摄）

荷马（Homer）

的古迹可以瞬间把人带到遥远的古希腊时代，而无可置疑的现代建筑和情景又会把人立即拉回到现实之中。从雅典到伯罗奔尼撒半岛，那雅典和斯巴达之间进行的伯罗奔尼撒战争的喧嚣似乎刚刚在必争之地的科林斯尘埃落定，那迈锡尼的路标就已把我带回到了更加久远的迈锡尼文明。

我似乎回到了荷马史诗时代，从迈锡尼雄伟的狮子大门走出的军队，将和斯巴达等城邦的军队汇合，组成庞大的希腊联合舰队，从不远处的港口起航，驶向小亚细亚的希腊城邦特洛伊城，拉开那将持续10年的战争的序幕。这个战争的理由是真的吗？在迈锡尼，我试图感受在距今3000多年前迈锡尼国王率领希腊联军攻打特洛伊的真实理由。曾经是斯巴达国王的妻子却和特洛伊王子私奔的美丽的海伦真的是这场战争的理由吗？

还没有从荷马史诗的遥远梦境中醒来，那高速公路的指示牌就告诉我，如果要去奥林匹亚，前面的小路更近。沿着崎岖的山路，穿过精致的小镇，奥林匹亚，在地理上已经距离我不远了，但是在文化上和精神上，横亘在现代的现实和古老的奥林匹亚之间的不仅仅是久远的时间断层，而且是巨大的理念鸿沟。

奥林匹亚，这个全世界最著名的地名，使她闻名于世的理由还远远不仅仅是以她命名的奥林匹克运动会。她和雅典（Athens）、德尔菲（Delphi）、迈锡尼（Mycenae）、帕加马（Pergamon）、罗德岛（Rhodes）、米利都（Miletus）等等城邦和地区一起构成了古希腊文明的象征。

和现代奥运会的赛场比起来，奥林匹亚遗址旁边的古希腊奥运会竞技场（彩图2-3）是如此地简朴。古代的奥林匹克运动会就在这里举行，每四年一次，一直延续了1000多年。如果说现代奥运会更多地表现了外表的辉煌，那么古代奥运会则更多地创造了内心的伟大。如果说我们今天的辉煌更多地在于物质，则古希腊的辉煌不仅在于物质，更在于精神。人类创造的物质财富，终将有一天会老去，但是，人类的精神财富；却可以与世长存，一如这并不张扬的奥林匹亚地区的山岳和溪流，青山不老，绿水常流。

当每四年一度的奥林匹克运动会的圣火在赫拉神殿废墟前点燃的时候，这绝不仅仅是一次体育竞赛的象征，而应该是人类对于一种精神继承的决心。从奥林匹亚的赫拉神殿到雅典的首届现代奥运会的主场地"大理石体育场"（彩图2-4），这数千年的漫长时光给予了奥林匹克精神以新的意义。奥林匹克运动应该是对于一种文明的捍卫、继承和发扬光大的宣言。这个文明就是古希腊文明。

"马拉松"长跑也许就是这一象征，这一竞赛项目是古希腊奥运会没有的，但却是现代奥运会的象征。当古希腊在马拉松击败入侵的波斯大军后，斐迪庇第斯，一位普通的战

奥林匹亚的赫拉神殿遗址（笔者摄）

士，为了把捷报以最快的速度告诉雅典，耗尽生命的最后能量跑完了这40多公里。当时的战争最难以解决的问题就是通讯，亦即后方不知道前线的战况，友军之间不知道彼此的处境，以致很难制订下一步的军事行动。斐迪庇第斯就是为了让统帅部可以及时知道前方的信息才不惜在战斗的伤痛和劳累之后以生命的代价跑完了这么长的距离。

这个项目所真正要体现的不是距离和体能，而是对于一个伟大文明继承和捍卫的决心，一如2500年前捍卫古希腊的自由和民主而鏖战马拉松的将士们的意志，亦如后世人对其的领悟。19世纪著名英国政治家约翰·米尔（John Stuart Mill）这样评价"马拉松战役"：它的重要性超过了任何英国曾经参与的战役，因为它使得英国，乃至整个欧洲，免受专制和独裁的奴役。

建于1896年的这座见证了奥运会百年历史的"大理石体育场"现在已经小得无法容纳现代奥运会的大型比赛了，也许有一天她也会变成废墟。也许我们后代有一天也会像现在凭吊古代奥运会一样来凭吊我们的现代奥运会，但是有一点是毋庸置疑的，这就是，奥运会所体现的古希腊文明的精神永远不会成为废墟，她是人类文明永远的丰碑。

有的"丰碑"是要用建造豪华的地标建筑来体现的，有的"丰碑"是要用连篇累牍的鼓吹来造就的，有的"丰碑"是要靠挖掘庞大的坟墓和集中无数的陪葬来塑造的。但是，古希腊的丰碑，不需地标、不需鼓吹，更不需要陪葬，那是精神的丰碑，和人类的文明永存。即便所有的建筑都成了废墟，在文明人类的心中，都会有一块永远不倒的丰碑，这就是古代希腊所创造的和带给我们的精神文明。

我当时在大学里写了关于古希腊文明和古中国文明之间

差异的心得。我觉得如下几种精神是古希腊所特有，而别的文明所不具备的：竞争精神、思辨精神、批判精神和人本主义精神。我当时只是一个学理工科的高年级大学生，只是在学习科学和阅读科学史中被古希腊和"文艺复兴"醍醐灌顶，于是如梦初醒。其实，与其说是如梦初醒还不如说是有了梦醒后的困惑及追根刨底的决心。当带着我当时多半是出于直觉的假说，多年来走遍了世界、阅历了社会之后，我终于确信，诞生于古希腊的这些精神就是人类文明最珍贵的本源和最坚实的基石。

竞争精神本身就有公平的含义。竞争不是倾轧，不是争斗，而是努力发挥自身的潜力，实现自身的价值。古希腊的奥运会就是竞争的最好表现。但是竞争在东方，比如在中国却不能得到肯定。"出头的橼子先烂""木秀于林，风必摧之"等等说教不一而足，体现了竞争在中国的被忌讳，这也许是由于一切竞争都最后演变成了你死我活的斗争。为了避免这个结局，于是就"中庸"，不许竞争，结果又为了压制竞争而打得头破血流。奥运会所倡导的在公平和公正条件下的竞争，华夏不曾有过，至今仍然是一种遥远的向往。

思辨精神在古希腊达到了登峰造极的程度。德谟克里特的原子论是思辨的典范之一，在那个时代就预言我们的世界是由原子组成的；毕达哥拉斯定理的证明不仅仅是其本身令人赞叹，更重要的是其体现的思维理念；芝诺悖论睿智和诡异，数千年来都在颠覆着我们对于常识的信任。所有古希腊哲学家都是某种程度上的科学家，他们的思想闪烁着思辨精神的光辉。但是，中国的古代哲学家却没有一个是科学家。在华夏的思想鼎盛时期，辨有余，思不足。不同学派之间的争论不少，真正经得起历史推敲的却几乎没有。更遗憾的是，后来，辨和思都被迫寿终正寝。但是思辨精神使得古希腊哲学和科学随着时间的推移越发显得高瞻远瞩。欧几里得的几何不仅在今天我们的课堂里几乎原封不动地被教授，更重要的是它创立了一套完整的认识世界的科学体系。这体系历经数千年，依旧巍然屹立。

批判精神是古希腊文明中的另一个特质。任何一个学派都可以自由地提出自己的学说，也必须容忍来自别人的批判。甚至对于自己山门的批判也是极其正常的。亚里士多德就批判了自己的导师柏拉图。阿里斯多芬的喜剧对于自己政府的批评毫不留情，对社会问题的批判尖酸刻薄，体现了古希腊社会的开明与宽容，就是当代的民主国家也不能出其右。学派内部的批评、学派之间的批评、公民对于政府的批评，在古希腊如同家常便饭，是习以为常的。

至于人本主义精神，在古希腊文明中体现得淋漓尽致。古希腊把人作为万物的尺度，追求人间的幸福和价值。甚至古希腊的神也有着世俗的特点，他们虽然非常强大，但是仍然具有人的感情和缺点。不仅如此，他们还经常犯错误，因此古希腊的神也就更加可爱。其实，古希腊的神是古希腊人的代表，他们和后来其他宗教所描绘的完美无缺的上帝形成了巨大反差。古希腊的雕塑大多是裸体的，这是古希腊人对于人本身的赞美。甚至古希腊的神也是裸体的，这在别的文明中难以想象，但是对于古希腊人来说，这再自然不过了，因为，神和他们是一样的。可以毫不夸张地说："全部希腊文明的出发点和对象是人，它注意的是人的利益和进步。"

我在加拿大攻读博士学位期间，更加深入地了解了古希腊文化和当今的西方文化。在我们几个共用一个办公室的研究生中，有一个希腊公民、一个希腊后裔的加拿大公民、一个意大利后裔的加拿大公民、一个英国后裔的加拿大公民和一个中国人（我当时还不是加拿大公民）。我觉得非常有趣的是，这正好组成了我对人类文明历史最感兴趣的一些部分：古希腊文明、中世纪后在意大利率先进入的文艺复兴、在英国收获文艺复兴最丰硕的物质成果的现代工业文明，而中国，则是一个悠久的基本上独立于西方文明之外的文明。

在中国，有一位现代颇有名气的作家说，除中国外，原来辉煌的国家后来连影子都找不到了，他遮遮掩掩大概想说古希腊。这是因为他其实不理解古希腊文明和她的价值，这也是许多国人对于古希腊文明的错觉，一个通常以此来过高估计中国文明的错觉。古希腊的辉煌，更多地体现在精神和理念上，以各种形式直接或间接地融入于现代文明中，影响着今天整个人类社会。在世界的所有古代文明中，只有古希腊文明演变成了现代文明。

对于不理解古希腊的人，古希腊文明已经是废墟了，到希腊旅游，最著名的胜地都是废墟。废墟，一个似乎与衰落和老旧等同的名词。然而，这个似乎在别处成立的规则，对于希腊却绝非如此。

古希腊的废墟，是挥之不去的伤感、刻骨铭心的思念、难以忘怀的惆怅，也是极目远眺的希冀、昂首挺胸的振奋。

古希腊文明在物质上留给我们今天的仅仅是这样一些废墟，对此，我们备感惆怅。但是古希腊文明已经以各种形式成为现代文明的先驱，并且仍然是今天人类社会的精神文明主导，我们备感欣慰。我们今天的科学和民主就诞生在这里，也仅仅诞生在这里；我们今天所了解的欧几里得几何就诞生在这里，也仅仅诞生在这里；我们今天熟知的几乎所有科学领域都可以在这里找到渊源；我们今天所有最瞩目的物质成就都是这个伟大精神文明的派生物。因此，古希腊废墟带给我们的惆怅终将被欣慰所淹没。

为什么一定要用废墟这样的形式来给予我们启示呢？人类的历史就一定要用这样的残酷来给予我们后世启迪吗？还记得裴多菲那令人回味不已的诗句吗？

> 我愿意是废墟，
> 在峻峭的山岩上，
> 这静默的毁灭
> 并不使我懊丧……
> 只要我的爱人，
> 是青青的常春藤，
> 沿着我荒凉的额，
> 亲密地攀缘上升。

这伤感居然如此地令人激动不已和振奋！如果把裴多菲诗中的"爱人"理解为人类精神文明的话，诗中的"废墟"就是古希腊废墟最贴切的意义。

伴随这样的伤感的，还会有依稀的贝多芬的交响曲《雅典的废墟》和拜伦关于希腊的诗篇。我过去完全不理解为什么雅典的废墟可以引起这么多的尊敬和伤感，直到我逐渐理解了关于古希腊的历史。

我很喜欢贝多芬的《雅典的废墟》。这其实是贝多芬为一出歌剧作的序曲，在贝多芬的许多伟大作品中，其并不占有很重要的地位。我之所以喜欢，是其旋律和主题，让我想象到了夕阳下的废墟、风雨中的断壁残垣、暗夜中的星空，还有那呼之欲出的坚忍不拔的精神。贝多芬用步履艰难、峰回路转但却水到渠成的铺垫，导出了最终不可遏止的主题。

当主题最终出现时，我不禁赞同：就是她，这就是我们在寻找的理想和目的。

我喜欢音乐，特别是严肃音乐；我也喜欢建筑，特别是古典建筑。有人说建筑是凝固的音乐，无疑，它们之间确有千丝万缕的联系。而不朽的音乐和伟大的废墟之间也就一定存在着一种更加悲剧式的具有共鸣的蕴含。因此，废墟就应该是升华了的音乐。每一处古希腊废墟，就像是一出永不谢幕的古希腊悲剧、一部永无休止符的伟大交响乐，演绎着人类文明最华彩的篇章、最令人激动不已的高潮和最令人沉思的主题。

雅典的废墟是任何仍然矗立的建筑都无法比拟的。古希腊人贡献给了人类出类拔萃的建筑艺术，至今几乎所有庄严的建筑都情不自禁地以不同的方式融入古希腊的形式，体现着古希腊的风格。欧洲自然如此，新大陆的北美也不例外，世界各地也普遍可见。

然而，物质上的建筑仅仅是古希腊给予人类的伟大遗产中非常小的一部分，古希腊最大的贡献是精神上的建筑。那些废墟似乎在告诉今天的人们一个道理：文明可以倒下，但是不会消失；野蛮可以得逞，但是不会长久。一个建筑可以被摧毁，可以坍塌，甚至可以被消灭得不留一丝痕迹，但是精神却不会被摧毁，她也许可以被压制，也许可以被禁锢，但是她将永存于文明人类的心中。每年世界各地的人们来到希腊，他们知道将看到的只是废墟，他们为了废墟而来。古希腊废墟得到的拜谒远远超过了任何新修的金碧辉煌的现代建筑，这就是废墟的魅力吗？

古希腊的废墟，绝非仅仅是废墟。我们曾经形容一种超脱和永恒为"凤凰涅槃"，亦即在有形的物质被毁灭后精神的升华和永恒。古希腊的废墟之所以有着超越任何矗立的建筑的魅力就在于，她们不仅仅是过去的灿烂辉煌的留念，而且是不朽的伟大精神的象征。

在这伟大的精神中，有着"科学"和"民主"。

科学，古希腊是几乎所有现有科学领域的直接开创者。古希腊在当时世界其他部分还是蒙昧和迷信的时候给予了人类理性的思维。至今，就是再不科学的人也要用她来装潢门面。

民主，古希腊倡导的这个政治体制今天是整个世界政治的标准和基石。就是内心十分不情愿民主的人和行为完全和民主背道而驰的人，也要声称自己崇尚民主。

在近代中国，科学和民主曾被称做"赛先生"和"德先生"。中国近代的历史就是试图引进和实践这两个观念的历史。对于中国人，她们显得更加珍贵，因为我们到今天还不完全理解这两位外来的"先生"。也可以说，古代中国的悲剧是自己不曾培育出这两位"先生"，而近代中国的悲剧就在于我们无法容纳这两位外来的"先生"。

雅典和整个希腊，包括曾经是古希腊地区的任何一处古希腊遗迹都可以令人驻足很久。在雅典卫城帕特农神殿巨大的多利安式柱廊下（彩图2-1），在奥林匹亚的赫拉神殿前，在德尔菲剧场的坐席上，在米利都的废墟中，在帕加马古城的山巅旁，在以弗所（Ephesus）残存但还矗立的图书馆山墙侧（彩图2-5），在艾索斯（Essos）俯瞰地中海的神殿遗址上，在半岛古城（Chersonesos）的黑海之滨……我所感受到的是数千年前这样一个文明给予我们今天的恩惠和深远的影响。那些先哲和至今我们还在学习的几何一样，用一种非物质的形式几乎永恒地封存和渗透于我们的现实社会，继续影响着人类社会。只要人类还崇尚理性，这个文明就永远是人类文明的象征。

在山巅之上面临地中海的艾索斯古希腊神殿遗址，亚里斯多德曾在此讲学（笔者摄）

位于黑海北岸克里米亚半岛的古希腊城市Chersonesos（公元前421年）遗址（笔者摄）

我甚至为了对更加久远的荷马史诗中特洛伊战争有更多的理解，带着寻访迈锡尼遗址所激起的加倍好奇，竟追寻到特洛伊古城的遗迹。近4000年过去了，残存的石壁和地基已经难以令人想象当时古城的辉煌和战争的惨烈，但是海伦的美丽却由于古希腊雕塑的传世而栩栩如生，而古希腊文明却随着岁月的流逝竟弘扬至现代。这似乎印证着这样的感慨：物质的辉煌终将逝去，而精神的美丽却万古长青。

　　思绪再次让我回到雅典卫城脚下，在曾经喧闹的老市场（Ancient Agora）遗址，在曾经构成古希腊辉煌建筑的散落的巨石上，在随风摇曳的橄榄树下，此时此刻，我仿佛听到了梭伦、伯里克利和苏格拉底曾经在这里发表的演说。

　　"雅典的公民们！"演说一定是这样开始的。我似乎在时光中倒流了数千年，挤在当时的古希腊公民中，参与公民集会。我分明可以感受到他们对于这伟大理念的理解和实践，以及他们内心的激越。在这样的集会中，我曾经有权利听取政府的想法，我曾经有权利发表我的意见，我曾经有权利投出我神圣的一票，我曾经有权利参与政策的决定，我曾经有权利参与决定谁将组成我的政府。

　　古希腊的公民意识是古希腊人留给现代人的一份珍贵遗产，是古希腊人给现代人做出的一个光辉典范，这个典范是如此地高深，以至于现代的中国人还不能完全理解消化。所谓公民意识就是人民的责任感和使命感。正是这样的公民意识和实践决定了古希腊的社会和制度。"公民"的理念，极其深远地影响了西方，也影响了世界，并且将继续影响着。这是直接导致对人本身存在意义和权利的认识之起点和基石。没有古希腊的公民意识，就不会有今天的人权观念。遗憾的是，这个概念从未存在于东方典籍中，也许直到今天，也并未得到国人的理

特洛伊古城南大门遗址（笔者摄）

特洛伊古城残存的城墙（笔者摄）

解和尊重。

"公民"，这是一个如果你理解了其含义就会感到自豪和激动的词。你手中的选票将决定谁来作为你的政府，他人的选票也将决定你是否可以被选进政府，你有权利反对或者赞成政府的任何提议，你有权利提出你自己的动议。

"公民"，这是一个今天看来极其普通的名词，普通到绝大多数人其实不再明白她所包含的权利和责任，也不理解她更加深层的意义。这是一个诞生在古希腊的理念。这是权利，也是义务，是政治术语，更是一个民主国家的本质和目的。古希腊哲人亚里士多德这样精辟地阐述了"公民"的含义：公民不仅仅是权利，而且是责任；公民不仅仅是法律赋予的地位，而且是内心领悟的高度。一个人如果不能在一个国家中享有权利和负有职责，那么就不是一个完整的公民，当然，这也就不是一个合理的国家。

科学、民主、公民，绝不是随着物质进步而自然会产生的理念。在距今2500年前的伯里克利时代的古希腊，强大的波斯帝国的版图远远超过古希腊，富裕的程度也远远不是古希腊可以比拟的。但是当波斯人到了古希腊的雅典，即便通过翻译也无法听懂一些古希腊的术语，甚至那些精通希腊语的波斯人也无法理解这些理念。这些理念包括了"民主"、"自由"和"公民"，那些波斯人对这些名词的含义一头雾水，因为，他们的社会、他们的经历和他们的生活中从来没有过这样的理念和体验，更没有这样的实践。

一个2500年前的讲演至今仍然在回响，越过废墟，越过希腊的崇山峻岭，越过地中海，越过世界上所有的大陆和大洋——"我们的制度之所以被称为民主政治，是因为政权在全体公民手中，而不是在少数人手中。每个人在法律上都是平等的。"公元前5世纪，伟大的雅典政治家伯里克利这样讲演道。

这不由令我想起在离这个伟大的讲演2000多年后，公元1776年，在和古希腊相隔一个大西洋的彼岸，一个新兴的国家给出了其诞生的理由："我们认为下述真理是不言而喻的：人人生而平等，造物主赋予他们若干不可让与的权利，其中包括生存权、自由权和追求幸福的权利。为了保障这些权利，人们才在他们中间建立政府，而政府的正当权力，则是经被统治者同意授予的。"

在此87年后，1863年，这个国家的一位总统在一篇总长不过三分钟却流芳百世的著名讲演中这样结语："一个民有、民治与民享的政府必将与世长存。"

一个文明，跨越如此遥远的空间和时间，在数千年之后，在世界的另外一个大陆，得到了如此强大的共鸣。是什么原因使然？什么才是一个强大的文明？我不由地想起欧亚大陆另外一侧的一位和古希腊伟大哲人亚里士多德同时代的中国哲人孟子的话：

> 域民不以封疆之界，固国不以山溪之险，威天下不以兵革之利。得道者多助，失道者寡助。

也许古希腊就是用她这独一无二的理念和精神征服了世人？

什么是人类永恒的价值？那些迫使我们不得不进行思考的现象，那些我们无法回避的来自内心的责问，也许正是我们最终的价值准则的起源。因此，也许一位先哲说的这句话更加可以代表我的想法：

我们头上的灿烂星空，我们心中的道德准则。

　　我们头上的灿烂星空在我们存在之前就已经存在了，在我们之后也将永远存在下去。人类的存在和她相比，从时间上和空间上都微不足道。我们心中的道德准则，却随着我们所存在的不同时代而不断地更改着，主宰着我们对于这个世界的看法。

　　我们真的有普适的准则吗？我们真的有经得起时间和空间检验的准则吗？亦即，我们真的有普适于所有的人类、所有的时代和所有的地区的准则吗？

　　古希腊奥林匹克运动会所体现的奥林匹克精神也许就是上述准则的一个诠释。我之所以说奥林匹克精神还不是我们要说的精神本身，这是由于那个由奥林匹克运动所折射给我们的精神才是更加本质的。既然奥林匹克精神可以成为全人类的，超越民族、超越时代和超越地区的准则，那么作为奥林匹克精神的底蕴和本质的古希腊精神就更应该是这种普适的准则。

　　持续了千年的古代奥运会和在千年的断层后复兴的现代奥运会，给予我们的启示绝不仅仅限于体育竞赛。正如我们前面论述的，这是一个独一无二的伟大文明在这个特殊领域的折射，也许我们可以通过这样的折射看到其更加深邃和博大的本质，以及古希腊留给我们的原则和价值对我们今天的世界观和道德准则的影响。

　　在这光彩夺目，也是光怪陆离的现代文明中，文明和野蛮的较量还远远没有结束。在这数千年的文明和野蛮的共存和较量中，在这数千年的人类历史长河的进步和倒退的对峙和搏斗中，我们总能看见一个身影，体验到一种精神，感召于一种理念，这就是，古希腊。

　　让我们到奥林匹克的故乡去做一次心灵的旅行吧，寻找古希腊文明被称做"希腊奇迹"的原因，也顺便看看她和我们古老的中华文明有什么不同，让我们闪回不同的时代和地点，做一个时空的思想旅行吧。

三　古希腊——现代文明的源泉

雅典的少女啊，我走了：……雅典却留住我的心和灵魂；我能够终止对你的爱吗？绝不！你是我的生命，我爱你。

——拜　伦

古希腊的伟大在于她创造的独一无二的精神文明：对于理性和公正的梦想和追求，以及对于科学和民主的理念和实践。

——作　者

我们今天熟知的现代文明是从西方的工业革命开始的，工业革命是从近代科学开始的，而近代科学是从文艺复兴开始的。文艺复兴，是人类社会脱离中世纪走向现代文明的起点。在文艺复兴和古希腊文明之间，横亘着一个漫长的"中世纪"。

文艺复兴本身和物质文明没有直接的关系，她既不以物质利益为目的，也不因物质利益而起源。那是人类本身的一次再认知，是对于人类价值的一次重新思考。之所以说她是一次"重新"的思考，那是因为，她是对于古希腊文明的继承。虽然我们至今难以界定这场运动的发起时间，也难以确定其发起人，但是这都已经不重要了。实际上，文艺复兴既没有明确的开始时间，也没有明确的发起人，只是后人回首历史时才发现这是一个不平凡的时代，才称之为"运动"。重要的是，她对于古希腊文明的继承和发扬是如此真实地存在过，对于今天的文明是这样深刻和久远地影响着。

"文艺复兴"这个中文译名其实不太准确，容易让人误解为只是一个艺术上的运动。其词源本是一个拉丁词"Renaissance"，直译为"重生""再生"，意思就是"古希腊的再生"。所有的欧洲语言，英语、法语、意大利语、西班牙语、德语、俄语、荷兰语都直接采用了音译，即相同或者相近的拼写。艺术，仅仅是这场伟大运动的一个非常直观的表象和侧面。事实上，这是一场思想运动，一场名副其实的重新发现和发扬光大古希腊精神的运动，从学术、思想、科学、艺术等几乎所有的领域全面向古希腊学习。文艺复兴所要复兴的，就是古希腊的传统和价值。

曾经经历了数千年鼎盛（其中不乏曲折）的古希腊文明在古罗马兴起后逐渐走向衰落，其彻底消亡则有好几个原因。首先是古罗马的征服。伟大的科学家阿基米德死于古罗马士兵的剑下，成了文明被野蛮征服的象征。

不过，古罗马的统治还不是古希腊文明消失的主要原因。其实，虽然在军事和政治上，古罗马征服了古希腊，但是在文化上，却是古希腊征服了古罗马。古罗马几乎毫无保留地继承了古希腊的文化遗产。古罗马统治时期，希腊世界的学术中心已经由雅典转移到了亚历山大城[1]。当时在亚历山大城还有许多古希腊学者，比如刁潘都、盖伦等。他们虽然在政治朝代上已经属于古罗马时期，但是在文化上，他们仍然属于古希腊。不幸的是，古罗马在政治和军事上虽有非凡的天分，但在科学和哲学上却是实足的低能儿。伟大的古希腊遗产在古罗马手里逐渐被丢失和遗忘。古罗马没有能够在文化上发扬光大古希腊的传统，而只能无可奈何地逐渐将她淡出。

[1] Alexandria，古希腊城市，由亚历山大大帝创建，现在埃及境内的尼罗河三角洲的地中海入海口。

希帕提娅（Hypatia）

最后摧毁古希腊文明的是基督教和伊斯兰教。公元4世纪到6世纪，古希腊文化的最后堡垒亚历山大城不断被基督教徒和伊斯兰教徒焚烧和洗劫。最后在公元640年伊斯兰教徒彻底焚烧了亚历山大城的希腊著作。当哈里发奥马尔被问及是否应该保留一部分的希腊著作时，他的那句臭名昭著的回答至今让人义愤填膺："那些著作中如果《可兰经》中已经有的，我们就不需要它；而在《可兰经》中没有的，我们就更加不需要它。"因此，所有的著作都被烧毁了。当时的著作书写于纸草和羊皮上，没有立即被烧毁的也随后做了燃料，结果亚历山大城的公共浴室在此后半年都几乎不需要别的燃料。

古希腊文明被贴上"不信上帝"的标签，被斥为"异教徒"的产物，然后被那些自称为"上帝的子民"彻底摧毁了。在文明和野蛮的较量中、正义和邪恶的角斗中，并不一定总是文明和正义获胜，许多时候野蛮和邪恶也会占上风。这是人类的不幸，这样的不幸，并不始于亦未终止于古希腊文明的消亡。此后的人类历史中，类似的野蛮对于文明的征服不乏其例。具有这样象征意义的是，狂热的基督教徒用极其残忍的方式杀死了亚历山大城的古希腊女数学家希帕提娅（Hypatia，公元370—415年），也就是彩图3-1中左下方的那位女性。这次，古希腊就没有在被古罗马征服时那样"幸运"了。如果说，古罗马仅仅在物质上征服了古希腊而在精神上拜倒在了古希腊脚下，那么，这次基督教和伊斯兰教则要在精神上彻底消灭古希腊。

从此，欧洲进入了漫长的黑暗年代。原本古希腊已经知道的大地球形甚至相当准确的地球半径被犹太教的天地概念所取代，天变成了锅扣在了扁平的大地上。尽管后来基督教接受了古希腊天文学家托勒密的概念，但是托勒密的理论又被迫赋予了宗教的含义。整个社会距离科学精神越来越远了。

于是此后将近500年，宗教取代了科学，神权取代了民主。渐渐地，欧洲绝大多数人都不知道古希腊文明曾经存在过。11世纪大翻译运动兴起，大量被毁坏和禁止的古希腊著作被重新发掘出来，并被翻译为当时欧洲流行的文字。这时欧洲人才逐渐认识到，原来曾经有过这样一个伟大的文明。逐渐清晰地展现在他们眼前的是一个陌生的却灿烂辉煌的古代的希腊，文艺复兴由此拉开了序幕。

历史是这样揭示了古希腊文明的价值：公元500年以前，希腊化地区相对于世界其他地区的领先显而易见；而公元500—1200年，穆斯林世界和中国在技术上和经济上都超过了西方，但是文艺复兴后，西方就一骑绝尘了。公元500—1200年正是古希腊文明在西方被扼杀的时期，而公元1200年正是这个伟大文明再生的开始。这绝不是巧合，正是古希腊的精神文明在西方被接受的状态决定了西方世界在物质文明上的地位。

有人认为人类社会的点滴进步都源于物质、依靠物质、为了物质，而人的思想和精神文明只不过是物质文明的一个表象。这样的阐述过于功利，更不符合实际。特别是对于国人，这样的理论更加有害，因为这样的理论将给予本来就崇尚实用的国人以更多的理论根据，从而导致更加彻底的自私和拜金主义。

在认识世界的时候，我们可以看到很多的例子说明存在先于意识。但是在改造世界的时候，则一定是意识决定存在。只有精神的解放，才有创造的力量，才有物质的结果。你不可能想象一个思想上仅有茅屋窑洞意识的人会有能力建造一座宫殿；你也不能想象一个满脑子独裁的人会建立一个民主的政体。人类文明的历史，就是一部精神解放导致物质进步的历史。人类的物质进步仅仅是由于人类的精神解放而创造的文明的一部分。

作为西方文明基石的古希腊文明是人类最不功利的文明，她距离人类日常的功利有相当的距离。和别的文明相比，古希腊文明更像是脱离尘世的文明。古希腊所创造的科学和哲学，在当时几乎没有实际用处。如果把尘世比作土壤，那么别的文明像是土壤中生长的植物，虽有草本与木本之分、矮小与高大之别，但是，它们都扎根于尘世，来源于泥土。而古希腊文明却像是照射于这些土壤和植物上的阳光，吹拂于其上的清风和飘洒于其上的雨露。很难想象古希腊文明是从尘世中诞生的。

文艺复兴要光复的正是这看似毫无实际用处的精神文明。人类在寻求自身价值和精神解放的长久和艰难的旅途中发现了自己对于古希腊文明的认同和共鸣，认识到这是人类寻求的理性和光明之所在。

意大利的佛罗伦萨等城市是文艺复兴运动的发祥地。很快，这个运动就开始在欧洲蔓延。中世纪的神权退却了，古希腊的人本主义重新深入人心。应该指出的是，宗教并没有在这场思想革命中消亡，而仅仅是逐渐退出了在思想和政治上的统治地位。在这一过程中，宗教本身也得以进化。今天的基督教（包括新教、天主教、东正教和其他一些分支）已经变得理性和宽容，和中世纪的它们不可同日而语。

从文艺复兴来阐述古希腊对于现代人类社会的影响是最为恰当的，因为古希腊对于文艺复兴的影响是如此地直接和不容置疑。文艺复兴的杰出人物拉斐尔、达·芬奇和米开朗基罗的作品从艺术的角度贴切地表达了这个伟大时代的精神及其古希腊渊源。

1509年，文艺复兴正方兴未艾时的伟大画家拉斐尔（1483—1520年）在他26岁时创作的不朽名作《雅典学院》（彩图3-1）可以被视为对文艺复兴运动的一个最直观的诠释，直截了当地告诉了我们什么是"文艺复兴"。

在这幅画中，拉斐尔没有写实，而是把古希腊许多不同时代的先哲放在了同一个时空里。画中人物的精确考证并不太容易，但是我们可以有理由猜测画面中有：苏格拉底、柏拉图、亚里士多德、欧几里得、阿基米德、托勒密、赫拉克利特、巴门尼德、第欧根尼、毕达哥拉斯、希帕提娅、芝诺、亚历山大，等等。其中的托勒密和希帕提娅是希腊化时期的人物，比同在画中的柏拉图分别晚了大约500年和700年。

显而易见，拉斐尔讴歌的是古希腊的学术和思想的自由和繁荣。有人说，大学是中世纪教会的产物。其实不然，大学的形式应该在柏拉图的时代就产生了。柏拉图的学园（公元前387年至公元529年，历时900多年），就是大学的雏形。柏拉图的"学园"和雅典"学院"其实在希腊语中都是同一个词。这个词也就是今天的英语单词"Academy"（学院、研究院）的词源，是直接从希腊语的发音拼写过来的。[1]

然而古希腊的学术绝非某一个学园可以包括或者容纳的。她在空间上的广度和时间上的长度都远远超出了任何有限的学园可以界定的范围。因此，聪明的拉斐尔把不同时间和空间的古希腊的伟大人物放在了一起，让《雅典学院》这幅画作向他崇敬的古希腊致敬。或者说，以此体现了他所在的文艺复兴时代对于古希腊时代的崇敬。这是一个伟大时代向另一个伟大时代的致敬。

伫立在罗马梵蒂冈博物馆中拉斐尔的这部伟大作品真迹前，我蓦然觉得"文艺复兴"的清风带着古希腊的神韵迎面袭

[1] 柏拉图创办的雅典学院的古希腊原文是"Academy"，取自古希腊英雄的名字"Academus"。今天西方文字中的学院"Academy"就源于此。

来。浏览梵蒂冈的圣彼得大教堂和其博物馆对我这样的"不速之客"绝不轻松，那今天看似平和宁静的后面，是当年曾经的剑拔弩张。500年前，在这个基督教首都试图复兴曾被其称做"异教"并且摧毁的古希腊文明，想必艰难困苦。是宗教，包括基督教、犹太教和伊斯兰教，摧毁了古希腊文明，而古希腊文明的复兴却在梵蒂冈写下了浓重的一笔。基督教在远见卓识者的率领下进行的改良减轻了其早先的罪过。500年后的今天，梵蒂冈一则迟到的对伽利略的道歉，难说发自内心，更像迫不得已，反映了其对"文艺复兴"当年的寸土不让，以及今日的无可奈何。"文艺复兴"继承了古希腊文明的宽容，并没有对基督教进行复仇。

梵蒂冈每天"香客如云"，穿梭于保守的基督教宗旨和进取的"文艺复兴"理念之间。古希腊文明和基督教之间的势不两立和不共戴天，终于由于古希腊与生俱来的宽容和基督教后天被迫的让步，而导致了两者在"文艺复兴"后的共存，直至今天。毋庸讳言，古希腊不需要基督教，但是基督教却不得不用古希腊支撑其门面，丰富其内涵。一个不供奉亚里士多德和托勒密的基督教，只能煽动一些暴民和愚民，此后便分文不值。雅典和耶路撒冷代表了天壤之别的两种文化，不幸的是，耶路撒冷摧毁了雅典；可叹的是，雅典却拯救了耶路撒冷。如此以德报怨，只有古希腊文明可以做到。拉斐尔用整面墙作为他的画布，将雅典的伟大、睿智、宽容和坦然以跨越时间和空间的方式，永恒地宣布在这里。

对于拉斐尔和文艺复兴来说，雅典的学术场所典型地体现了古希腊精神。古希腊的伟大，不仅仅在于其造就了这么多的物质财富，而且在于其创造的精神成就，更在于这样的事实：这些对于其他民族来说永远无法企及的伟大物质成就还仅仅是古希腊伟大精神成就的注释。

——古希腊的伟大并非在于她创造了多少宏伟的建筑，尽管她确实创造了数不胜数的让后世反复复制的建筑。

——古希腊的伟大也不在于她曾经打赢了多少战争，尽管她确实以她的力量征服了广大的地区，创建了庞大的帝国，留下了教科书式的战例。

——古希腊的文明也不在于她生产了多少物质产品，尽管她确实使得她的人民丰衣足食。

——古希腊的文明也不在于她进行了多少贸易，开拓了多少通商口岸及陆路和海上的商路，尽管她的商业和贸易非常发达。

——甚至，古希腊文明也不在于她所创造的精妙绝伦和震撼人心的艺术，尽管她确实创造了登峰造极的让后人自叹弗如的艺术。

这些成就中的任何一项都足以使得任何一个民族引以自豪，并且当之无愧地成为一个伟大的民族。但是，古希腊却拥有这一切，而且这一切对于古希腊来说还仅仅是她的真正伟大内涵的一些注脚。

古希腊的最伟大之处在于她创造的独一无二的精神文明：对于理性和公正的梦想和追求，以及对于科学和民主的理念和实践。

科学和民主，也许对于中国人来说是过于沉重的话题。因此我们还是先回到比较轻松和直观的艺术话题吧，在艺术之后，我们将引出科学和民主。其实，艺术话题也并不轻松。

巴黎的卢浮宫，其所陈列的古希腊艺术作品和文艺复兴时期的艺术作品可能是世界上最丰富的，这很自然令我流连忘返。几乎每次到巴黎，我都会尽可能去卢浮宫看看。里面有

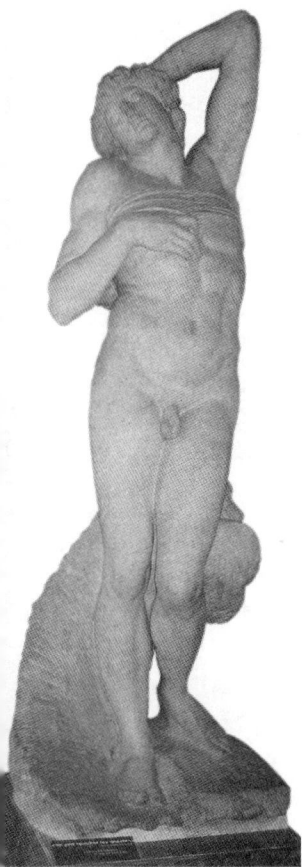

米开朗基罗的雕塑《垂死的奴隶》，作于1513—1516年，现藏于巴黎卢浮宫

两部作品出自文艺复兴时期两位和拉斐尔齐名的杰出代表人物，它们有助于我们理解那个时期的思想解放历程。

米开朗基罗（1475—1564年）作于1513—1516年的雕塑《垂死的奴隶》是这位天才艺术家众多作品中的一个，虽然不如他的西斯廷天顶画那样著名，但这是他更为写实的作品，也少了宗教色彩。艺术作品在文艺复兴中逐渐远离宗教，而更加接近世俗。拉斐尔、米开朗基罗和达·芬奇也都有不少和宗教有关的作品，但是那个时候的宗教作品也显得人性很多，体现了宗教本身在文艺复兴中经历的渐进式改良。

米开朗基罗的《垂死的奴隶》和稍后将提到的《米洛的维纳斯》这两个相隔几乎2000年的作品从人性的角度表现了人类的痛苦和美丽。人性的光辉在这巨大的反差之间闪烁，给予后世的人们以深刻的精神感悟。雕像没有背景也没有陪衬，唯一的主角也几乎没有衣着。不经掩饰也毫不做作的人的形象，似乎是那个时代的象征，一个源于古希腊的象征的再现。"人，只有人"，雕像本身似乎就是那个伟大时代的精神内涵。

古希腊文明相信，人类之所以不同于其他生物，就在于其对于精神的向往超过了对于物质的追求。米开朗基罗未完成的作品为精神和物质的对立和统一提供了有趣的例证。值得指出的是，"对立和统一"的哲学概念也来自于古希腊，是由古希腊哲学家赫拉克利特（约公元前535—前475年）首先提出的。米开朗基罗的作品两个奴隶中的一个的一些细节尚未完成，可以显见雕像颈部的雕凿痕迹。这似乎是作为精神的艺术家的思想和作为物质的大理石之间进行的搏斗和商榷。本来毫无生机的大理石，经过艺术家的思想和双手，变成栩栩如生具有震撼人心力量的艺术品。精神和物质的争论在这里戛然而

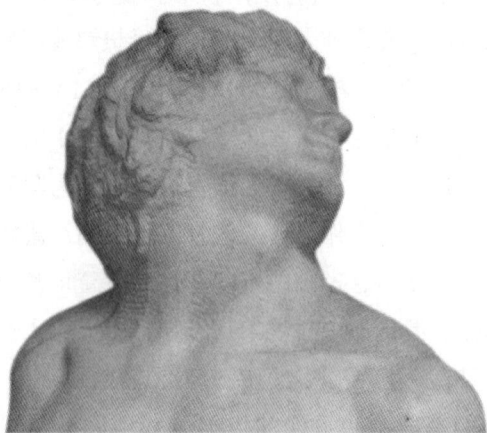

《垂死的奴隶》中未完成的一个，颈部可见雕刻阶段明显凿痕（笔者摄于巴黎卢浮宫）

止，意识决定存在不言而喻。这也是那个时代的搏斗，一个精神挣脱桎梏的搏斗。作品的本身和制作这个作品的过程，似乎就是那个伟大时代的象征。

而卢浮宫里陈列的达·芬奇（1452—1519年）在1506年作的《蒙娜丽莎》（彩图3-2），则用一位普通夫人自信的微笑和坦然的姿态告诉了人们一个新时代的到来。

油画《蒙娜丽莎》，著名得在中国几乎家喻户晓。甚至有人说，到巴黎旅游如果不去卢浮宫那就等于没有到过巴黎，如果没有看到《蒙娜丽莎》的画像，也就如同没有去过卢浮宫。于是，旅游巴黎的节目必然包含卢浮宫和《蒙娜丽莎》。

《蒙娜丽莎》画像曾经在1911年被人从卢浮宫盗走，两年后失而复得。这是一个奇迹。这样的稀世珍宝能够被窃贼从这么戒备森严的博物馆里偷出去本身就不可思议，然而后来全世界的刑警通力合作使此稀世珍宝完璧归赵更加是一件了不起的事情。为了防止再被偷盗，卢浮宫采取了更加严密的防范措施。同时为了防止作品被过分观赏而接触过多的二氧化碳，卢浮宫在不久前为《蒙娜丽莎》画像几乎专门开了一个展厅。偌大的展厅里一面大墙就只展示这一幅作品，俨然让另三面墙上展示的也堪称伟大的作品成了陪衬。和簇拥在《蒙娜丽莎》画像前的人群相比，欣赏对面墙上的富有宗教含义的巨幅油画的人数就显得少了很多。

《蒙娜丽莎》作品本来就不大（77cm×53cm），又在整面大墙衬托下，显得更加小了。这是一位意大利妇人的半身像，背景是淡化的自然景色，夫人安详地微笑着。和达·芬奇另外一幅作品《最后的晚餐》相比，这幅作品的尺寸要小得多，但是名气却要大得多。

仅仅从技巧上和人物的形象上是无法解释这幅作品为什么如此重要的。画中人物本身当时并不著名，且没有惊人的美丽，也没有豪华的社会背景，绘画的技巧在当时也没有什么特殊，色彩的运用也和当时的油画没有太大区别。因此有人会觉得也许是达·芬奇的名气太大了，他的画也就如此著名了。

其实把这样一幅作品和达·芬奇所在的时代割裂开来，便难以评价其价值。达·芬奇的时代正是文艺复兴如日中天的时代。同样在卢浮宫里，我们可以看到许多文艺复兴早期以及和达·芬奇同时代的作品。如果观者有心的话，可以看到这样的现象：文艺复兴以前和文艺复兴早期的作品中通常充斥着宗教内容，圣母、圣子、天使、天国等。几乎所有的作品都在很大程度上表现了基督教的内容和价值。如果在卢浮宫中按照时间顺序反复欣赏，就会愈加体会到《蒙娜丽莎》这部作品所表现的独特意义。如果能够把这幅作品和在其三年后由拉斐尔完成的《雅典学院》一起欣赏，就可以更加确切地感觉到古希腊对于文艺复兴运动的影响。

那是一个宗教和世俗争夺政治权力的时代，那是一个把人从宗教的束缚中解放出来的时代，那是一个回归理性的时代，那是一个重新回到古希腊价值的时代。第一次，一位普通夫人出现在一幅大师的作品上。当时已经年届五十、历经沧桑的达·芬奇通过《蒙娜丽莎》向世人阐明了这样一个道理，向世人公布了这样一个宣言：

——即使没有教廷，我们也可以微笑得如此自信；

——光明的世界和自信的人类并不需要教廷的主宰。

这应该才是《蒙娜丽莎》如此著名的理由。数百年过去了，人们逐渐忘却了这幅伟大作品的历史背景，也忘却了那个伟大的文艺复兴时代。在这个时代之后，我们才有了后来的艺术创作风格，比如卢浮宫中许多反映人文主义精神的现实题材的作品。而《蒙娜丽莎》，则开启了这个艺术时代的先河。

达·芬奇本人就是文艺复兴这个伟大时代的一个缩影。他在许多领域都有过非常杰出的贡献。他不仅是个出色的艺术家，同时还是数学家、建筑师、工程师、解剖学家、发明家，他在数学、力学、天文学、光学、植物学、动物学、人体生理学、地质学、气象学，以及机械设计、土木建筑、水利工程等方面都有不少创见或发明。我曾经在加拿大蒙特利尔参观过达·芬奇工程展，他设计的飞机模型给我很深印象。要知道，他的时代距离真正的飞机诞生还有400年的漫长岁月。他的飞机后来被证明是可以飞翔的，只是在达·芬奇的时代无法实现，唯一的原因就是没有足够的动力。

文艺复兴的艺术和古希腊的艺术有着千丝万缕的联系，如果我们看看古希腊的雕塑《米洛的维纳斯》就更加可以理解了。

这是公元前2世纪的作品。作者特意让作品中的人物稍稍倾斜和扭转一点，似乎在依靠着一个并不存在的物体，因此全身的肌肉体现得更加淋漓尽致。在长巾即将落地的瞬间，女

古希腊的《米洛的维纳斯》，作于公
元前2世纪（笔者摄于巴黎卢浮宫）

性的妩媚更加彰显又不失含蓄。作品中女性坦然和安详的神态、高贵和圣洁的表情，给予观赏者以崇高的感受。这尊雕像所代表的古希腊女性一直是整个西方对于女性美的标准。如此标准，也完全可以被中国人所接受。

维纳斯在希腊称做阿芙罗蒂特，是古希腊神话中的"爱神"，在古罗马被称做"维纳斯"，后人也跟着如此称呼。由于这尊雕像的发现地是希腊的米洛岛，于是就被称为《米洛的维纳斯》。在发现时就是这样残缺的，许多人考证过她的手臂原来是如何雕塑的，但是没有人胆敢去复原她。

即便你就是从来不知道古希腊文明，当你看到维纳斯雕像的时候肯定会感到震惊。即便是对于我这样的对于这尊雕像的照片和历史有所了解的人，看到这真迹时，仍然感到一种莫名的震撼。[1]

我们可以毫不犹豫地得出结论：文艺复兴所复兴的艺术，就是古希腊的艺术。文艺复兴后的作品逐渐把人放在了艺术的中心。

我曾经以为中国的传统艺术是世界上最完美的艺术。我对自己的怀疑是从一个很小的学校的很小的图书馆开始的。那是一个砸烂一切的年代，这个设在偏远山西小县城的一个中专学校的小图书馆也许是太不起眼了，但那里还有不少善良的人们，于是那里的书没有很快遭到毁坏，而仅仅是被关了。

据说关闭的理由是里面都是一些不适合人们阅读的东西，据说阅读后会"中毒"。其实关闭只是照章行事，做做样子。学生是借不到书了，但是教师还可以通融。我父亲是这个学校的教师，尽管成了"牛鬼蛇神"，但是图书馆的管理员也是同类，于是我就有机会被"通融"到这个图书馆里。

[1] 这也是我后来寻访到位于小亚细亚腹地的"阿芙罗蒂特城"的原因，在书中稍候将提到这个古希腊城市的遗址以及其照片。

小孩子总是喜欢对被禁止的东西感兴趣，去过一次，就有了后面的"经常"。最开始是翻阅小说，后来就开始浏览书架上所有的书。借回家去很难，于是我就时不时溜进去看。小说很快就不是我唯一感兴趣的了，那些有图画的艺术类书对于我来说更有吸引力。

我第一次看到油画就是在这个图书馆里。当时我还不知道什么是油画，但是油画的风格立即给了我很大的冲击。我开始对这样逼真的场景、浓厚的颜色和沉重的风格感到不适应，觉得还是中国的山水画好，不会给人以压抑得透不过气的感觉。因此每次看了油画还要再去看看中国画轻松一下，以证实一下我的看法。

但是这样的结论很快就被动摇了。记得那是我看到俄罗斯画家列宾的《不期而至》（也称做《意外归来》）时，不由地被画面震惊了。我从来没有从中国画中得到这样的体验。后来我又看到了列宾的《札波罗热的哥萨克们回复奥期曼帝国的苏丹穆罕默德四世的来信》，其感染力让我看了很久，想知道为什么我会被吸引。[1] 他别的一些作品也给了我很大的影响，比如《伏尔加河纤夫》。我那时已经理解了苦难和艰难，这幅画让我热泪盈眶。我后来对于绘画和雕塑的异乎寻常的兴趣应该就始于欣赏这些作品。所以确实会"中毒"，想来秦始皇的"焚书坑儒"不无道理。

我后来逐渐知道，这些仅仅是整个西方绘画艺术的极小的一个部分。由于当时可以理解的原因，只有一些俄罗斯艺术家的作品还勉强可以在中国看到。

文艺复兴时期的西方绘画直面和正视人生，其和这个时期的其他艺术一样，在理念上回归了古希腊。"人"是这个时期绘画的核心和主题，旨在揭示人物的内心世界，表达人间的

[1] 很多年以后，我回头再来思索这幅作品的时候才理解我当时的"为什么"。那是弱小无辜对强大丑恶的无所畏惧的蔑视，是敢于用幽默和调侃对待迫在眉睫的危难的勇气。那个几乎占据了画面中心的光头，虽然面部完全背对观赏者，因此只能猜测他的表情，但你完全可以从其他首领们各异的神态和场景想象他的表情——很可能，他所表达的，就是你梦想表达却不敢表达的。

喜悦和悲哀。我似乎从文艺复兴时期和此后的绘画中看到了古希腊雕塑的影子，听到了古希腊悲剧和喜剧的台词。在沉重的色彩之间，我看到的是对人类社会的质问，以及对人类良心的审视。这些绘画就如同古希腊的雕塑，让人们从这被艺术家捕捉和想象的凝固的瞬间，联想到这一瞬间之前的漫长的无奈和此后的可能的憧憬。无论是悲剧还是喜剧的题材，我所感受的是一种召唤，一种从无可奈何中解脱出来的对将来的信心。

肯定有无奈，但没有放弃；无疑有憧憬，但没有粉饰；也许有恐惧，但没有躲避。

和文艺复兴的绘画相比，没有经过文艺复兴洗礼的中国画采取了完全不同的态度：为无奈而放弃，为憧憬而粉饰，为恐惧而躲避。在最能代表中国绘画成就的山水画中，人所占的篇幅和画卷相比几乎可以忽略不计。于是，人只是艺术的点缀，而不是艺术的主题，更不是目的。

在近代，中国也出现过一些向文艺复兴学习的大师，《田横五百士》是具有人的主题和性格的绘画，难能可贵。但是最后画家也逃离了这危险和痛苦的责问人心的题材，转而以画马了却自己的艺术生涯。国人对于此画家的《奔马》情有独钟，而对其《田横五百士》非常冷落。比马更受国人欢迎的是更低级的生物：花、鸟、虫、鱼。于是花鸟画长盛不衰，鱼虫画备受青睐。这是一个社会的价值取向，其如此强大，再伟大的艺术家也无能为力，只好随波逐流。这也反衬出文艺复兴的艰辛和伟大。

我已经不记得最初是在何时看到维纳斯雕像的，那是一本书中的一帧照片。那是我第一次知道古希腊的艺术品，此前我对古希腊还一无所知。但是从那时起，我知道我已经不再把中国的传统艺术和西方古典艺术作对比了。理由很简单，这样的对比实际上是不存在的，她们之间是不能对比的，不仅是由于她们属于不同的风格，而更是由于她们属于不同的理念。

卢浮宫里还有一座古希腊时期的雕像，那就是《胜利女神》。这个作品出土时更加残缺，头部和手臂都没有了。但即便这样，当站在胜利女神面前时，你所能做的就是景仰和赞叹。

带翅膀的女神站在船头，已经不存在的两臂原本应该是伸展开的，迎面而来的海浪和风雨打湿了她的衣衫，使其紧紧贴在身上，造成了几乎裸体的效果，而衣衫依稀可见。石头的雕像可以同时表现衣衫和裸体，如果在看到这部作品之前听人这样说，我很难相信。但是在这部伟大的作品前，不可置信立即让位于钦佩至极。

这部作品让现代巧妙的抄袭立即相形见绌。那个风靡一时的好莱坞电影中的热恋情人站立船头"迎风展翅"的造型，曾经倾倒了世间多少少男少女。而那只是对崇高的《胜利女神》在2500年后的一个功利的抄袭而已。

这样的雕像在古希腊曾经不计其数，但是由于战乱，很多都被毁坏或者被遗弃了。现在留存在世的雕像已是凤毛麟角。古希腊雕塑其实并不仅限于大理石雕像，同时也有青铜铸像，只是几乎都没能留存世间，原因是这些铜在战乱中都被占领者拿去熔化重新铸成兵器了。这是人类历史上最具有讽刺意义的象征，把作为艺术品载体的铜熔化后铸成战争用的武器。诚然，武器可以暂时征服一些人的肉体，但是艺术却能够征服所有人的心灵。

雕塑作为艺术形式，并非古希腊所独有。我在西安看到秦始皇的兵马俑，当时非常兴奋，这样的作品也确实可以算作壮举了。这些陶俑和维纳斯以及胜利女神石雕几乎出于同一时

古希腊的《胜利女神》，
作于公元前220—前190年
（笔者摄于巴黎卢浮宫）

秦始皇兵马俑，作于公元前246—前208年，中国西安兵马俑博物馆

期，我很自然地把这些陶俑和古希腊的作品作了对比。

尽管兵马俑就雕塑本身而言，无法企及古希腊的水平，但是我仍然愿意为秦朝的工匠们的技艺喝彩。无疑秦始皇的墓葬非常宏伟，在这如此大量的陶俑背后是数以万计秦朝工匠的创造力和血泪，以及秦始皇的意志和暴虐。如果今天还有人怀疑秦始皇是否施行暴政的话，那么看了这兵马俑和尚未发掘的巨大秦始皇陵寝的时候，就不该再有疑问了。一个统治者在社会生产力那样有限的年代，在这样短暂的统治时间，竟倾注了如此浩瀚的财力和物力，剥夺了当时在世的人民的利益，来满足他自己死后继续统治的野心和疯狂的幻觉。仅此一点，这些兵马俑就是一个暴政的铁证。

古希腊的裸体雕塑毫不掩饰地表达了对于人的尊严和美的赞叹，而秦朝的塑像在厚重的甲胄下掩盖着对于人本身的压抑。一边是坦然奔放的自由精神，另一边是附庸强权的芸芸众生。一个讴歌了人类对于美丽和理性的崇尚和追求，而另一个表达了为强权牺牲自我和践踏他人的决心和勇气。如果你们注意过雕像的表情，也必定会得出和我一样的结论：一个代表着人类自由的理性和美丽，而另一个却是一代暴君的走卒和陪葬。他们虽然出自同一时间，但是他们属于完全不同的理念。

古希腊艺术品中也不乏表现战争题材的，但即便同样是表达了战争的古希腊雕塑，也和秦朝的截然不同。

我曾经到德国柏林的著名博物馆Pergamon去参观过。这是一个绝对不可以错过的博物馆。帕加马是古希腊在小亚细亚的城邦，在今天土耳其境内的Bergama（现代土耳其语）城附近。一位德国工程师在19世纪发现了那里的古希腊城市遗址。后来这些出土文物都按照当时签订的条约运回了德国。这些雕塑和维纳斯以及胜利女神都是希腊化时期的作品。

残酷的战争并没有掩盖自由和人性的主题，勇敢的战士为之战斗的和美丽的女神所为之保佑的不可能是集权的统治和

古希腊小亚细亚的帕加马
遗址出土的雕塑，作于公
前281—前133年（笔者摄
柏林Pergamon博物馆）

非人的残暴，而只能是自由、理性和人的尊严。

正由于那次参观，促使我后来专程去了帕加马城遗址。亲历遗址使得我对柏林Pergamon博物馆的陈列理解更深。那是一个建在山巅上的典型的古希腊城市，那神殿、剧场、图书馆和一些民生设施还依稀可见，令人肃然起敬。

如果说在艺术上显而易见文艺复兴所继承和发扬的就是古希腊精神，那么更应阐明，文艺复兴在艺术上的复兴是其更加伟大的复兴的一个表象，其更加伟大的复兴就是对于源于古希腊的精神以及科学和民主的复兴。古希腊的艺术作品为其伟大的精神作了非常好的注解。古希腊最伟大的精神，就是她开启的科学体系和创立的民主政治。这些伟大精神的复兴，正是文艺复兴的精髓。有哲人说："物质尚未出现，精神已经到来。"这绝不无道理。

在许多科学领域，古希腊都作出过重大的贡献。不仅仅是具体的贡献，更加是原则和结构上的贡献。古希腊的科学纯粹是精神的，几乎毫无实际用处。为科学而科学，是古希腊科学的特征。科学就是为了求知，而不是为了功利。正因为这样，古希腊的科学才会高瞻远瞩，不为当时的实际应用而束缚手脚，从而使得古希腊的科学能够按照伟大的古希腊人的思想发展，而不必拘泥于目光短浅的实际应用。正是这样的完全不拘束于尘世的自由思想，造就了在后来被证明是真正伟大的生产力。欧几里得几何就是其中一个代表。

当时欧几里得在柏拉图创办的学园里教授几何，有一天一个来求学的青年学生终于憋不住，问欧几里得："这几何到底有什么用？"欧几里得十分生气，把教务长叫来，说："这个年轻人居然到这里来学什么有用的东西，给他一点钱，让他离开这里。"

古希腊帕加马城遗址（笔者摄）

位于帕加马城遗址不远
处的医神阿斯克勒庇俄
斯神殿遗址（笔者摄）

不为眼前的应用而学术，这是古希腊有别于其他文明的本质所在。古希腊的哲学和数学都不以实用为目的。那些哲学家和科学家都不富裕，他们也无意追求物质生活。那个时代，伟大的数学家阿波罗尼斯对于圆锥曲线（也就是圆、椭圆、抛物线和双曲线）的研究水平之高超，就连现在的数学家也不能出其右。当毕达哥拉斯证明了毕达哥拉斯定理（也就是国人所说的"勾股定理"）后，杀了上百头牛庆贺。可见，希腊科学家对于这些看来不能带来任何功利的学术之重视。

古希腊人认为科学就是应该超越尘世的，它们不来源于尘世，也不服务于尘世。"求知是人的本性。"亚里士多德这样告诉我们。也就是说，求知不是由于功利所诱，也不是为了生活所迫。后世的爱因斯坦的名言"科学就是为科学而存在的"，似乎是来自遥远的古希腊的伟大理性的回响。近代有人如是说，所有的上层建筑都必须由于经济基础对其有要求和压力才会进步。也许这适用于其他文明，但显然不适用于古希腊文明。古希腊文明中的学术根本不来自现实对其的要求，在当时也没有现实的服务对象。于是，我们的问题是，古希腊人的学术动力来自何处？必答曰：古希腊人的精神。

不为功利，但求完美。古希腊所追求的完美体现在所有的领域。正因为如此，欧几里得几何只能由古希腊人创造，科学也只能由古希腊人开启，而民主体制也一定只能由古希腊人建立。古希腊人对于完美的追求，在他们的艺术作品、科学思想和民主政治中展现得淋漓尽致。

在中国的古代文明还在天圆地方的时候，古希腊人不仅仅已经确信地球是球形的，而且艾拉托色尼还成功计算了地球的半径。他计算得到的地球半径值和今天我们知道的准确值的误差不到1%。

当中国的古代文明还在阴阳五行的时候，德谟克利特就提出了原子论。尽管他提出原子论在当时完全不可能有试验证据或者验证，但是他的思想却是如此地领先于那个时代的物质水平。这本身也是精神先于物质的一个很好的例证。

毕达哥拉斯定理，也就是我们所称的"勾股定理"，早在公元前500多年被毕达哥拉斯用纯粹的几何方法做了完整的证明。700多年后在公元220年左右，中国的赵爽给出了另外一个证明。虽然赵爽没有使用纯粹的几何方法，但是其证明还是很值得称道的。

当中国的古代文明还在算术时代时，古希腊的欧几里得就已经创立了几何。就是这个欧几里得创立的几何，今天还在我们的课堂上被原封不动地教授。不仅如此，欧几里得几何更多的贡献是在于建立了一个理性的科学系统。在那里，从公理出发，由演绎可以得到我们原来未知的定理和知识。这样一个系统，一直以来都为后世的科学家所景仰。虽然并不是所有的科学学科都可以方便地遵循这样一个形式，但欧几里得给予了科学一个完美的典范。

文艺复兴中产生的牛顿力学，几乎就是欧几里得几何在物理学中的翻版。从牛顿运动三定律作为公理出发，所有的牛顿力学的定理和结论都可以通过逻辑推导出来。这和欧几里得几何从几个公理出发得到整个系统在结构上是一样的。牛顿的伟大巨著《自然哲学的数学原理》无可置疑就是欧几里得演绎方式的再现。后来的相对论、量子力学实际上都是按照这样的认识体系来建立的。

欧几里得几何甚至是西方演绎科学的直接原因和典范，因此也是伟大的科学家都出现在西方的一个重要理由。欧几里得几何不仅仅是一个科学体系，同时也是一个哲学体系，其赠与我们一种认识世界的极其强大的方式。

这些伟大的科学和哲学的思想直接在文艺复兴以后导致了现代科学。我们现在的科学，都可以在古希腊人那里找到其根源。这是一个什么样的奇迹？

和古希腊的科学奇迹相比，另外一个奇迹也应该得到同样的赞美。这就是民主。文艺复兴的必然结果就是古希腊的民主体制的复兴。英国是最早的受益者。在文艺复兴的伟大思想潮流和随之而至的社会观念和生产能力的变革中，英国皇室在内外的压力下把权力交给了由人民选举的议会。尽管很大程度上是由于被迫，但这仍然是一个非常明智的举措，其直接导致了英国随后的繁荣昌盛，也避免了流血的暴力革命。于是，发祥于意大利的文艺复兴，把最丰硕的政治成果和经济成果结在了英国。

文艺复兴后期，几乎所有的欧洲国家都进行了不同程度的民主改革。有的成功了，有的失败了，有的成功了又复辟了。但是民主的努力从未松懈，民主的目标从未改变。峰回路转，逆流困顿，但是前进的脚步却不容置疑。直至今天，我们在欣赏西方丰硕的民主成果时，还可以感受到这个伟大运动冲击的余波。

我有幸经常到欧洲，所到之处我通常不坐车，而是徒步行走，以期感受这巷陌之间的历史韵味和现代气息。特别是在巴黎，在这个文艺复兴后近代民主历程最跌宕起伏的国家的首都，到处都可以感受到今天自由平和的气息和曾经步履维艰的经历。从卢森堡宫，到巴黎圣母院，到卢浮宫，到协和广场，经过香舍丽榭大道，到凯旋门，再到埃菲尔铁塔，中世纪、文艺复兴、工业革命，都在漫步之间。在这些康庄大道和曲折小街里，在这些优雅的塞纳河桥和庄严的建筑中，在别致的咖啡馆和精巧的花店边，无法掩饰的是文艺复兴的余波和古希腊的内涵和影响。

不仅仅是巴黎，所有的欧洲城市，哪怕是历经坎坷的东欧城市，在历经沧桑和饱尝辛酸之后，那令人振奋的依然是文艺复兴和古希腊的力量。捷克的布拉格如此，罗马尼亚的布加勒斯特如此，乌克兰的名不见经传的小城塞瓦斯托波尔也如此。沧桑巨变，绝处逢生，那精神依然不减，那就是古希腊的价值，人类对于科学和民主的诉求和其永不泯灭的道德力量。

文艺复兴后在欧洲大地重新感受到古希腊时代的民主精神。其实，不仅仅是欧洲大陆，1776年在美洲大陆的那个宣言或许是对于文艺复兴和古希腊精神的完美注解。这样一个宣言在不同的场合被反复引用，其理由是显而易见的：

> 我们认为下述真理是不言而喻的：人人生而平等，造物主赋予他们若干不可让与的权利，其中包括生存权、自由权和追求幸福的权利。为了保障这些权利，人们才在他们中间建立政府，而政府的正当权利，则是经被统治者同意授予的。

由被统治者授予统治者权力！这是一个准确无误的古希腊价值，这是一个除了古希腊不见于任何其他文明的独一无二的价值，这是一个在文艺复兴中复兴的古希腊价值。对于人的价值的认可，对于所有人和每个人价值的尊重，这就是古希腊的精神。

美国人对于古希腊情有独钟是有充分理由的，其最根

阿波罗头像，作于古罗马时代的公元120—140年间，原作成于古希腊的希腊化时代。此阿波罗的发型令人立即想起了梵蒂冈阿波罗雕像的发型（笔者摄于伦敦大英博物馆）

本的理由是，美国就是按照古希腊的精神所创立的国家。在美国，很多地方是用古希腊地名命名的。我刚到北美时曾经困惑为什么在美国有这么多的希腊地名，比如"特洛伊"（Troy）、"叙拉古"（Syracuse）、"罗德岛"（Rhodes）、"孟菲斯"（Memphis）等，甚至称做"雅典"的城市就有好几个。我后来才知道，美国建国后有一个政策，就是用古希腊的地名命名美国的城市。这是一个象征，也就是美国对于文艺复兴精神继承的象征，也就是美国对于古希腊精神继承的象征。

与其说是一种象征，不如说是身体力行的实践。有人说美国人很骄傲，就是我所在的加拿大，人们对于美国人的骄傲都颇有微辞。美国实在太强大了，有意无意之间都会让别人感到她的咄咄逼人和傲慢。但是美国人也是很谦虚的，他们只是知道应该对谁谦虚而已。美国的航天计划是一个非常宏大和伟大的创举，尤其是美国人的登月计划。但是，美国人并没有把登月计划用任何一个美国人的名字命名，也没有用基督教有关的名字命名，而是用了一个古希腊神的名字"阿波罗"，亦即"太阳神"。这就是众所周知的"阿波罗计划"命名的理由。

古希腊人热爱阿波罗，他年轻英俊、朝气蓬勃、坦荡正义、阳光热情，一如其"太阳神"的名字。陈列在梵蒂冈的古希腊伟大雕塑家莱奥卡雷斯（Leochares，公元前4世纪）的著名作品"Apollo Belvedere"表现了阿波罗为征服恶蛇，弓在手中、箭已发出时的瞬间姿态。他完全赤裸的身体象征着他无所畏惧前方的艰难险阻，也毫不掩饰地宣告着他自己和人类的并无二致。可以说，没有比"阿波罗"更适合为一个伟大的航天计划命名了。

古希腊阿波罗（太阳神）的大理石雕像。图为古罗马时代按照古希腊伟大雕塑家莱奥卡雷斯的青铜原作（公元前350—前325年，已佚失）的复制品，现藏于梵蒂冈博物馆

　　一个骄傲的美利坚民族把自己举世震惊的创举谦虚地用古希腊的神来命名，足以看到古希腊的伟大和其在美国人心中的地位。似乎美国人在向世界宣称，虽然这是一个伟大的创举，但是美利坚的任何伟大和古希腊对于人类文明的贡献相比，还是不能企及的。

　　不仅是美国人，欧洲人也同样觉得所有的天文学领域，都应该用古希腊的神来命名。我们现在知道的所有的太阳系的行星也都是用古希腊的神命名的。

我们在学习数学时碰到的那些符号，很多是希腊字母。只是在希腊字母被用罄后，其他语言的字母才逐渐登场。

古希腊文明和其他古代文明，比如埃及、印度、巴比伦和中国，有着本质的区别。最具特征的是她的竞争精神、思辨精神、批判精神和人本主义精神，以及由这些精神诞生的科学和民主。

不管是哪个古老的文明，都不曾具备这些精神。中国亦不例外，不管中国文明是否有过断层，这些精神都不曾出现在过去的中国文明中。

中国历史上有黎民、子民、臣民、良民、暴民、顺民和刁民，但从来没有过公民的概念，也没有过培养公民的制度。或者俯首贴耳，或者揭竿而起，或者碌碌无为。被压迫时逆来顺受，一旦得势便不可一世，在奴才和主子之间变换着角色，却不能做一个平等的人和一个公民。一来是统治者从来不允许如此，二来是被统治者从来不觉得有什么不正常。

从诸子百家开始，国人缺乏对于真理的追求和对质疑的宽容。我们喜欢声称已经发现了终极真理，而从来不追根刨底。我们也没有构成任何科学的系统，也许有一些离散的有科学意义的工作，但是绝大多数仅仅可以称做技术，而不是科学。

科学和民主，从诞生于古希腊开始就从未老去，她们也许曾经销声匿迹，从当时社会的视野中消失，在当时人们的理念中忘却，但是她们从不衰老，当再次出现在我们视野中时，依旧青春健康，风姿绰约，让人不得不感到，老去的可以是我们自己，而绝不会是她们。因此，一个懂得古希腊的人很难把她比作母亲，尽管她孕育了人类最伟大的精神文明，和由此而来的物质文明。古希腊，她不可以是我们的长辈，她必须是我们时代的年轻人的同龄人，她必须是任何一个时代的年轻人的同龄人，她永远是年轻人的同龄人。

古希腊应该是一位年轻美丽的女性，就如同米洛的维纳斯的雕像——崇高永恒，青春永驻，美丽长存。她的宁静和坦然，给予我们永远的自信和依托；她的健康和美丽，给予我们永恒的鼓励和目的。

因此，面对着古希腊的废墟，我不由地会想起拜伦的《雅典的少女》（原文附于此文后）中的诗句，虽然已经不记得诗的每一行，但是仍然感到这是对于古希腊的最恰当的词句。

> 雅典的少女啊，在我们分别前，
> 把我的心，把我的心还给我！
> 或者，既然它已经和我脱离，
> 那你就留着它吧，把其余的也拿去！
> 请听一句我离别前的誓言，
> 你是我的生命，我爱你。
>
> ……
> 雅典的少女啊，我走了：
> 想着我吧，当你孤独的时候。
> 虽然我向着伊斯坦布尔驰奔，
> 雅典却留住我的心和灵魂；
> 我能够终止对你的爱吗？绝不！
> 你是我的生命，我爱你。

这是拜伦诗中第一节和第四节，全诗共四节。诗的原文是英文，但是在每节的最后一句都用希腊语写成："你是我的生命，我爱你。"[1]

　　我不知道拜伦诗中的少女是否真实存在过，或许是真实的，或许是虚构的，这并不是我需要考证的。但是我们知道的是，拜伦虽为英国人，却一生为希腊而奋斗。他不是为了一个和自己看来并无关系的民族，而是为了一个文明，一种价值，一个人类共同的文明，一种人类共同的价值。从拜伦为希腊而殚精竭虑肝脑涂地的所作所为，我们可以笃信，拜伦在诗中用希腊语说的"你是我的生命，我爱你。"也一定指他热爱的希腊和古希腊文明。古希腊文明，只要你理解了她，你就会认为她和你息息相关，而不管你来自哪个国家、哪个民族。

　　当我的思绪从遥远的古希腊和文艺复兴回来的时候，应该审视在东方的一个古老的民族和地区，这就是中国。我知道，像我这样在东方和西方都生活和学习过，对这两种文明和文化都很感兴趣，并且给予足够思考的人，应该责无旁贷地对这两个完全不同的文明给出恰如其分的比较和评价。

　　我对于政治制度本身不感兴趣，而感兴趣的是政治制度背后的社会精神和文化内涵。任何政治制度都是暂时的，而精神和内涵却是久远的。

　　于是，让我们从精神文明开始说起吧。

1] Ζωή μου, σᾱς ἀγαπῶ（希腊语，读作：Zoë mou, sas agapo），拜伦在这里选择了"ἀγαπῶ"（agapo）表达"爱"。在古希腊文中，"爱"有多种，"agapo"用以表达神圣的"爱"。此外还有"Philia"，用以表达平等和公正的爱；"Eros"，表达情爱；等等（详见本书"自由、平等、博爱"一章中的阐述）。因此可以理解，拜伦表达的爱超越了情爱，是神圣的爱。

附录：《雅典的少女》原文，拜伦创作于1810年。

Maid of Athens

Maid of Athens, ere we part, Give,

oh, give me back my heart!

Or, since that has left my breast,

Keep it now, and take the rest!

Hear my vow before I go,

Ζωή μου, σᾶς ἀγαπῶ.

By those tresses unconfined,

Woo'd by each Aegean wind;

By those lids whose jetty fringe,

Kiss thy soft cheeks' blooming tinge;

By those wild eyes like the roe,

Ζωή μου, σᾶς ἀγαπῶ.

By that lip I long to taste;

By that zone-encircled waist;

By all the token-flowers that tell,

What words can never speak so well;

By love's alternate joy and woe,

Ζωή μου, σᾶς ἀγαπῶ.

Maid of Athens! I am gone:

Think of me, sweet! when alone.

Though I fly to Istambol,

Athens holds my heart and soul:

Can I cease to love thee? No!

Ζωή μου, σᾶς ἀγαπῶ.

彩图 2-1 雅典卫城上的帕特农神殿
（公元前 5 世纪）遗址（笔者摄）

彩图 2-2 雅典卫城脚下的宙斯神殿
（公元前 5 世纪）遗址一角，远处
城堡即为卫城（笔者摄）

四　批判精神——平等、宽容和真诚

先生，我厌恶你所写的一切，但是我仍然会用我的生命捍卫你继续写作的权利。

—— 伏尔泰

那些不许质疑的，必定是不能自洽的。

—— 作　者

毋庸置疑，如果没有古希腊的精神和理念，人类社会迄今的进步将绝无可能。概括来说，古希腊对人类文明最伟大的贡献是四大公理和两大定理，这是人类迄今为止最伟大的精神文明之一。

四大公理即：思辨精神、人本主义精神、竞争精神和批判精神。

两大定理即：科学和民主。

古希腊的精神文明系统如同欧几里得几何，由一个公理系统通过严格的演绎而形成，这个公理系统就由以上四大公理组成，而科学和民主就是由这些公理出发经过演绎得到的"两大定理"。这四大公理和两大定理不见于任何其他文明。这是人类文明的奇迹，亦即"古希腊奇迹"的最重要的构成部分。

我从大学时代开始对古希腊文明从点点滴滴的印象变成

全面的好奇，继而是无数的疑问和深入的探讨和思考。在如此庞大和繁杂同时又是如此深刻和富有逻辑的文明系统面前，我觉得无从下手，只是随着了解的深入越来越觉得古希腊文明和华夏文明的反差之强烈。同时我也感觉到了古希腊文明清晰的脉络和逻辑。也许是我的科学和工程背景给了我理解古希腊文明深度的可能。于是，古希腊文明的公理和定理逐渐呈现在我的眼前。

我将分别阐述和讨论这四大公理和两大定理，在顺序上，之所以首先来讨论"批判精神"，是由于本书在对比其他文明的同时，贯穿了"批判"。

"批判"是容易的，而具备"批判精神"就绝不容易，因为"批判精神"更重要的是对批判的宽容和坦然的态度，而不仅仅是批判本身。古今中外，多少仁人志士由于批判而招致粉身碎骨、家破人亡。那不许任何人质疑的"皇权"和"神权"导演了一幕幕迫害异见的惨剧，比如神权所制造的布鲁诺事件[1]和皇权所设计的文字狱[2]。但是，唯有古希腊可以坦然对待批判。批判，是古希腊不同于任何其他文明的独特性格。

批判无外乎这样几种类型：批判他人或者被他人批判，以及自我批判（或者称之为反省）。对于批判的态度，在中国文化和西方文化中非常不同。批判自己，对于中国人来说是一件非常不容易的事情。而对待来自他人的批判，以及以平等的心态去批判他人，也同样不容易。

"吾爱吾师，吾更爱真理。"这是亚里士多德的一句名言，在中国也被反复引用。这句话的含义：感情不能等于真理，师尊不能取代批判。这比批判外人和批判自我（即反

[1] 指罗马教廷在罗马鲜花广场对倡导"日心说"的布鲁诺处以火刑。

[2] 例如在中国历史上明清两朝对知识分子的迫害。

苏格拉底（Socrates）　　柏拉图（Plato）　　亚里士多德（Aristotle）

省）需要更大的勇气，因为需要面对来自各方面的重压，以及来自内心感情上的责难。在这里，柏拉图和亚里士多德为"批判精神"作出了最好的诠释。

继承，在古希腊意味着超越、发扬光大，甚至分道扬镳。苏格拉底、柏拉图和亚里士多德，这三位古希腊哲学巨匠，也是三代嫡系师生。在国人看来，既然是三代师生，那么应该是一脉相承从无分歧。但事实上，亚里士多德和柏拉图在哲学见解上的分歧是很严重的。

我们不必讨论柏拉图和亚里士多德到底谁的见解更加正确，应该注意的是亚里士多德对于别人责难他对老师的批判时，他的回答之坦然而自信。他残酷地假定老师的教导和真理不吻合，并且坦诚此时作为学生应该采取的态度。实际情况也正是这样，亚里士多德不是象征性地对自己的老师进行批判，也不是指出具体的哪个细小的问题，而是从根本上和自己的老师有分歧。其争论之激烈，我想任何中国的师生都受不了。但这并没有影响古希腊这两位师生的关系。对自己的导师苏格拉底顶礼膜拜的柏拉图，面对自己离经叛道的弟子亚里士多德却毫不介意。

　　爱利亚学派在古希腊的学术上并不占很重要的地位，但是其著名门徒芝诺（Zeno of Elea，公元前490—前425年）的一些悖论却由于其独到的批判和诡异的特点永垂青史。他的一个非常经典的悖论就是阿喀琉斯无法追上乌龟。阿喀琉斯是古希腊神话中伟大的神之一，要用这样的神来开涮，在其他的宗教里是不可想象的。这个悖论的本身也非常有意思，阿喀琉斯是神，速度比任何凡人要快得多，但是芝诺仍然证明他无法追上乌龟。理由是，当阿喀琉斯开始追赶的时候，前面乌龟也开始跑了。当阿喀琉斯跑到了乌龟原来所在的位置的时候，乌龟已经向前跑了一小段距离。当阿喀琉斯再跑到乌龟目前的位置时，此乌龟又向前跑了一小段距离。于是，这样的过程可以无限重复，无限地继续下去。

芝诺（Zeno of Elea）

　　这是一个看来可以用极限理论来解决的问题，但是实际上要比我们想象的复杂得多。芝诺有类似的四个悖论，每个都看来荒唐诡异，但却困扰了科学家和哲学家数千年，至今我们仍然不敢说已经彻底地解决了芝诺悖论。这样的困难使得芝诺悖论看起来成为一个搅局的东西，但是在欢迎百家争鸣的古希腊学术中，尽管这样的批判可能一时不被接受，但是显然在整体上受到了容忍和赞赏。

　　在东方，则不然。继承是顶礼膜拜、粉饰和抄袭。于是，以上在古希腊被完全宽容和鼓励的行为，在东方毫无例外都会被视为违逆纲常犯上作乱，甚至导致行为者被逐出山门。批判遥远的他人，在东方可以被容忍，但是要针对尊长，批判自己的小圈子，那可就不行，师道尊严神圣不可侵犯，"家丑不可外扬"是一条铁的纪律。一旦上升到对于小圈子的批评，那更是"兄弟阋于墙，外御其侮"，一致对外，同

欧里庇得斯（Euripides）

仇敌忾，绝难善了。学派和团体之内的批判，以及一个国家内部的批判，一个政党内部的批判，这些在具有古希腊传统的西方是极其正常的。但在东方国家，情况就大不相同，普遍缺乏批判和自省的能力和勇气。

批判，对于古希腊人来说习以为常。古希腊人常到国外去旅行，其阅历之丰富令其他民族相形见绌。（L.S. Stavrianos《全球通史》）古希腊人在旅行时总是带着怀疑的精神、批判的眼光来进行观察。他们探究一切事物，将所有的问题都搬到理性的审判台上加以考察。古希腊人的特征可以归结为：虚心、勤于思考、渴求学习、富有常识。

苏格拉底和柏拉图明确宣称"未经考察的生活是不值得过的"。因此，在古希腊进行政治批判就顺理成章，那些古希腊的剧作大师们，对于时事政治的针砭肆无忌惮。欧里庇得斯（Euripides，公元前480—前406年）支持给予奴隶和外国人更多的权利，主张妇女解放，抨击战争，严厉批评了政府当时的政策。阿里斯托芬（Aristophanes，公元前446—前386年）更加激烈，他的喜剧充满对时事政治的讥讽，他在《吕西斯忒拉忒》中描述了雅典和斯巴达的妇女厌恶雅典和斯巴达之间的战争，她们约定如果不结束战争就不和她们当兵的丈夫过性生活。剧情诙谐幽默，令人捧腹，在笑声中对政府的政策提出了尖锐的批判。雅典政府对此绝不干涉，须知当时雅典正处在和斯巴达的严酷战争中，这样的气度，就是二战中最民主的国家也望尘莫及。

阿里斯托芬的喜剧还有更加尖锐的，在《骑士》一剧中，阿里斯托芬激烈地批判了当时的政治家。他是通过剧中人将军和小贩的对白来进行他的批判的：

小贩：您能告诉我如何才能成为一个大人物吗？

将军：这太容易了，你已经具备了享有成为大人物的一切条件：出身卑贱，做过买卖，蛮横无理。

小贩：我觉得还是不行。

将军：不行？看来你还有良心。你父亲是绅士吗？

小贩：完全不是，我全家老小都是无赖。

将军：那太好了，这是多么好的成为大人物的开端！

小贩：可我是文盲。

将军：要成为政客，最麻烦的就是你什么都知道。适于做领袖的不是那些有学问的和诚实的人，而是那些无知和卑鄙的人。你可千万不要错过这样的好机会。

阿里斯托芬（Aristophanes）

我为古希腊这些伟大剧作家喝彩，同时更为他们感到庆幸：许多历史和现代的文学家剧作家受到了难以想象的迫害，仅仅是由于他们的作品使统治者不舒服，为此，他们有的身败名裂，有的更是家破人亡。但是古希腊的文学家和剧作家从来不曾由于持有不同政见和进行尖刻批判受到任何惩罚或迫害。阿里斯托芬的"恶毒攻击"不仅没有给他带来任何不方便，而且他还是全希腊最受欢迎的剧作家之一。想到这里，我不由地为古希腊社会的宽容和豁达而感到由衷的钦佩。如果现代世界上每个国家都能像2500年前古希腊一样对不同的见解采取如此平等、宽容和真诚的态度，那么这个世界该是多么美好！

是的，2500年前！古希腊！一提起这对数字和名词，总

有一种不可思议的感觉，叹惜、惭愧、困惑。任何激情的口号和吹嘘，任何自封的伟大和正确，在这数字和名词面前都会立即变得渺小可笑、分文不值。

对真理的执着追求和对批判的坦然宽容，正是古希腊文明的一个特点。古希腊的学派形形色色、多种多样，各种学派有着不同的理论，但是古希腊学派之间从未有过由于观点不同而导致的压制和诋毁。并且，古希腊政府也不曾镇压过任何一个学派，更没有对持不同政见的政治家、艺术家或公民进行任何压制或迫害。这样的争论和分歧体现了古希腊崇尚学术自由和追求真理的精神，这样激烈的批判一方面反映了批判者对于社会的关心和使之完善的渴望，另一方面则反映了古希腊政治环境的宽容和平等。这是古希腊民主政治之所以可以形成和实践的关键，也是科学诞生在古希腊而不是别的地方的一个重要原因。

在继承了古希腊传统的西方，批判是极其正常的事情。自然科学的发展离不开批判，社会科学也不例外。在西方，批判是平等的，批判者从不杀气腾腾，被批判者也心平气和。但是到了东方就不行了。被批判者总觉得批判者别有用心，于是被批评者一旦可能便非置批判者于死地不可。批判变成了利益和权力斗争的工具，成了置人于死地的手段，接受批判成了对于罪名的默认，于是"自我批判"成了苟延残喘的伎俩，成了寻求宽恕的乞求。

审视自己在历史上的过失，是一个人和民族内心力量的展示。美国对于广岛和长崎的原子弹轰炸这一军事行动的反省，反而比日本对其挑起的战争和由此给其他民族带来灾难的反省来得更多更深刻。美国人一直在非常真诚地回顾这个军事行动所有的细节，质问自己当时原子弹袭击到底是否必要。其实美国在进行轰炸以前已经做了很多使平民免受伤亡和文化古迹免遭破坏的工作。最初选择的目标中有京都，但很快就被否决了，理由是京都有很多文化古迹。最后选定的目标是广岛、小仓和长崎中的两个。而小仓由于天气原因躲过了这一劫。

2007年底，执行那次轰炸任务的轰炸机"Enola Gay"的飞行员去世了。由于他直到去世也没有对于这次军事行动表示过任何忏悔，许多美国媒体居然对他很不客气。这看来很不公平，这位飞行员是按照上级的命令执行任务，而且我觉得这个军事行动在当时是完全正义的，完全没有必要在今天表示遗憾。如果不是那次轰炸，太平洋战争还会持续一段时间，许多平民和盟军士兵会因此丧生。我并不理解为什么美国要反省这样一个拯救了许多美国军人的生命和及时结束了太平洋战争的军事行动。我只能说，美国人比我有更加宽广的胸怀。

但是日本人就不同了。日本有一个人写了关于广岛和长崎应该被炸的文章，结果受到了来自日本国内的死亡威胁，这和美国人的胸怀形成了鲜明的对照。而且，每年的原子弹爆炸纪念日在日本各地都举行悼念仪式，搞得沸沸扬扬，而对于二战的历史和日本为什么被炸却遮遮掩掩。不了解历史的人还以为日本是那场战争的受害者，而不是始作俑者。日本对于其发动的战争中对亚洲各国所犯下的罪行迄今还闪烁其词。于是有这样强烈的对比：太平洋战争期间，美国和加拿大政府都不信任其国内的日本移民，为了防止他们捣乱，就限制他们的活动，甚至把他们关押了起来。对此做法，美国和加拿大进行了反省，认为如此对待这些旅居其国家的日本后裔有悖于人道主义原则，于是在多年前就此向这些日本后裔及其后代进行了道歉。于此相反的是，日本对其二战期间的恶劣行径却拒不向其加害的周边国家的人民道歉。

西方对于自己的批判和反省每天都在进行，所有的报纸杂志电视台电台都在质疑本国历史上的一些做法，批评现今政府的政策，从来没有停止过。在西方，几乎看不到媒体说政府的好话，也很难听到赞扬政府的历史功绩，而连篇累牍都是批评和质疑。加拿大的"全国新闻"，从不赞美政府，政府干的好事基本不提，因为觉得这是政府应该做的，做好了是应该的，而做不好挨骂也是应该的，于是，对政府的问题和缺点，总会不厌其烦地细细道来。因此，"全国新闻"几乎没有好消息。我刚到加拿大时，发现新闻里不是职工失业，就是房屋失火，要不就是交通事故，最多的就是批评政府政策不当，连篇累牍不绝于耳。如果不熟悉西方的自我批判精神，会以为简直是世界末日了。只是第二天早上走到大街上，融入到那个社会里，才发现原来天下还是太平，社会还是公正，生活还是轻松。

加拿大政府在过去（1885年）曾经以叛国罪判处了加拿大梅蒂人（英法人和当地印第安人的后裔）Louis Riel死刑。Louis Riel为了梅蒂人的利益以武装暴动反叛加拿大政府，在当时看来他"罪有应得"。但是后来，加拿大政府意识到，当时的加拿大政府没有很好地代表梅蒂人的利益，因此梅蒂人的暴乱是可以理解的，而Louis Riel为梅蒂人争取权益的行为是高尚的。因此，加拿大政府追认Louis Riel为英雄。

加拿大政府不久前对加拿大华人就100年前的人头税法案进行了道歉和赔偿。当时加拿大的法案在于限制华人的入境，于是对每一个移民加拿大的华人征收入境税，而其金额远远高于其他欧洲移民。对于一个在那个时代的特殊环境下出现的不公正，虽然有很多的理由和因素促使其所以然，但是加拿大政府还是在100年以后以非常坦荡的胸怀和态度做出了道义上的道歉和经济上的补偿。这样的行为是需要智慧和勇气的，这样的反省绝不容易。

就在我写这些文字的时候（2008年），加拿大政府对于100多年前对于印第安人寄宿学校政策事件给予了正式道歉。加拿大政府在19世纪70年代强制土著印第安人的子女接受现代教育，而这些印第安子女有许多在寄宿学校里没有得到很好的照顾，有的甚至受到了虐待。这样的事情，完全可以解释成为了印第安人的下一代的利益和他们的长远利益，即便有问题也是好心办坏事。但是加拿大政府没有这样找借口，而是勇敢地承认了自己的过失。

一个政府，能够审视自己和前任的过失，并进行深刻的反省，这不能不让人钦佩。任何人都会有过失，任何团体和政府也一样。对于自己的过失的态度可以是文过饰非，也可以是深刻反省；可以是钳口压制，也可以是坦然以对。加拿大之所以是一个非常宽容和正直的国家，就是由于她有有如此理念的人民和由他们选出的政府。加拿大，不仅让我有了道义上的归属感，而且给了我深刻的道义影响。

严于律己，宽以待人，这是上古流传的圣人教诲。中国曾崇尚自省。早在先秦时代，儒家就非常看重自我反省，把这作为修身齐家治国的起点。子曰："吾日三省吾身，为人谋而不忠乎？与朋友交而不信乎？传不习乎？"（曾子说："我每天在三方面反省自己：为别人做事，是否尽心、忠实？和朋友交往，是否真诚？对老师所传授的知识，是否有认真复习？"）

曾子的自省正是后世国人所缺乏的，我为华夏曾经有过这样勇敢的自省而骄傲。但是中国的自省还不是批判。不幸的是，绝大多数华夏的自省是为统治者服务的，它们都是一个意思：自己是否与上级和教条保持一致了。这就是华夏"自省"的现代表达，这就是中国式自省的基本内容。而批判，实际上并不存在。不允许批判的自省更像是对上祷告和自我审查，而不是对于真理的追求。因此就不难理解，曾子三省中的最后一省只是反省自己尽心学习导师的传授，而绝不是质疑导师的教导。

中国式的反省不鼓励批判，更加忌讳对于权势的批判。这实际上就把一个社会变成了像是一个没有泄气阀的锅炉，一直静默到爆炸。而到了爆炸的时候，就不是批判，而是你死我活的斗争了。你死我活完了以后，这个怪圈继续运转，直到下一次你死我活。而真正的反省，无论是作为个人还是集体，都同样困难。

我在读研究生的时候，曾经在中国科技大学北京研究生院听过著名美籍华裔数学家陈省身的一个讲演。他有一句话我记得非常深刻，当时出乎意料。他说：美国没有种族主义，只要你优秀，你就可以得到承认。在美国200周年国庆的时候，他作为唯一的数学家代表美国出访欧洲参加庆祝美国建国200周年的学术活动。一个亚洲人，在一个欧洲后裔占多数的国家的200周年国庆期间作为唯一的数学家代表访问欧洲，这样的信任和承认无疑出于其真诚和信念。

陈省身对美国的如此评价，实际上是对一些总是把自己的挫折归罪于他人和环境的说法的批判。我相信陈省身作为一个人和科学家的道路绝不一帆风顺，只是像有陈省身这样觉悟的人毕竟太少了，绝大多数人还远远不能达到这样的境界。

于是，直面现实、正视历史就体现了一个个人和一个民族探索真理的态度。中国历史上历代多有各种各样的原因而使人不能正视历史的。弄得李白这样蔑视权贵和直言不讳的诗人也不得不用"西风残照，汉家陵阙"来曲指"唐朝宫阙"。而清朝更是一个以篡改历史著称的政权，不择手段逃避批判。正因如此，导致有人说，历史就像一个小姑娘，你把她打扮成什么样子就是什么样子，而其本身真实的长相则是第二位的。我们的历史多少也像是一个经过刻意打扮的小姑娘，浓妆艳抹、珠光宝气和厚重服饰，使得我们根本无从知道其真实的长相。

而经过"文艺复兴"的西方对于历史的审视则如同古希腊的雕塑，几乎都是裸体的。古希腊的年轻女性和男性的身体被这些伟大的雕塑家严肃而不加掩饰地展示给人们。比如前面提到的《米洛的维纳斯》的雕塑，不仅是一个伟大时代的艺术代表，而且是一个伟大时代对于真理的追求的象征。没有掩饰，没有犹豫，只有尽致的美丽和真诚的坦然。一个允许别人说话的统治者，一个允许别人批判的统治者，才可以审视自己和改善自己。一个敢于并且能够自由地表达自己思想和意见的人民，才可以称作公民。具备这样特点的社会，才可能成为一个公正的社会。

1644年约翰·弥尔顿（John Milton）对英国议会作了题为《论出版自由》（Areopagitica）的演讲[1]，他的演讲稿的扉页引文源自古希腊剧作家欧里庇得斯的剧作《恳求的妇女》（Suppliant Women）：

> 只有天生自由的人在公众面前可以自由地演讲，这才是真正的自由。如果他能够也愿意自由地演讲，便能赢得崇高的赞誉。相反，如果他不能或不愿意的话，也能保持他的沉默。在一个国家里还

[1] "Areopagitica"一词源于古希腊雅典的一处地名"Areopagus"，那里曾经是雅典最高法庭（亦称作Areopagus）所在地。以雅典的最高法院引申出来的"出版自由"，可见古希腊雅典的言论自由程度。

有什么比这更公正的事情呢？

而他的演讲稿的标题"Areopagitica"本来并非一个英语词，而是一个古希腊名词——"雅典最高法庭"，其原本的词义和"言论自由"并不相关。正是古希腊法律对于言论自由的充分肯定才使得文艺复兴后的英国和启蒙者把这个名词升格为普适的言论自由。弥尔顿要说的是，一个文明和公正的国家，必须以最高的仲裁形式把言论自由置于至高无上的地位。

这篇演讲稿，成了人类历史上最重要的捍卫言论自由的哲学文献之一。弥尔顿阐述了古希腊时代的言论充分自由，敦促他的时代和社会以此为榜样。以古希腊雅典的最高法庭为标题，以古希腊欧里庇得斯剧中台词为扉页题词，还有什么比这更能体现古希腊的批判精神对于一个社会走向文明和公正的伟大作用？其实，仅用"伟大"来形容是远远不够的，这是人类社会进步和公正的本源。

一个民族的性格实际上是其国民个体性格在统计上的平均值。毋庸讳言，国人作为个体从总体来说缺乏对批判的宽容。缺乏批判精神的原因很难确定。也许由于中国的大一统，不同的思想和见解不再需要。不仅仅是不需要，而且对大一统有害。也许古希腊的城邦国家比较容易使得这样的不同见解生存。中国的春秋战国时期确实有不少不同的学派和思想彼此争鸣，但是这样的百花齐放很快就消失了。由于它们的消失是和秦朝的统一同时发生的，于是确实有理由说，大一统是破坏百家争鸣、百花齐放和造成万马齐喑的罪魁祸首。这样的结论不无道理，秦以前诸多小国并存，各自的生存和繁荣需要"士"的才能和贡献。而秦的专制统一，使得诸子百家时代"士"阶层得以生存和繁荣的诸多小国消失了。"皮之不存，毛将焉附？"百家争鸣和不同见解的生存环境，就这样随之完蛋了。

此后的缺乏自省，或许也和中国没有宗教有关。所有的宗教都被砸烂了，今天还尚存的"拜佛"已经不是宗教的一部分，而是政治和商业的一部分。基督教的出现对于古希腊来说是一种灾难，因为它摧毁了更加理性的文明。但是对于一些没有高尚理性的地区，类似宗教的出现应有进步意义。宗教使人们忏悔自己的行为，基督教教义至少使人们有负罪的意识，以及基于原罪基础上的平等意识。其结果就是人们在某种意义上具有自省的勇气和对于批判的容忍。

但是中国历史上缺乏这样的机制，于是国人不善自省，更容不得批判，因为他们没有对此的政治动力，也没有宗教动力，更没有哲学动力，所以剩下的只有物质动力了。因此只有在物质极度贫乏的时候，才会有自省和批判的实践，并且一有温饱，反省就停止了。

中国"文革"后的"伤痕文学"曾经盛极一时，当时对整个民族反省和深究那段令人不堪回首的历史起了很大的作用。但就在接触到更深层的思考时，这个运动戛然而止了。纵然有许多的政治原因，实际上还是由于我们的民族性格，国人不敢正视淋漓的鲜血和裸露的真理。

中国人近代的自省只是在少数的很有思想和胆量的知识分子和政治家中进行的。但是这样的自省往往在达到政治目的后就夭折了。有的是自觉地夭折，而有的是被迫地夭折。

对于来自他人的批判就更加是一个问题了。当国人面对来自外人的批判时，其民族热情就陡然被激发。这是很可以被理解的，既然自己都不愿意反省，怎么容得下别人的质疑和批判？

有两本书，《中国可以说"不"》和《中国不高兴》，其令人啼笑皆非的理论揭示了一部分国人内心的阴暗。更令人不解的是，其作者还在西方待过一些时候，但是他们的心态却令人感到困惑，他们似乎从来都没有受到西方民主思想的影响。他们的心态很容易令人想起一则笑话。一个惧怕老婆的男人，有一天被老婆打到了无路可逃的地步，于是钻进了床底下。他老婆够不着了，就气愤地在外面嚷嚷："你，出来！"此男人在床底哆哆嗦嗦，却仍然豪言壮语："男子汉大丈夫，说不出来，就不出来。"

说"不"出来，就"不"出来。实在似曾相识。只有内心真正恐惧的人，只有没有自信的人，才会把说"不"当作是一种值得如此炫耀的荣誉。否则，说"不"应是一件非常坦然的事情。

在西方，很少有人采取那个"老婆"的做法。西方是让别人说"不"的，不仅让他们自己的人民说"不"，也让其他的国家说"不"。

如果了解联合国是如何运转的，我们就不得不钦佩西方的公正和勇气。当然，谁都想在某种程度上操纵某个机构为自己所用，西方的政治家也是一样的。但不同的是，他们在游戏开始前会制定规则，使得每个人都知道这个规则，从而按照这个规则进行游戏。游戏中有一个机构，执行和监督这个规则，使得每个人，也包括他们自己，都在游戏中遵守规则。这就是西方的特点。

尤其值得称道的是，西方的规则基本上是公平的。联合国的投票机制是一国一票，即使其会费的大部分是由西方发达国家构成，但是第三世界的所有国家，不分大小，都有同等的发言权，不少时候，西方国家的提案无法通过，就是由于那些不出钱却有选票的小国在和西方作对。有的时候，对于西方不利的提案却可以通过，原因也是一样的。西方虽然为此头疼不已，但是他们仍然对这样的机构和原则持之以恒，充满信心。

不把自己的困境归结于外来的因素，而更多地审视自己的责任。这是古希腊文明延续下来的共识和被人普遍认可的美德。记得一次我在美国开一个学术会议，会议期间我和三个美国人聊天，说到了民族之间对问题看法的差异。我说了曾经看到的一则幽默：有教授让来自不同国家的学生写一篇关于大象的文章，至于具体写什么，用什么标题，完全在于学生自己。结果，德国学生写的文章标题是《大象的思维》，法国学生的标题是《大象的爱情》，而俄罗斯学生的标题是《俄罗斯的大象是世界上最伟大的大象》。

那几个美国人听了觉得很好笑。笑过之后，他们就开始拿自己开涮。其中一个首先发难："咱们美国人会写什么题目？"他们显然在寻找能够最刻薄地批判自己的方式。他们想了一会儿，终于都同意美国人很可能会写这样的标题——《如何迅速繁殖大象以获取更大利润》。理由是，美国人的缺点是太注重利润，什么事情都从商业目的出发。

事情还没有完。他们又反过来问我："中国人会如何写这个题目？"我从来就没有准备把中国人也放到这个幽默中，记得当时我并没有想出什么贴切的答案。也许那几个美国人会感到很失望："怎么这个中国人不知道自己民族的缺点？"我回去后一直耿耿于怀，后来终于找到了一个合适的答案。国人一定会取这样一个标题——《中国——大象的故乡》。

此事和其他我碰到的很多事情使得我理解，在西方，人们对于自己的民族和政府的批判是极其正常和坦然的事情，他们的批判是他们忠诚的一部分。更重要的是，民众和政府理解和欣赏这样的忠诚。

这里还有一个令人不可思议的事例。在遭到"9·11"恐怖袭击后，美国组织进行了全面的反恐行动，其中之一就是围剿在阿富汗的基地组织。在一系列的军事行动中，美国军人重创了基地组织和塔利班武装，抓获的恐怖分子嫌疑犯被关押在加勒比海的关塔那摩美军基地。由于这些恐怖分子嫌疑犯都是在和美军交战时被俘获的，他们的罪证应该说是确凿的。但是由于案件的敏感，对于他们的定罪的法律程序（起诉、辩护、定罪）不能在一般的公开法庭进行。而对于给予这些嫌疑犯的辩护和他们自身的权利，就成了美国民众争论的焦点。

一个军事法庭的律师，他本人也是美国军人，被指定给一些嫌疑人进行辩护。他激烈地批评了美国政府对于嫌疑犯处理的不当，侵犯了他们应有的权利。他的辩护出于他内心的信仰和理念。他辩护的对象是证据确凿的恐怖主义分子，他的对立面是作为公诉人的美国政府。他不是蔑视证据，但是他质疑美国政府对于这件事情处理的方式。他认为，那些被告的合法权利受到了不应有的侵犯，美国政府采取了过激的行为。

我钦佩的不仅是这位军事法庭律师敢于挑战美国政府的做法，更是美国的法律以及美国政府对他的批评和挑战的容忍。这种容忍并非一种恩赐，而是一个制度的特征和原则，他由一个民主制度赋予了这样的权利为一个罪大恶极的嫌疑犯辩护，他还被赋予权利批评美国军队和政府在这一问题上所采取的一系列措施。对于这样的激烈批评的容忍，实在是需要勇气和气度。而这个赋予他如此权利的制度，则更加具有勇气和气度。这是基于平等的理念和宽容的心态之上的求真的勇气。

我未必赞成这位军事法庭律师的所作所为，但是我钦佩他的勇气；我未必同意他的观点，但是我理解他的理由。更令我钦佩的是这样一个社会和制度，能够容忍不同看法的社会，才是追求公正的社会；可以不惧批判的制度，才有可能创造合理的国家。

自省的一个重要标志就是允许他人对于自己的批判。这是历史上国人最缺乏的。国人把他人对自己的批判看做是颠覆自己的阴谋，把对方的言辞和语言当做是对准自己的刀枪，于是最后就不得不用刀枪去解决对方的文字和语言的批判。于是我们就有了秦朝的"焚书坑儒"，于是我们就有了汉朝的"独尊儒术"，于是我们就有了清朝的"文字狱"。

我在太行山农村插队时见过这样一个公社书记，这是一个在当时很典型的人物。他在我们的村子里蹲点，迫使我们进行"农业学大寨"。本来太行山的植被不好，不适合种粮食。但"以粮为纲"是那个时代的政策，明明知道这不适合本地的情况，这些当官的谁也不敢说半个"不"字。上面怎么说，他们就怎么折腾下面的老百姓，而且变本加厉。

有一次上面推广"墨西哥"小麦，这是一种春小麦，面粉比较黑，当地人并不喜欢，但是据说产量高，生长期短，于是当官的就强行推广了。结果到了麦收的时候，一些诚实的农民就说这麦子不行，里面都是空的，还没有普通冬小麦产量高。有个勇敢一点的老头，看到那天此公社书记在场，就拿了一把小麦给他看："你看，书记，这小麦里面都是空的，磨不出粉。"本来老头的意思也就是"明年咱们是否就不种这小麦了？"想不到，这位书记勃然大怒，他到别的麦子堆里找了一把好一点的，拿到这位老农面前，对他大声吼叫："你睁开眼睛看看，这是空的吗？是空的吗？"歇斯底里了一阵，书记还不满足，继续说："脑筋生锈了，不接受新鲜事物，反对新生事物，'农业学大寨'搞不好就是这些人的阻力。"晚上还组织开会，批判对于"新生事物"的怀疑态度。

这样的人，组织这样的批判会，来批判一种怀疑态度。我觉得真的很滑稽，这样的批判，实际上就是扼杀真正的批判。那个时代就是如此打着批判的旗号，消灭一切批判的胆量和意识，摧毁一切质疑的勇气和正直。

值得庆幸的是华夏还有过"百家争鸣"，但那是一个和当时的华夏格格不入的时代，昙花一现，便成了绝响，令人唏嘘遗憾，仰天长叹。

中国古代的统治者，几无例外，绝不容忍对他们的批判，甚至对批判者大加迫害。由于这样的高压，正面的批判在华夏早就销声匿迹了。但是统治者还不就此罢休，他们要把人心彻底摧毁，要铲除最后残存的不悦耳的声音。于是就有了极具中国特色的"腹诽"和"文字狱"。

所谓"腹诽"是从"诽谤"发展而来的。在中国专制政体下，任何违背君主意旨的言论，皆可治罪。大臣即便是出于社稷大计，给君主以善意的批评和劝谏，也有可能触怒君主，招致杀身之祸。从秦朝开始出现的"诽谤"罪名，是典型的言论罪。所谓"诽谤"，特指对君主的"恶意"批评，至于是否真的"恶意"，全在君主一念之间。汉初的思想家指出当时的秦朝"忠谏者谓之诽谤，深计者谓之妖言"。忠诚直言者多被裁定为"诽谤"。华夏特有的名言"武死战，文死谏"说明了朝廷官员由于言论而被处死的普遍危险。

尽管汉初朝廷明白以"诽谤"治罪的弊病，但是到了汉武帝时期，"诽谤"之法比秦始皇时代更为变本加厉，其标志就是"腹诽"之罪的出现。"腹诽"意为在肚腹之中"诽谤"皇帝，统治者仅凭自己的臆断，就可以定罪。此法比

"诽谤"更为严苛，它的随意性构成了它最根本的弊端。一个人，甚至一位重臣，哪怕一个字没写，一句话没说，也可以被治以死罪，罪名就是"腹诽"。

汉武帝时代，与"腹诽"罪相关的大案有两起，名臣窦婴、颜异因此被杀。魏其侯窦婴曾经以平定"吴楚七国叛乱"和正直立朝而名动朝野，后来被武安侯田蚡安以罪名："魏其、灌夫日夜招聚天下豪杰壮士与论议，腹诽而心谤，视天，俯画地，辟睨两宫间，幸天下有变。""腹诽"之罪导致窦婴被杀。

汉代以后虽然没有明显的"腹诽"罪名，但是，历代统治者借此杀人的不在少数。南朝萧齐时期的大臣谢超宗，曾经因为口出怨望之言而被免官、禁锢。后来，齐武帝恼怒谢超宗的轻慢无礼，决意除掉这个侍才自傲的人物，为其罗织的罪状就是"腹诽"："讪贬朝政，必声凶言。腹诽口谤，莫此之甚；不敬不讳，罕与为二。"最终谢超宗被流放并赐死途中。

中国历史在"诽谤"和"腹诽"方兴未艾的同时，"文字狱"也应运而生。"文字狱"指君主对文人的一种迫害，《汉语大词典》定义为："旧时谓统治者为迫害知识分子，故意从其著作中摘取字句，罗织成罪。"这里有两层含义：其一，获罪者并非由于政见不同，并非政敌之间的攻讦；其二，获罪者没有煽动民众的意图，也没有颠覆政府的能力。"文字狱"是统治者有意借文字无中生有，罗织入罪，借此震慑天下，钳人之口，压制思想。将文字狱登峰造极的便是清朝了。

整个康乾盛世，"文字狱"横行，其手段之严酷，追命之离奇，牵连之广泛，都到了令人发指的程度。胡中藻写

彩图 2-3　古奥林匹克运动场遗址（笔者摄）

彩图 2-4　1896 年雅典举办现代首届奥林匹克运动会的主体育场，亦称"大理石体育场"（笔者摄于 2004 年雅典奥运会前夕）

"一把心肠论浊清"，在我大清之前加"浊"字，自是鬼蜮为心，罪当处斩。乔廷英写"千秋臣子心，一朝日月天"，日月合为"明"字，可见心念前朝，凌迟处死，子孙处斩，妻媳为奴。甚至看书批注都会惹大祸。湖北生员程明禋偶读《后汉书》中所载《刺世疾邪赋》，觉得写得非常好，将该文中"宁饥寒于尧舜之荒岁兮，不饱暖于当今之丰年"等警句加以圈点，并加批语云"古今同慨"，便以"悖逆"罪被处斩。

更离奇的是燕赵直隶名臣尹嘉铨一案。尹嘉铨曾做过大理寺卿（三品高官，相当于如今的最高法院院长），是一位著述颇丰的道学家，曾受过乾隆皇帝的嘉奖。这位处处以维护君臣父子上下尊卑等伦理为己任的卫道士，可以算是从思想到行为都是完全驯服的奴才了，居然也获罪。说来好笑，其罪名竟是因他曾在诗文中自称"古稀老人"，还刻了一方"古稀老人"的印章。而这一称呼乾隆已使用过，视为己有，他人又来用，便是大逆不道的重罪。皇帝盛怒之下，差一点判了凌迟，还是经人百般劝谏，才改为处斩，这已经是皇恩浩荡，法外施仁了。

事情还没完，尹嘉铨的所有著述全被翻出来，细查出100多处悖逆文字，其实无非是称自己可为"帝者师"，恭维自己的父亲为"孔门四子"而已。于是他所著述编纂的书籍共79种全被销毁。就连他作序的《女孝经》、《家礼存义》等书籍也被抽毁。这位名臣鸿儒，眨眼之间便成了"狂妄悖逆""大肆狂吠"的"疯狗"。

鲁迅曾这样评价尹嘉铨的文字案："乾隆时代的一定办法，就是：凡以文字获罪者，一面拿办，一面查抄，这并非看中他的家产，乃是查看藏书和另外的文字，如果别有'狂吠'，便可以一并治罪。因为乾隆的意见，是以为既敢'狂吠'，必不止一两声，非彻底根治不可。"在这样严苛暴虐的统治下，知识分子只能噤若寒蝉，远离时局，躲进故纸堆中寻求安慰。晚清文人龚自珍叹息道"避席畏闻文字狱，著书都为稻粱谋"，反映了一代文人著书立说只为混口饭吃，不敢过问国计民生，更不敢追求真理的黑暗现实。一个社会到了这样的地步，真正还有批判精神并且勇于实践的也便销声匿迹了。

春秋战国的百家争鸣之风范已经离华夏远去了，准确地说，不是百家争鸣远离了华夏，而是华夏远离了百家争鸣。好在今天，我们应该有勇气重回那个时代。

我们可以看到在西方的议会里，批判具有平等、宽容和真诚的特点。我经常看加拿大议会里辩论的电视转播，执政党和在野党之间的互相批评非常有意思。不少时候也面红耳赤，但是并不妨碍大家互相握手致意，更没有大打出手和人身攻击这样的恶行。

有一次在加拿大议会中发生了一件算是非常出格的事：自由党的一位女议员"希拉"以强悍和咄咄逼人著称，每次辩论都伶牙俐齿唇枪舌剑，让保守党难堪。于是这次，一位著名的保守党议员站起来，以和蔼的声音劝这位剑拔弩张的女议员安静下来："你的名字让我想起了一首墨西哥民歌，'Tequela（墨西哥烈酒），希拉，躺下来，再爱我一次吧'。"这出人意料的讽刺令议会中的绝大多数大笑不已。但是其语言并不合适，于是引起了不小的争议。这也就是西方议会的"不文明"的顶峰了，绝无大打出手，更无政治迫害。

西方今天对批判的宽容绝非与生俱来，而是经历了艰难曲折，来自"文艺复兴"对古希腊文明的重生。我们今天所见的犀利尖刻的批判，还带着古希腊的余韵和阿里斯多芬的调侃。因此难怪民主制度是在古希腊诞生的，因为民主制度的建

伏尔泰（Voltaire）

立必须有这样一些人，他们具有批判自我的勇气和容忍来自他人批判的海量。民主制度的产生必须有人的基础，必须有这样一些具备这样理念的人。

法国思想家伏尔泰（Voltaire，1694—1778年）的格言可能是对待批判的最高境界。即便当面对他认为根本不是批判而是完全荒谬的言论时，他如是说："先生，我厌恶你所写的一切，但是我仍然会用我的生命捍卫你继续写作的权利。"

伏尔泰所处的时代在"文艺复兴"后期，古希腊的价值已被全面复兴，这个阶段也被称做"启蒙时代"。确实，"文艺复兴"就是一个启蒙时代，她向世人启蒙了由古希腊创造的精神。

"吾爱吾师，吾更爱真理。"这是作为学生的亚里士多德的名言，而之所以可以实践，更是由于作为导师的柏拉图的胸怀。

柏拉图在自己创办的雅典学院里坚定地执行了这样的原则，亦即，他绝不允许也从未将这个学院成为遵循或沿袭他的观点和思想的场所。恰恰相反，独立的和不同的思想在这里不仅被允许而且得到鼓励。培养一个最终挑战自己并且和自己在理念上分道扬镳的学生会使导师如何面对？苏格拉底、柏拉图和亚里士多德这三代师生给所有的人作出了最好的典范。为了真理，柏拉图对苏格拉底追随一生；也是为了真理，亚里士多德和柏拉图分道扬镳。我们今天不必争辩柏拉图和亚里士多德孰是孰非，因为无论他们如何分道扬镳，都将殊途同归，因为他们都是在追求真理旅途上的同路人。为了真理而产生的异见，比之对真理的追求的勇气和胸怀又算什么？我们今天有谁能够说他们任何一个不够伟大？

他们之所以伟大，不仅由于他们的远见卓识，还由于他们宽容和鼓励他人的异见，支持和培养弟子的超越。这样的伟大，绝不仅仅限于这三代师生，而是整个古希腊时代普遍的社会风尚。看看阿里斯托芬的尖酸刻薄的喜剧，以及政治家对这些喜剧的容忍和古希腊公民对其的欣赏，我们就不难找到答案。

我们应该以举办奥运会的热情鼓励每个人真正理解这位古希腊哲人的格言——"吾爱吾师，吾更爱真理"。

我们可以更进一步把这句格言引申为："我爱我的传统，但是我更爱真理"；"我爱我的民族，但是我更爱真理"；"我爱我的文化，但是我更爱真理"。如果达到了这样的境界，就会有追求真理的勇气，就不会由于他人的逆耳直言而咬牙切齿、仇恨满腔。

如果一个社会有古希腊雅典政府容忍阿里斯多芬的尖刻批判的气度，其必定是一个真正宽容的社会，一个敢于追求真理的社会，一个更加合理的社会。如果一个民族有柏拉图和亚里士多德的勇气和胸怀，其必定是一个虚怀若谷的民族，一个求真求实的民族，一个崇尚理性的民族。

在信仰和理性之间，古希腊人毫不犹豫地选择了理性，这前无古人，后无来者，直至"文艺复兴"。于是古希腊人容忍和崇尚批判，因此也容忍了对于理性的批判，进而对于理性的批判的批判。和古希腊相比，中世纪宗教信仰下的社会只能被称做黑暗，因为在那里理性被认为是最大的敌人，而信仰被作为屠杀理性的屠刀，古希腊文明在科学和思想上的群星璀璨骤然变成了中世纪的乏善可陈。

"吾爱吾师，吾更爱真理。"这永远不可能被诞生于中东的基督教、犹太教或伊斯兰教所提倡，因为这将导致人们质疑耶稣、先知和上帝的教诲。因此这只能由古希腊的哲人所崇尚，这就是古希腊的理性的批判精神使然。

从某种程度上说，人类的文明史就是一部对于批判的宽容史。在不容批判的信仰和敢于质疑的理性之间，从来水火不容。这是代表着理性批判的雅典和代表着盲从信仰的耶路撒冷之间长达数千年的，至今仍然刀光剑影的"战争"。古希腊文明消亡后的中世纪蒙昧和黑暗，这证明了一个不容批判的社会必然堕落；而"文艺复兴"后的启蒙和光明，证明了一个宽容批判的社会肯定进步。

　　批判，给人类社会以纠正错误的可能，因为，那些不许质疑的，必定是不能自洽的。当我们容忍那些令人难堪的批判时，不仅仅给予不同的见解以生存的空间，而且给予了一个宽容的社会以生存的可能。只有具有批判精神，才会拥有宽容的胸怀。

　　只有宽容，才能合理。

五 竞争精神——参与、公平和尊重

如果说奥林匹克运动和其宗旨是"费厄泼赖"的最好诠释，那么古希腊的民主理想和实践是"竞争精神"的光辉典范。

——作　者

竞争和斗争之间的差异是，前者是公平公正的而后者是不择手段的。也可以说，竞争是公平的斗争，而斗争是不公平的竞争。

——作　者

作为古希腊文明的重要特征之一，也是古希腊文明的四大公理之一的竞争精神有这样几个特点：

广泛参与——只有这样，一个竞争的环境才会形成和维持；

起点公平——每个竞争者都具有同样的起点；

过程公平——每个竞争者都被给予了同样的条件；

评判公正——评判系统必须是公正公开、不偏不倚的；

心悦诚服——任何竞争都会导致参差不齐甚至意想不到的结果，于是，接受自己并不期待的结果就是竞争精神的一个极其重要的部分；

努力争胜——竭尽全力去争取胜利，是竞赛者的信念和意志；

赞美胜利、虽败犹荣——对优胜者的赞美和对失败者的鼓励和肯定是竞争精神的基本道德准则。离开了前者，竞争就没了目的；没有了后者，竞争将失去道义。

以上的这些特点可以通俗地称做"费厄泼赖"（Fair Play），亦即公平竞争。这是古希腊留给西方乃至世界的一个竞争原则。这个理念在近代被引进中国时，由于这是一个华夏不曾有过的理念，所以实在找不到合适的与之对应的汉语，于是才有了这么一个拗口的音译——"费厄泼赖"。今天，公平竞争的字面意思已经路人皆知，但其内涵却未必深入人心。

当说到竞争，我们首先想到的很可能是体育竞赛和商业竞争。但是，前者只是游戏，而后者只是生意。任何运动会在西方语言中都是"游戏"的意思，比如英语中的"Game"；激烈的商业竞争现在对国人已不陌生，它们已经更加接近斗争而不是竞争了。因此，它们还不是竞争精神的真正含义。

毫无疑问，名字和理念都源于古希腊的现代奥运会，是现代体育竞赛的代名词。古希腊人对于体育非常重视，他们把体育作为一个完整的人必不可少的一部分。"完美的心灵必然有完美的外表。"于是，完美的外表作为了完美心灵的表现和一个完整的人所不可或缺的部分。每一个古希腊人都要参与和经历各种各样的体育锻炼，每个古希腊城邦都有体育场馆，小亚细亚阿芙罗蒂特城（Aphrodisias）的体育场（彩图5-1）可以容纳30000观众，可见体育锻炼和竞赛在古希腊时代的普及。今天西方语言中的"Gymnasium"（体育馆）的词源就是希腊语。健美的体魄和高尚的思想同时受到古希腊人的追求和赞美。这也是古希腊的雕塑倾心刻画美丽人体的理由，因为这不仅仅是人的外表美丽，其也是人的内心美丽的外在体现。

我慕着阿芙罗蒂特城的大名来到这山峦叠嶂中的古城遗址（彩图5-2），如今这里连一个小旅店都难以寻觅，众多美丽的石雕人像远远多于每日来访的游客。此地盛产优质的大理石，并以此名扬古希腊和古罗马世界。古希腊时代在这里开采的大理石被雕塑成各种雕像，运及希腊及世界各地，他们的健美诠释着古希腊对体育和竞争的理解。

古希腊的奥林匹克运动正是为了赞美这内心和外形的美丽。毫不掩饰的赤身裸体的竞赛是对外在的美丽的执意追求和勇敢赞美；而公平竞争是对古希腊人内心精神世界的合理诠释和必然体现。所以，古代奥林匹克运动是名副其实地体现了竞争精神的竞赛。古希腊所说的 "Game" 并不意味着其不认真对待，而是要说明，这不是战争，不是政治，不是生意，不是学术，也不是日常生活，而是和以上都不相干的一种仪式、庆典和活动。正是作为一种精神的庆典，古希腊奥运会体现了上述所有的竞争精神所应该包含的特点。这是对于人类一种理念的赞美和庆典，这个理念，就是古希腊精神，这种形式，就是公平竞争。而公平竞争本身，也是古希腊精神的重要组成部分。

在所有的古希腊城市，都有几项必不可少的公民设施，其中便有图书馆、剧场、运动场。图书馆代表智慧的竞争，运动场代表体能的竞争，而剧场则代表公民政治的竞争。剧场担任了两种功能：在戏剧演出时，它是公民思想表达的场所；在政治集会时，它是公民权利体现的场所。

于是不难理解，最本质的竞争精神体现在思想领域。思想的竞争，才是真正本质的竞争，而所有别的竞争都是其派生物。这也正是我们曾经所阐述的，举世无双的古希腊奥运会也仅仅是一个伟大文明（古希腊文明）的伟大理念（竞争精神）的注释。

在这个伟大的文明中，人类的思想得到了最淋漓尽致的

掷铁饼者（Discobolus）。图为公元前470—前440年古希腊雕塑家Myron青铜原作的古罗马时代的复制品（在复原时头部位置出错，原作的头部应是转向铁饼方向的），出土于古罗马皇帝哈德良（Hadrian，公元117—138年在位）的Tivoli宫，现陈列在伦敦大英博物馆

发挥。在这样的思想竞争中，人类得到了此前从未有过的，此后永不褪色的文明成果。

一些其他的文明也许有竞赛，但是竞赛本身还远远不是竞争精神。遗憾的是，华夏一直把竞争视为一种危险的社会实践和生活方式。"木秀于林风必摧之"、"出头的椽子先烂"、"人怕出名猪怕壮"，这些在西方绝难找到类似意思的格言和警句在华夏却比比皆是。这一思维影响和支配着社会的各个方面。究竟是华夏在某个时候丢掉了这样的精神，还是从未曾有过？

回顾华夏历史，并非没有过千舟竞发、百舸争流的景象。那是春秋战国时代，诸子百家著书立说，周游列国，百家争鸣，向国君和百姓陈述自己的治国理念，合则共事，不合则去。那是一个群星云集的时代，道家的超然、儒家的仁恕、墨家的兼爱、法家的韬略、纵横家的雄辩……那是华夏文化最具活力和生机的时期，思想开放，学术自由。那是一个令人神往的时代。

但是，从秦始皇统一中原开始，大一统的格局使得君主权威空前提高，统治者对民众的各种管制也空前强化。书同文、度同制、车同轨、行同伦，秦朝建立起了为当局所认可的统一的思想和伦理规范，以此要求万民，并刻铭泰山，传诸后世。原本在春秋战国时代非常活跃的独特的"士"阶层消失了。他们原来在列国的竞争中因其思想和智慧受到重用，此时随着列国的消失而再无用武之地。及至汉武帝罢黜百家、独尊儒术，思想上的竞争已不复存在了。

如此大一统显然遏制了思想繁荣。从这个意义上来说，大一统对于华夏文化、社会进步和人民福祉是一种灾难，因为其废除竞争、禁锢思想、奴役人民。唯一的好处就是给予那些统治者以稳定的江山，给予不做稳奴才就惶惶不可终日的人以心理上的满足。

失去了思想的竞争，留给我们的也许只有在游戏赌博上争个输赢，在琴棋书画上比个高低，但那已经和竞争精神毫不相干了。我们的文字和语言已经不能逾越某个界限，我们的思维和想象已经不能超过某个框架。

甚至诗词歌赋都必须循规蹈矩，古人曾经的尽情抒发在形式上被封存起来，从平仄到字数都被定格为后人必须遵循的规则。文章要求言必有出处，热衷于引经据典，而绝不敢标新立异。我们的观点必须在权势者后亦步亦趋，既不能不随，也不能超越。

于是，教育变成了服从和复述，应试成为教育的唯一目的，八股也被美名为学术，从而学术也自然成了八股。我们通常不是在阐述自己的思想和抒发自己的感情，而是在用被权势认可的历史案例和当今政策来堆砌自己不错和无罪的理由。

对于竞争的鼓励是一个社会进步和开明的必须。出类拔萃，独树一帜，做"出头的椽子"，做"秀于林"的高枝，就是竞争所鼓励的。但是这些到了华夏就成了"野心"。自古以来，一切有这样的想法的人都会被冠以"野心"，而野心在中国是一个很贬义的名词。一旦被认为有野心，就断然不会被重用和提拔。一旦成了野心家，就只好遗臭万年了。在中文里，还有一个词"抱负"，这个词倒是褒义的。但是，"野心"和"抱负"在西方文字中却是同一个词。其实，即便是在中文里，"野心"和"抱负"的实质内涵也大同小异，无非是说一个人想成就一番事业。那么，何以使得一个褒义，而另一个贬义呢？百思不得其解后终于恍然大悟，原来"野心"是犯上的"抱负"，而"抱负"是从上的"野心"。其间唯一区别就是，一个和顶头上司竞争，而另一个则在上司的后面"紧随不舍"。

真正的竞争以胜利为目标，以公平为途径，以参与为宗旨，以尊重为基础。因此，真正的竞争允许失败，并且给予失败者以倾情鼓励和高度评价。从某种意义上来说，正是那些没有得到优胜的参与者使得整个竞争机制成为可能。优胜者总是极少数，绝大多数都不会以冠军结局。但正是由于他们的参与才使得优胜更有价值，才使得竞争成为可能。

一个缺乏竞争精神的民族，在行为上必然难以进行真正的竞争。一个没有竞争的社会究竟会是什么样子？为了避免冗长繁复的描述，可以这样比喻：就如同本来单向三车道的一条高速公路，封闭了两条而仅仅留下一条，于是"超车"已经不可能，亦即没有了竞争环境。这时，我们可以看到一条由各种汽车组成的长龙被限制在同一条车道里，在最前面的领头车"带领"下，浩浩荡荡前进。显而易见，那个领头的车绝不是由于它的速度快而成为了"先锋"，而是由于它的速度比别的车都慢。是它挡住了别的车，而别的车又没有超越的可能，这才使得这样的慢车俨然"开路先锋"，"率领"着其他本来可以超越它的车，还自封了一个"开路先锋"的美名。如果有了正常的竞争机制，也就是如果高速公路有别的车道供超车用，这样的"先锋"就必然被远远抛在后面，成为落伍者。

如果说奥林匹克运动和其宗旨是"费厄泼赖"的最好诠释，那么古希腊的民主理想和实践是"竞争精神"的光辉典范。

在理念上和体制上是这样，在体育竞赛上也是这样。因此，奥林匹克运动会这个伟大运动不诞生在古希腊的话，也绝不可能诞生在世界其他任何地方。因为这是一个伟大精神的表现形式，没有内在的精神，外部形式是不会出现的。

提起体育精神，自然会想到奥运会，以及"更高、更快、更强"的奥运口号，但是这并不代表奥林匹克精神。真正的奥林匹克精神是"竞争精神"和"人本主义精神"（后者会在以后的章节中阐述）。对理性的赞美，对公平的崇尚，对胜利的追求，对失败的理解，对对手的友善，对人格的尊重，对和平的弘扬，这才是奥林匹克精神的道德基础和精神境界，才是基于"竞争精神"和"人本主义精神"上的奥林匹克精神。

"奥林匹克运动的目的不是胜利，而是参与。"脍炙人口，但是未必人人都能心口如一。诚然，对于胜利者的赞美是理所当然的，因为正是他们，体现了竞争的功利原则；但是胜利者不是唯一值得赞美的人，同样值得赞美的是那些努力参与而不曾取胜的人，因为正是他们，体现了竞争的道德基础。

一位上个世纪的中国有识之士这样说："那些坚持不离去看完最后一名跑完全程而不笑的人，乃是我们民族的脊梁。"但至今，我们对此还并无共识。

2008年北京奥运会在李宁的"夸父逐日"中点燃了圣火，让我们再次记起了体操王子的英姿和在中国无人匹敌的成绩。然而英雄也有暮年，1988年汉城奥运会李宁在比赛中频频失误，连累到中国体操男队被挤出前三名。此时，鲜花和欢呼顿时变成了嘘声和责难，李宁失误后的淡然一笑被媒体评为"不知羞耻"，"体操亡子"的蔑称传遍了大江南北。甚至国家体委也表现出"成王败寇"的态度，这位曾经得过无数荣誉的体操老将，竟连一个欢送会都没有，便孑然一身告别了体坛。而经历如此世态炎凉的绝非李宁一个人。

倒是国际体育机构还主持公道，1999年，权威的国际体育记者协会将李宁评为20世纪世界最佳运动员之一。获此殊荣的全世界也屈指可数。他们并没有因为李宁在汉城奥运会上最后的"狼狈谢幕"而忽视了他曾经的成就。

"实际上不必把金牌看得很重，它是一种参与，比成什么样，都要高高兴兴。"国家体育总局训练局官员如是说。如果国人都能够有这样的心态，那么我们就真的理解了奥林匹克精神了。但是现实绝不这么乐观。当看到刘翔离开赛场后各种各样的猜测责骂的留言评论，当听到郎平率领美国女排打败中国女排后人们痛骂郎平卖国的指责声，只能说在中国以成败论英雄和以金牌算成就的"花瓶体育"仍然深入人心，甚至在媒体的炒作下愈演愈烈。

缺乏竞争精神源于不理解公平。显然，竞争基于公平原则。国人喜欢斗争，而非竞争，而且国人甚至把竞争都理解为斗争。竞争和斗争之间的差异是，前者是公平公正的而后者是不择手段的。也可以说，竞争是公平的斗争，而斗争是不公平的竞争。

为了公平，需要给每个运动员相同的起点。奥运会曾经要求所有的参赛运动员都是业余的，亦即参赛的运动员不能以其参赛项目为谋生的手段或者其参赛项目就是他日常的生活内容。这是古希腊的传统，在古希腊，参加奥林匹克运动会的从来没有专业的运动员，他们是社会中以各种各样其他职业谋生的人。古希腊社会也没有以体育为生的人，这只是近代才有的事情。

一个人以从事体育项目为生可以有两个途径：一是从事此项目得到的商业收入足够他生活，从而不必从事别的职业；二是得到机构的支持从而生活无忧而不必从事别的职业。

前者出现在一些观众很多的项目中，比如足球（欧洲和南美，甚至中国），运动员有很好的收入。其收入不仅仅来自门票，还来自广告等。又比如篮球、网球、冰球（北美和欧洲）等。

后者出现在另外一些没有很多观众的项目中，比如跳水、射箭、体操、跳水、举重（特别是女子举重）、柔道（特别是女子柔道）、划艇、射击等。这些运动项目没有足够的商业收入，因此运动员不得不从事其他的职业以保证生活。但是，如果得到某个机构的财政支持，情况就可以不一样。比如得到了政府的支持，那么该项目的运动员就可以从政府领到生活费，从而不必从事别的职业。

现代奥运之父顾拜旦倡导承袭古希腊的做法，确保运动会给所有人提供一个公平的起点和竞争条件，避免运动会成为谋生的手段或者仅仅少数人的特权，从而让全体民众像古希腊一样从内心和外表都追求完美。更加重要的是培养古希腊留给后世的精神。

萨马兰奇任国际奥委会主席后，作出了允许专业运动员参加奥运会的修改。根据当时的实际情况，这个改革使得奥运会竞赛更加公平。理由是，原来的规定把一些国家的职业运动员拒之门外，如NBA篮球、欧洲足球俱乐部联赛、南美足球俱乐部联赛等运动员都不能参加奥运会，而另外一些国家的所有运动员实际上都是专业的，但却没有被限制，比如东欧和中国等国家在以上项目的专业运动员都可以参加。萨马兰奇这个举措让一些奥运会项目不再出现专业运动员和业余运动员对阵的情况。但是在绝大多数奥运会项目中，一些国家的业余运动员和另一些国家的职业运动员同场竞技的问题并没能由此消失，甚至在短期内也无解决的良方，除非一些国家放弃国家办体育的做法。

如果竞争是公平的，一个国家的体育成绩应该反映其国民在这方面的整体成就和爱好。比如澳大利亚，和其人口比例不相称的出色成绩体现出其国民对体育的爱好和重视。

而在西方，奥运会绝大部分项目的运动员是业余的，只有那些有职业联赛的项目才有专业运动员。在西方，运动员的训练费用和所有的衣食住行都由运动员自己来负担，而不由国家负担。即便成名之后，他们从政府得到的补贴也少得可怜，甚至连交房租都不够，如果想得到好的教练还要看自己是否有足够的钱。

在西方绝大多数从事奥运会项目的人都不可能靠其生活，他们必须靠从事别的职业来赚钱生活，然后再挤出时间和财力来参加训练。在加拿大，人们也希望本国运动员在奥运会上拿奖牌。但是，政府的支持是有限的，因为，给予运动员财政补贴的议案在议会里无法通过。人们尽管希望金牌，但是要拿出纳税人的钱来办体育，那么就很难被代表人民的议会通过。原因很简单，为奥运奖牌买单不是一个社会优先的事情，这对全民体育和健身没有什么意义。而对于民生没有意义的事情，西方的政府是不会做的，其实即便想做也做不成。

加拿大的跳水很出色，但是加拿大的女子跳水顶尖选手还不得不有时在我的一个朋友开的商场做兼职售货员，工作时间比较灵活，但是报酬很低，只有政府规定的最低工资。她们以这样的工资生活，还要从中拿出一些钱来交给自己训练的俱乐部以继续训练。

在西方几乎没人可能靠射击养活自己，射击爱好者必须靠自己从别的地方赚来的钱买设备（枪支弹药）、付训练费，才可以参加训练。所以他们还要节省子弹，以便节省花销。

女子足球在北美开展得非常好，参加这项运动的女孩子很多。她们绝大多数是为了锻炼身体，而选择这项运动作为事业的极少。如果真的这样做，也不会把自己的一生交给这项运动，而仅仅是踢几年罢了。由于北美没有高水平的职业联赛，兼做其他第二职业是必须的。

击剑是源于西方的运动，但是在西方没有任何人可以靠击剑生活，西方的击剑运动员完全是业余的。加拿大有不少击剑俱乐部，去那里的人都是一些业余爱好者，参加击剑是锻炼和爱好而已。

划艇运动员也一样，在西方不可能靠划艇项目生活。加拿大获得数次奥运会奖牌（包括2008年奥运会金牌）的划艇队队员的职业五花八门，他们只是在业余时间训练。其中的八人单桨队在雅典奥运会以前就拿过世界冠军，在这个项目排名世界第一。但是即便如此，他们每年从政府得到的补贴也刚够他们购买由于大运动量的训练而需要补充的食品。

甚至排球这样的项目的绝大多数西方运动员也都是业余的，特别是女子排球。郎平作为总教练的参加2008年奥运会的美国国家队是奥运会前两个月才组建的，组建以前郎平是光杆司令，没有集体活动或训练。所有的女排队员都是兼职的，平时在各自的公司工作，排球只是她们的业余爱好。

看看那些西方运动员的真正职业，便可了解其体育机制了：

马术个人团体双料冠军，德国人罗迈克，45岁，牙医。

男子50米自由泳冠军，美国人霍尔，30岁。他16岁才开始进行训练。自己创办了小型游泳俱乐部，他就在那里进行训练。

女子100米仰泳冠军，美国人考芙琳，22岁，心理学专业大学生。每天清晨进行游泳训练两个小时，然后去上学，下午放学后再训练三个小时。

女子射击50米步枪银牌得主，意大利人图里西尼，35

岁，法律专业毕业，职业是律师。

男子跳高亚军，美国人海明威，32岁，某公司的销售主管，平时主要训练方法是打篮球。

女子举重53公斤级铜牌得主，哥伦比亚人莫斯奎拉，药剂师，30岁才开始训练。

女子单人双桨赛艇冠军，德国人斯托姆波罗斯基，时装设计师。

2008年3月在世界女子冰壶锦标赛中中国队和加拿大队在决赛中对阵。中国队从2007年的第七名突飞猛进，在2008年进入了决赛。尽管中国队最后在决赛中还是败给了加拿大队，但是，当时我就断言，中国队将在不久后就可超过加拿大队。

果然，中国女子冰壶队在2009年3月的世界锦标赛中夺取了冠军。从2003年开始组建，在六年之后就得到世界冠军，这可谓战绩辉煌。于是赞美之声不绝于耳，一篇以《一片冰心在玉壶》为题的报道，在洋洋得意之中倒是披露了其中奥秘：中国冰壶队所有的队员的全部生活内容就是训练和比赛，还经常在国外集训。2007年在加拿大集训很长时间，费用当然都是由国家承担，也就是由中国的纳税人承担。那么中国纳税人要为这些职业运动员花多少钱呢？"冰壶器材的价格不菲也让一些想玩的人望而却步。标准的冰壶是由苏格兰不含云母的花岗石凿磨而成，一套高级冰壶（16个）需要12万～13万，普通的也要4万～5万。"还要加上个人装备（冰刷、冰壶鞋和运动服），昂贵的冰道和赛场，从加拿大请来的教练、管理和勤杂人员。这一切，都由纳税人买单。

而和她们对阵的加拿大队的队员都是业余的，她们每人都有全日制的工作，而冰壶仅仅是她们的业余爱好，训练仅在业余时间进行，费用自负。由于这些队员的职业不同，她们甚至凑不好时间在一起训练，只好各自训练，到了重大比赛前才凑在一起。她们的职业：队长Jennifer Jones，律师；一垒Dawn Askin，企业管理助理；二垒Jill Officer，自由撰稿人；三垒Cathy Overton-Clapham，公司老板。

以一支常年专业集训的球队对付一支下班之余才可以练习的球队，以一支职业的全封闭训练的专业队迎战一支到战时才凑在一起的"乌合之众"，这恐怕根本就不公平。

2009年2月，中国冰球队参加了在哈尔滨举行的世界大学生运动会，并且获得了冠军。而参加这次大运会的加拿大队，则由真正的大学生所组成，其五名队员就读于同一所大学（Wilfrid Laurier University），所学专业有人力资源、社会学、运动生理等，但没有一个是体育系的。中国的职业队最后在决赛中艰难战胜了加拿大的大学生业余队。

对竞争精神和"费厄泼赖"的理解当然也体现在比赛风格中。即便在非常激烈的对抗后，一般西方运动员的赛后握手仍然是货真价实的。甚至以微小差距和金牌失之交臂的银牌得主也会立即向战胜自己的金牌得主祝贺，未得到奖牌的运动员也会向奖牌获得者祝贺，参赛者之间也会在赛后互致问候。这是非常普遍的现象。其真诚的态度，很难伪装。

由此想到加拿大和美国的冰球运动。比赛速度极快，场上风驰电掣，令人窒息。世界上除了摔跤和拳击以外只有一项体育运动是"允许"打架的，这就是北美的冰球联赛。由于高速而难以避免的猛烈碰撞，很容易导致升级的行为。如果导致打架的话，裁判通常暂时不予干涉，直到一方明显处于弱势的时候，才会上去拉架。运动员在打架以前都会把冰球杆扔掉以免伤人，打架也无非就是出出气罢了。

即便如此，当比赛结束时，双方的运动员都会互相对视握手，说类似"Good Game"这样的祝贺和安慰的话。哪怕就是打得鼻青脸肿，也会照说不误，握手也绝不含糊。

体育比赛必争胜负，但这不是全部。全力争取胜利，坦然接受失败，这也是竞争精神的一部分。在失败的时候，悲伤之余向你的对手表示祝贺；在胜利的时候，高兴之余向你的对手表示安慰。这不是虚伪，而是对"费厄泼赖"的理解，是对竞争精神的理解。

对2004年雅典奥运会俄罗斯体操选手涅莫夫的表现，大家一定记忆犹新。当时他已经28岁，肯定没有机会再参加下一次奥运会了。希望给自己的职业生涯画一个完美的句号是人之常情。按照他的实力，得到金牌也绝对在情理之中。他在单杠上一气呵成的六个空翻和腾越动作精彩绝伦，只是落地时前跨了一步，裁判仅给他9.725分。现场的观众不干了，全场嘘声经久不息。裁判迫于压力，最终改判为9.762分，尽管如此，看台依旧沸腾，无法平静，弄得下一位出场比赛的美国选手只好在赛台上干站着。这时，出人意料的，涅莫夫重新回到了单杠边的场地上，伸开双臂表示谢意后，优雅地将食指放在嘴前做出"嘘声"手势，接着双手下压，示意观众们给下一个上场的运动员一个安静的比赛环境。人们为他宽容、从容的大将风度所折服。涅莫夫彰显了奥林匹克精神和竞争精神，也为体操赛场留下了永恒的美好记忆。

这样看似简单的举动和表情是无法刻意复制的，这样的行为只能来自内心世界对于竞争的理解，对于对手的尊重，对于一时胜负的坦然。

在西方，"费厄泼赖"的理念从孩子起就已开始培养。蒙特利尔市郊有一个很大的社区体育场，包括田径场和足球场，甚至还有专门给小孩子玩的小足球场。夏季每天都会有上千人在这里踢足球。小孩子会按照年龄分成很多球队,其中五岁组的很有意思,担任教练的都是孩子们的父母亲,他们绝大多数不领取报酬。

这些小孩子跑和踢都已很像样子,当然免不了会有冲撞,但是很少有哭的。一个仅四岁半的小孩子,被后面的一个比他高不少的小孩子推了一下,狠狠地摔倒在地,他只回头瞪了一下那个推他的男孩,就又抢球去了。

我也看到一个西方小孩子哭闹过一次。那天他父亲是教练,换人的时候把他换了下来,结果他不愿意了,他父亲就由于他的"非运动员做派"让他做冷板凳。结果直到比赛结束他也没有再捞到上场机会。比赛完了以后哭着不肯走,于是他父亲把他拉到一边和他讲道理。

比赛结束时的"教练"是最认真的,他要求所有的小孩子都列队和对方的队员握手。有的小队员在比赛结束时并不在场上,教练就会一个一个把他们都招呼上场,列队和对方握手,并且要很认真。教练对此比他教球要重视得多。显然他们认为,这比球技和胜负更加重要,这是培养公平竞争精神的重要途径。这样,孩子长大了,不管干什么都会有公平的竞争理念。

卢茨朗和欧文斯的故事并不为许多人所知。1936年的柏林奥运会上,美国黑人运动员欧文斯独得四枚金牌。这是一个了不起的成绩。但是,需要指出的是,欧文斯在跳远中很紧张,几次犯规,得不到成绩。这时他得到了一个德国运动员的鼓励和建议,这使得他及时调整了自己,才得以得到跳远冠军。而给他鼓励和建议的德国运动员则得到了银牌。更加令人感动的是,这位德国运动员在欧文斯得到跳远冠军后,很高兴地前去祝贺他,并且和他一起照相。这位德国运动员就是卢茨朗。他在照片上的微笑出自内心和充满了善意。

那个时代，种族歧视是一种普遍存在的社会现象，世界的任何一个角落都是这样。但是这并没有影响到不少西方人对于其他种族的友好。卢茨朗的举动，无疑很好地体现了"费厄泼赖"。

就是在我写到这里的时候，一个很说明问题的例子正在发生。一位在中国家喻户晓的围棋人物，对于中国女排出身的郎平担任美国女排主教练很不满意。他觉得这是中国人打中国人了，他的想法代表了不少国人观念。这位围棋好手，会比赛，但是不懂"费厄泼赖"，会取胜，但是没有竞争精神。在郎平率领的美国队在预赛中以3比2逆转中国队时，很多中国观众破口大骂郎平，连"卖国贼"都用上了。如果这算得上"卖国贼"，那么外国人给中国队做教练不也成了他们国家的"卖国贼"了吗？

我喜欢看德国足球队比赛，尽管德国队踢球少些巴西的华丽也不比意大利的激情，但是德国队所表现出来的精神确实令人不得不佩服。在比分落后时的德国队最令人钦佩，他们不紧不慢，有条不紊，如果你不看场上的比分，很容易以为德国队是领先的。这也使得德国队是历史上有最辉煌的逆转对方记录的球队，领先德国队的对手很可能最后还是会输给德国队，因为他们太稳定了。这样的稳定不仅仅是由于他们的雄厚实力，更是由于他们有对于体育和竞争的理解。

其实许多国人都在不知不觉地把体育政治化了，把一种本来公平的竞争变成了一种你死我活的斗争。在沸沸扬扬的奥运热情中，缺乏的却正是奥林匹克精神。

由于崇尚斗争，便不理解竞争。那些在大街上车辆到处乱钻就是为了赶在别人的前面的现象，那些不排队试图挤到别人前面的现象，那些上公共汽车一哄而上的现象，那些抄袭别人攫为己有的现象，那种不许别人超越自己的现象，那种当了官就不想下台的现象，便足以说明在中国是多么缺乏"费厄泼赖"，多么缺乏竞争精神。

古希腊奥运会的胜利者的全部奖励仅仅是一顶橄榄枝编织的冠，运动员只为体现一种精神和理念而参赛。遍布地中海沿岸甚至更远的希腊城邦的参赛者远渡重洋、跋山涉水，到伯罗奔尼撒半岛的奥林匹亚来竞争这毫无经济利益的优胜称号，这很难被其他民族理解。当时的波斯士兵听到这样的事情，他们很惊讶也觉得很可笑。这并不奇怪，因为即便是在今天，不懂得竞争含义的人不也比比皆是吗？我们周围也许就不乏这样的"波斯士兵"，也许他们不是波斯人，但是他们的思想和理念与之却并无二致。

在国人对奥运会热情澎湃的当代，应该告诉国人的是：奥林匹克的目的不是"更高、更快、更强"，那仅仅是鼓励参赛者的口号而已。如果奥林匹克的意义仅仅是金牌和优胜，那么这个世界将是多么悲哀。

当绝大多数的中国人不仅仅为金牌欢呼，而且也为已尽力而未能登上领奖台的运动员送上热情的鼓励和喝彩时，中华民族才算真正懂得了什么是"竞争精神"。

为1896年首届现代奥运会作词作曲的《奥林匹克圣歌》（原文附于此文后）基本上体现了古希腊奥运会的精神。

> 亘古不朽的精神，
> 美好、伟大、真理和圣洁的神，
> 降临并如闪电彰显于世，
> 和天地间的荣光浑然一身。

这荣光赋予跑步、角力和投掷，
这些神圣的竞赛以巨大的动力；
赋予胜利的花冠以永恒的色彩；
赋予肉体以崇高的精神和强健的体魄。

这荣光让平原、山川和海洋相映生辉，
仿佛是色彩斑斓巨大神殿，
把你的荣光赋予疾步而来朝圣的世间万众吧！
啊！亘古不朽的精神。

确实，真正重要的不是暂时的胜利，而是永恒的精神；
再辉煌的体育盛会，亦非人类文明的主旋律，而只是从一个微
小的侧面体现竞争精神的插曲。真正伟大的和值得人类珍重和
弘扬的，是"竞争精神"，是源于古希腊的精神文明。正因如
此，古希腊的奥运会才具有如此伟大和深远的意义，这也是现
代奥林匹克运动的意义所在。古代的和现代的奥林匹克运动之
所以意义非凡，是由于其给人类的"竞争精神"作了普及的注
释，并以此对人类的伟大精神进行了赞美和弘扬。人类在思想
上的竞争，才是"竞争精神"最重要和最本质的含义。而所有
其他的竞争，都是其注释和折射。

华夏应该感到欣慰的是，在遥远的过去，曾经有过先秦
诸子百家争鸣。那繁荣自由的学术，无所顾忌的争论，证明了
华夏也可以有竞争的气度和风尚。我无意把先秦诸子百家争鸣
和古希腊的学术繁荣相提并论，但是，那毕竟是我们今天回首
时依旧令人泪满衣襟的时代。

虽然华夏不曾创立过类似奥林匹克这样毫不掩饰地赞

彩图 2-5 小亚细亚
（今土耳其境内）以
弗所的古希腊图书馆
遗址（笔者摄）

彩图 2-6 雅典卫城的
厄瑞克修姆神殿（建
于公元前 5 世纪）遗
址（笔者摄）

美竞争精神的竞赛，虽然华夏没有开辟走向理性和逻辑的道路，但是可以不无骄傲地声称，我们曾经在形式上如此接近过古希腊。

既然这也曾经是我们的风范，那么就让我们今天欣然重返吧。

附录：《奥林匹克圣歌》英文直译文，原文为希腊文。

Ancient immortal spirit, pure father
of beauty, of greatness and of truth,
descend, reveal yourself as lightning here
within the glory of your own earth and sky.

At running and wrestling and at throwing
illuminate in the noble Games' momentum,
and crown with the unfading branch
and make the body worthy and ironlike.

Plains, mountains and seas shine with you
like a white-and-purple great temple,
and hurries at the temple here, your pilgrim
every nation, o ancient, immortal spirit.

目前常见中译文[1]如下：

古代不朽之神，

美丽、伟大而正直的圣洁之父。

祈求降临尘世以彰显自己，

让受人瞩目的英雄在这大地苍穹之中，

作为你荣耀的见证。

请照亮跑步、角力与投掷项目，

这些全力以赴的崇高竞赛。

把用橄榄枝编成的花冠颁赠给优胜者，

塑造出钢铁般的躯干。

溪谷、山岳、海洋与你相映生辉，

犹如以色彩斑斓的岩石建成的神殿。

这巨大的神殿，

世界各地的人们都来膜拜，

啊！永远不朽的古代之神。

[1] 笔者觉得这样的中文翻译从信达雅任何一个标准衡量都尚待改进，于是把自己的译文放在原文中，其应该更加贴切于诗的本意，当然也还不令人完全满意。在此以期抛砖引玉。

六　思辨精神——质疑、探索和真理

阿基米德（Archimedes）

如何才能使得我们从未知走向已知？……思辨是唯一的
方式。

—— 苏格拉底/柏拉图

对于宇宙、世界、自然和社会，人类从古希腊开始有了
一个准确无误的立足点，这就是"理性"，这就是古希腊的
"思辨精神"。

—— 作　者

"给我一个支点，我就可以撬动地球。"发现杠杆原理
的古希腊科学家阿基米德（Archimedes，公元前287—前212
年）的名言脍炙人口，家喻户晓，即便是在对于古希腊精神非
常陌生的中国，也为所有受过中学以上教育的人所知晓。但
是，并没有很多人真的理解其深刻的含义和坚实的基础。

这位伟大的古希腊科学家所说的，不是口号，亦非大
话。阿基米德的名言是理性和思辨的宣言：这个世界是可以被
认知的，人类的理性超越任何神圣，也将战胜任何愚昧，理性
的力量将把人类从对超自然力的恐惧中解放出来。

人类文明是从认识世界开始的，人类的进步本质上就是
对世界认知的进步，亦即思维的进步。人类从野蛮走向文明
的旅程就是用理性代替本能和用思辨代替直觉的过程，人类

文明的进步就是人类的行为逐渐远离直接功利和走向"间接功利"（相对非功利）的过程。人类的思维创造了人类的文明，人类思维的进步带来了人类文明的发展。人类和其他动物的本质区别就是思维能力和由此而来的创造力。人类所创造的物质文明是精神文明的物质成果，而精神文明则是人类思维的结晶。

崇尚理性，寻找解释，追求真理，就是人类理性思维的最高境界。这就是本章所要讨论的古希腊所具备的独一无二的素质之一的"思辨精神"。

给思辨精神下一个准确的定义并非易事，但是可以说"思辨精神"有这样一些基本特征：

1. 理性至上：不以宗教或任何超自然因素为解释现象的理由，蔑视权威。

2. 注重逻辑：寻求现象的本源和它们的内在关系，而不满足于归纳和猜测。

3. 抽象概括：形成超脱于具体事物的理论。

4. 直面证据：正视和理论相悖的现象，欢迎挑战和悖论，勇于对已有的理论进行检验。

5. 超越尘世：蔑视功利，不以实际应用为目的。

理性至上是古希腊思辨精神的首要特征。人类文明的几大体系，即中国、印度、中东和希腊，在数千年前几乎同时诞生，并且世代传承下来，影响着当今社会的基本价值。在这些文明中，有的以神权至上，有的以皇权至上，有的混迹于其间，唯有古希腊文明挣脱了神权与皇权的束缚，将理性置于至高无上的地位。这是思辨精神使然，这也使思辨精神进一步得到弘扬。

功利曾经是人类文明初期活动的直接动力和目的。随着人类文明的进程，功利表现得不那么直接了，一些看起来和功利并无直接关系的行为逐渐出现了，比如艺术，继而道德、宗教和哲学。它们不再是直接功利的，而和直接功利渐行渐远，但是它们仍然有着虽然间接的但是不容置疑的功利特征。这毕竟是人类文明从最初走来的必由之路。

人类行为和直接功利的距离可以视做文明程度的标志。如果一个民族的社会行为主要就是寻求当天的食物，那么其文明水平就很低，而如果其一部分社会行为从事非直接功利的事业，比如艺术，那显然其文明水平就较高。

道德、宗教和哲学是一个社会的世界观和行为准则，因此，它们和功利的距离代表着文明程度。如果说道德和宗教代表了一个民族的价值取向，那么哲学就代表了一个民族的思维方式。哲学无疑是一个民族最高思维的代表，因此哲学和功利的距离就是文明的程度。

古代文明的哲学，通常有着非常强烈的功利特征。华夏的古代哲学就处于这样的境况，甚至华夏近代的哲学，都没有摆脱此境况，其具有强烈的实用性和入世情节，它实际上是为更加功利的道德和权势服务的。

许多古代哲学都与道德和宗教混生。在中国，哲学一直和道德纠缠得难解难分。由于道德本身没有严格的衡量标准，于是哲学在其中也被折腾得昏天黑地。另外一些民族，比如犹太民族，哲学和宗教混生在一起，由于宗教的不容置疑，遂使哲学成为了宗教的仆人。华夏后来更加不幸，道德和宗教都沦为了权势的奴婢，因此哲学也难逃同样的命运。

但是，"思辨精神"却使得古希腊与众不同，这是古希腊哲学和其他民族哲学的分水岭。"思辨精神"最伟大的意义就是使得"哲学和科学的结合"成为可能。在其他的文明中，哲学或者和宗教结合，或者和道德结合，但都没有形成哲学和科学结合的格局。哲学与科学的结合，同时哲学和宗教的疏远以及哲学与道德的竞争，形成了独一无二的古希腊特质。

"思辨精神"正是形成"哲学和科学结合"的充分和必要条件。在古希腊，由于"思辨精神"的存在，宗教既不能成为哲学的教条，也不能成为哲学的伙伴，于是哲学和宗教是非常疏远的，宗教充其量只能成为哲学的"注脚"；同时，也是由于"思辨精神"的存在，哲学对于道德的质疑也使得道德不能成为哲学的准则或指南，因此道德至多是哲学的"副产品"。

哲学和科学的结合是古希腊学术最典型的特征，亚里士多德（公元前384—前322年）可以说是一个典范。他不仅仅是一个大哲学家，而且是一个大科学家，他在许多自然科学领域都有很深的造诣。亚里士多德所代表的并非凤毛麟角的现象，而是一种普遍的规律，因为不仅仅是亚里士多德，而且所有的古希腊哲学家都对自然科学有浓厚的兴趣和深厚的造诣。

于是可以理解，阿基米德的思想有着深厚的文化基础，这就是整个古希腊世界的世界观。他关于"杠杆和地球"的名言淋漓尽致地表现了古希腊人把理性和科学置于至高无上的地位：主宰大地和宇宙的不是神秘的上帝，而是理性，世界和宇宙是可以被认知的，如果必要，也是可以被改造的。意识和存在之间将由理性的"杠杆"联系起来，这意味着意识对于存在的认识和干涉是可以实现的。人间的无知和恐惧在古希腊文明的科学理性和求真勇气面前淡去了，而天上万能的上帝根本就没能在这个充满理性的古希腊世界落脚。在古希腊世界，神不是人的主宰，亦非永远正确的偶像，而是人的朋友、战友和竞争者。

宗教在人类文明中的出现带着浓厚的功利目的。宗教的现实和它所声称的"超凡脱俗"完全背道而驰。任何一个民族的宗教都有这样的特点：上帝保护他们，对上帝的虔诚会有丰厚的回报。人们在贫困和恐惧中从宗教寻找慰藉是完全可以理解的，这就是为什么世界上所有的民族在发展史上都出现了宗教信仰，俨然是人类文明发展的必经之路。出自洪荒的人类要在这不可知和充满敌意的大自然中生存下去，期望克服恐惧，解释现象和认识世界，以求得内心的安宁和生存的信心。宗教应运而生，提供了这样一条"捷径"。毋庸讳言，人类最初的宗教信仰的基础是恐惧、无知和功利。

不难理解，一个文明的发达程度也是其与无知和恐惧之间的距离。而思辨把人类从原始的无知和恐惧中解放出来，思辨精神的意义在于给予人们以追求精神解放的勇气。正由于思辨精神，古希腊的宗教具有非宗教的特点。所有产生在古希腊以外的宗教都有一个共同的特点，那就是不许质疑神和他的教导。但是古希腊人却完全不同，他们不仅质疑，而且把神塑造成和他们一样的外形和内心。古希腊神和古希腊人一样，具有人的缺点，这就是古希腊人对神的极大不恭，也是对神的极大信任。

正是由于思辨精神，古希腊的宗教和所有其他民族的宗教有着本质的区别。古希腊的宗教，对古希腊人来说就是神话，是古希腊人精神生活的一部分，绝不影响他们对于真理的追求。他们没有把神话和科学事实混为一谈。古希腊的神话更像是小说，并不干涉作为学术的古希腊哲学和科学。别的古代宗教，甚至一些现代宗教，把自己打扮成真理的化身，逐字逐句的教义成为人们必须信仰和履行的教条。而古希腊的宗教截然不同，其大致有如下一些特点：

完整的神谱——古希腊的众神有着清晰的来龙去脉。曾经有人把古希腊的科学思维归功于古希腊人的逻辑思维，古希腊的科学得益于完整而富有逻辑的神谱。也许更应这样表述：他们的神谱得益于对完美和逻辑的追求。

没有清规戒律——和后来的宗教（基督教、佛教、犹太教和伊斯兰教）相比，古希腊对神的信仰（或称"宗教"）没有什么清规戒律。他们在意的是人的福祉和社会的和谐，而不是宗教的狂热。古希腊的奥运会就是一个非常好的例子。

神本身的人性化——古希腊的众神和人几无区别，只是他们比人更加强大。他们也有人的缺点，偷情、阴谋，甚至暴力。古希腊的神由于这样的特点变得更加可爱和容易被接受。当然也正由于此而被后来的宗教视为异教。

政教分离——其他宗教在很大程度上都是政教合一的，这使得宗教信仰变成了人们日常生活的准则和法律，从而禁锢了人们的思想和行为，甚至直接导致了宗教迫害。但是古希腊不同，其政教分离是如此彻底，就是近代社会也不能做得更好。欧洲通过文艺复兴用很长时间才逐渐回到古希腊政教分离的传统。而在中国历史上，政教从来合一，唯一不同的是，其皇权大于神权，神权只是皇权的附庸，因此政教合一更加彻底，只是人们对于宗教的服从远逊于对于皇权的服从。皇权至上也使得中国的政教合一具有更加反人道的本质。古希腊的政教分离应归功于思辨精神和理性至上的理念，还应归功于古希腊的人本主义。（后者将在下一章阐述。）

宗教和学术的分离——宗教无权对学术进行限制或控制。这也就是在后面的章节中将会阐述的，古希腊伟大的政治家伯里克利在悼念阵亡将士时的著名讲演中几乎完全没有提到神。在古希腊，神和人是如此的接近，他们就是人的邻居和朋友，人们可以拿神开玩笑，可以和他们同甘苦共命运；但是同时，神又是和人如此的疏远，他们既不干涉人的政治，也不干涉人的学术。唯一的解释就是，古希腊人把理性远远置于神或者任何超自然力以上。在古希腊人的思辨精神面前，任何神圣都必须让位，任何权威都必须俯首。

对于古希腊人来说，基督教、犹太教和伊斯兰教的教义绝对无法让他们信服。对他们来说，如果有《圣经》这样一本书，那么也仅仅是一家之言，而且是不会占有多少地位的一家之言。古希腊人会对《圣经》进行质疑，从而发现《圣经》的说教本身无法自洽。古希腊人必定会从《创世纪》质疑其真实性，从《约伯书》质疑其道德准则。这也就是当时的基督教、犹太教和伊斯兰教对古希腊文明恨之入骨并欲彻底铲除的原因。

神秘主义通常伴随恐惧和听天由命，而在思辨精神占了主导地位的古希腊，神秘主义不会有市场。这就是为什么如此发达的古希腊的哲学和思辨没有发展出一套共同的宗教教义或者编纂出一套宗教经典的原因。思辨精神也直接导致了古希腊社会的公正、宽容和理性。

正是这样的思辨，使得古希腊人的哲学选择了一条和世界上其他民族的哲学完全不同的道路。古希腊的"思辨精神"创造了古希腊独一无二的哲学和科学，而它们进一步使得古希腊的"思辨精神"的持续发展成为可能。

于是，古希腊的哲学和科学挣脱了尘世的羁绊，从而可以高屋建瓴、超凡脱俗，其达到的高度是任何其他民族的学术远远无法企及的。哲学和科学结合的传统也直接导致了西方的学术高于神权和皇权的格局。正是在这样的背景下，阿基米德才能给出如此伟大的宣言。

阿基米德的时代已经是希腊化时期，距离古希腊的第一位哲学家泰勒斯（Thales，公元前625—前547年）已经过去了近400年。泰勒斯曾经成功地在公元前585年预言了公元前584年5月28日希腊地区的那次日全食。比预测日全食本身更加重要的是，它表明从那时开始，古希腊的哲学家不再认为这些大自然的奇观是神秘和不可知的，而是坚信这些看似变化万千难以捉摸的现象背后是有规律的，并且这种规律是可以被认识的。显然，古希腊的哲学家从那时开始就把揭示这样的规律作为自己的使命。于是，超自然的神秘和不可知的黑暗在理性的光芒下消失了，人类理性的黎明是在古希腊出现的。

泰勒斯（Thales）

这种规律，希腊人称之为"逻各斯"（Logos）。这个词的含义是理性、真理、概念、逻辑等，今天中文的"逻辑"音译自西文"Logic"，而其词源就是"Logos"。古希腊人为此倾注了巨大热情，远远超过了对神灵的关注。注重逻辑推理，是古希腊思辨精神的重要组成部分，也是现代科学不可缺失的一环。

理性总和尘世有着距离，泰勒斯曾经由于晚上走路还在一心留意天上的星星，居然掉进了路边的沟里。他的仆人笑话他光知道研究天上的东西，连自己脚下的路都看不清了。还是200多年后的亚里士多德惺惺惜惺惺，举例说明哲学家并非不了解尘世的事情。有一年泰勒斯靠了解天文气象而投资橄榄榨房而赚了不少钱，哲学家要赚钱并非难事，只是他们的志向不在于此。确实如此，古希腊哲学家研究天文地理和自然科学，并无什么眼前的利益可以追逐。在古希腊几乎没有富裕的哲学家，如此甘于清贫的物质生活而追求崇高的精神境界，确实令人肃然起敬。

因此，古希腊人追求对于世界和宇宙的认识出于一种和

毕达哥拉斯
（Pythagoras of Samos）

眼前的功利根本没有关系的动机。正是超脱于功利，使得古希腊人在学术上能够超越尘世。古希腊数学完全是抽象的，这和一些其他古文明形成了鲜明的对照。也许也正因如此，古希腊人对于改造世界并不像对认识世界一样热衷。他们对于世界和环境采取的是一种顺其自然与和谐的态度，对于未知世界的探索更多的是理解自己和周围的世界，以及让自己和周围的世界和睦相处。他们并不热衷于把在探索未知世界中获得的知识用于日常的功利目的。

阿基米德在浴缸里突然发现了浮力定律，激动得没顾得上穿衣服就出门狂奔，还高喊"Eureka"（希腊语"发现"的意思），为了这"成功发现"欣喜若狂；毕达哥拉斯（Pythagoras of Samos，约公元前580—前500年）在证明了直角三角形三边的关系后，也就是后来以他命名的"毕达哥拉斯"定理，杀了上百头牛来设宴庆祝。阿基米德的故事细节也许并不真实，但正是这样的传说得以流传的社会背景，体现了不仅仅是阿基米德，而且是整个古希腊民族对于知识近乎"疯狂"的渴求和景仰。这正是所谓的"希腊性格"，一种其他古代民族不具备也不理解的道德素养和价值观念。我相信古希腊阿基米德的"裸奔"是虚构的，就如同华夏"范进中举"中的范进由于突然的仕途亨通而发疯是虚构的一样，但是对于这些虚构的广泛流传和会心认可，则体现了古希腊民族的独特性格背景。

好奇的激情和沉思的美德，这是构成古希腊性格的重要部分。古希腊语的"Eureka"（尤里卡），伴随着人类社会走向理性和现代的步伐，在世界的所有角落回响。"尤里卡"揭开了过去未知的神秘面纱，也改写了曾经笃信的普遍常识。古希腊性格无可争辩地在人类社会的各个阶段和现代社会中显现：越合理的社会，这样的性格就越明显；这样的性格越明显的地方，社会就越合理。

正是由于思辨精神，使得古希腊哲学脱离了直接功利。古希腊的哲学所研究的看来完全没有实际用途，而正是这"毫无用处"，体现了文明的更高层次，她对于人类的物质利益，居然要在千年之后才被逐渐理解。我相信，古希腊人并不确定他们所研究的具有如此深远的间接功利，但是他们对于直接功利的疏远，却证实了他们已经完全不同于其他同时代民族的目光短浅，而具备了我们甚至今天都不易理解的高瞻远瞩。古希腊基于思辨精神的学术，居然在2000年之后，还不得不使我们对其思维的高度和深度赞叹不已。

正是古希腊人的抽象思维，使得我们现在所知的数学成为可能。毕达哥拉斯是一个里程碑，在此前的古埃及和古巴比伦，数字总是和具体的事物联系在一起，而毕达哥拉斯把数字和具体的事物彻底分开，于是数字就是抽象的数字，不再和具体的实物相联系。逻辑证明，毕达哥拉斯是古希腊的数学和其他文明（比如华夏）的算术的另一个分水岭。暂且不说"毕达哥拉斯定理"从广义上被证明其本身是一个伟大事件，更重要的是其体现出的对于数学定理的逻辑证明了这一理念：从普遍意义上证明一个规律，而不仅从众多的现象中归纳或猜测。这是古希腊人对于人类思维的一个举世无双的重大贡献。从无穷无尽的现象中统计一种规律固然重要，但是如果没有普适的逻辑证明，任何统计都是不完备的因此也是不可靠的。而古希腊人开创了逻辑证明的先河。

在华夏，"勾三股四弦五"也很早为人所知；在更早的古巴比伦，有人知道包括"勾三股四弦五"在内的十多种构成直角三角形的边长组合。但是这些都只是一些特例而已，并无法称做定理。

　　古希腊人不满足于直觉和个别特例，非上升到理论决不罢休。英文的"theory"即来自古希腊文的"theorein"，中文译为"理论"。古希腊文的"theorein"是一个动词，意思是研究事物，推导出普适的结论。数学定理是从一系列公理出发，经过严密的逻辑推理而得到的。所以，只要公理正确并且逻辑严谨，那么定理就是正确的和普适的。这一原则和方法在后来的欧几里得（Euclid，约公元前325—前265年）几何中体现得淋漓尽致，所以欧几里得几何是古希腊科学方法的代表和集大成者。其对后世的科学家和哲学家产生了深刻的影响，近代西方物理学家相信，只有把对于物理现象规律的解释表达为"美丽的数学公式"，才算上升为理论。

　　古希腊人的思维当然也涉及到了"上帝"。有的学派认为上帝是存在的，而有的学派则不然。阿那克萨哥拉（Anaxagoras，公元前500—前428年）认为有一种神圣的精神在冥冥中主宰了宇宙，创造了万物并给予了意义。但也正是他，认为太阳也是物质组成的，其大小和伯罗奔尼撒半岛差不多大。可见他的"上帝"并没有干涉他寻求理性的解释。德谟克里特（Democritus，公元前460—前370年）所代表的学派则来得更加彻底，认为这样的"上帝"并不存在。近代的一些哲学家，给不同派别的古希腊哲学贴上了不同的标签，比如"唯物主义"、"唯心主义"等，但这都不足以描述古希腊哲学的本质。其实不管是哪个古希腊哲学学派，不管是以上哪种哲学观点，都和其他民族对于"上帝"的解释和对大自然的认识有着本质的不同。这些古希腊哲学派系的伟大思想尽管各自独树一帜，但是它们都准确无误地表明，古希腊人允许"上帝"参与他们对于真理的探索，但是拒绝让上帝来主宰他们的

欧几里得（Euclid）

阿那克萨哥拉　　　　德谟克里特　　　　普罗泰戈拉
（Anaxagoras）　　（Democritus）　　（Protagoras）

思想或干涉他们的判断。古希腊的思辨精神如同灯塔，指明了真理探索者的道路；如同阳光，洒向曾经是黑暗的尘世。

　　在自然哲学中，普罗泰戈拉（Protagoras，公元前490—前420年）的"人是万物的尺度"受到了来自以德谟克里特为代表的原子论者的挑战，但是原子论者也碰到了同样的困难。亦即，如果我们认定存在和观测无关，那么观测对于理性就不再必要，于是理性赖以生存的证据就无法获得。没有了观测，对于存在就不可能有理性的认识，于是对于理性来说，就没有存在。这导致了两难境地：如果客观存在和观测无关，那么也就和理性无关，于是也否认了理性对于存在的认识和描述，那么，一个理性不可认识和描述的存在还算存在吗？如果是，又如何判定呢？这个争论实际上定义了哲学的一个根本问题，亦即，意识和存在的关系。究竟存在是否依赖于意识？在2400年后的关于量子力学理论基础的探讨中将激烈地重开这个争论，几度硝烟弥漫，尚未尘埃落定。那只诞生于哥本哈根的"薛定谔猫"，怎么看都像祖籍为古希腊。由此可见，古希腊的思辨是何等地超越时代。他们所提出的问题和思考方式，在数千年后仍然是我们探索真理的启迪和指南。

比古希腊所创立的那些伟大理论更为重要的是古希腊讨论问题的方式和探索真理的勇气及智慧，其对人类思维的发展可谓极其重要并且举世无双。这就是古希腊的"思辨精神"伟大之所在，其最高层次地体现了人类的智慧和理性。思辨精神最重要的意义不在于其提出的理论之正确与否，而是在于其对于真理追求的态度和精神。思辨精神允许错误，但不允许欺骗；允许权威，但不允许扼杀异议；追求真理，但是从来不以真理自居；解答疑问，但是鼓励质疑。

正由于此，古希腊人创造了求真和宽松的学术环境，从而使得科学的发展成为可能。这样的精神也创造了理性和宽容的社会环境，从而使得民主的诞生成为可能。

在华夏，春秋战国时期的百家争鸣是中国在学术上开放自由的时期，对于这一时期，我一直怀着特别崇敬和好奇的心情。这是华夏在哲学上唯一的春天，后来就一直是秋冬了，不同的只是深秋、初冬，还是严冬。先秦诸子百家争鸣的时代毕竟太短暂了，即便在绝对时间上还不能算太短暂，其留给华夏哲学家思辨的时间也是不够的。但是无论如何，那是一个我们必须景仰的时代。

只是，那个时代并未产生类似古希腊的学术。古代华夏并非没有哲学，只是其从一开始就更像是宗教和道德的附庸。换言之，古代中国的哲学还没有成年，就成了宗教和道德的"童养媳"。或者说在古代华夏，哲学还没有在思辨的艰难旅途上走多远，就一头栽进了宗教和道德的怀抱。当后来华夏的宗教和道德本身也沦为权势的附庸之后，哲学的境况就可想而知了。于是古代华夏的思辨先天不足又后天不幸，导致了辨有余而思不足。华夏古代的一些辩论文字，可谓十分精彩，但却有本质的缺憾。

"老庄哲学"是古代中国在思辨领域最为杰出的代表之一，也被当今一些国人推崇为可以与西方匹敌的关于认识自然的哲学。不妨在这里对比"老庄"和古希腊哲学家的不同。

老子的生平不易考证，传说他的生卒年代是公元前600年左右至前470年左右。《史记正义》这样记载："老子，楚国苦县厉乡曲仁里人也。姓李，名耳，字伯阳。一名重耳，外字聃。身长八尺八寸，黄色美眉，长耳大目，广额疏齿，方口厚唇，日月角悬，鼻有双柱。周时人，李母怀胎八十一年而生。"可见，他的130岁寿命值得商榷，完全不可置信的是老子的母亲怀了他81年他才出生。

庄子（约公元前369—前286年），名周，其著作《庄子》被誉为"天下第一奇书"，其中《秋水》篇又被人们公认为《庄子》中第一等文字。作为《秋水》篇中一则著名故事——《庄子与惠子游于濠梁之上》，实在精美绝伦。

> 庄子与惠子游于濠梁之上。庄子曰："鲦鱼出游从容，是鱼之乐也？"惠子曰："子非鱼，安知鱼之乐？"庄子曰："子非我，安知我不知鱼之乐？"惠子曰："我非子，固不知子矣；子固非鱼也，子之不知鱼之乐，全矣。"庄子曰："请循其本。子曰'汝安知鱼乐'云者，既已知吾知之而问我。我知之濠上也。"

此文意思是，庄子和惠子一道在濠水的桥上游玩。庄子说："白鲦鱼游得多么悠闲自在，它们很快乐。"惠子说："你不是鱼，怎么知道鱼的快乐？"庄子说："你不是我，

彩图 3-1 拉斐尔的《雅典学院》，作于 1509 年，现藏于梵蒂冈博物馆

怎么知道我不知道鱼儿的快乐？"惠子说："我不是你，因此不知道你是否知道鱼的快乐；你也不是鱼，因此你也不知道鱼的快乐。"庄子说："还是顺着先前你的话来说。你刚才所说的'你怎么知道鱼的快乐'的话，就已经先肯定了我知道鱼儿的快乐，我现在可以告诉你，我是在濠水的桥上知道鱼儿快乐的。"

极其精炼的语言，几乎通篇的对话形式，以子之矛陷子之盾，把辩论推向高潮。庄周的狡黠、惠施的机智，跃然纸上。双方的敏捷思路和睿智谈锋令人拍案。唯一美中不足的是庄周在最后有诡辩甚至要赖之嫌，且手段并不高明。

但是，从这机智和狡黠的辩论中得到的仅此而已了。庄子和其他诸子的文字更倾向于文学和伦理，在语言和修饰上充分注重，而对于规律和本源却缺乏深究，这样的雄辩依然远离科学意义，而对此的津津乐道更阻碍了向科学的升华。庄周、惠施的辩论和古希腊的思辨之间的不同，折射了古代华夏哲学和古希腊哲学的巨大差异。

在古希腊，哲学家绝不会满足于信口开河的一些陈述。他们的思辨，充满着理性和智慧。在那些光辉夺目的古希腊思辨中，我们可以随手拈来一些例子。

在庄周和惠施辩论鱼的快乐之前很久，毕达哥拉斯学派中的一位小师弟证明了2的平方根是无理数。这个证明所有读过高中数学的人都应该看到过：

命题：2的平方根不是有理数。

证明：

如果 $\sqrt{2}$ 是有理数，则可表达为 $\sqrt{2} = \dfrac{b}{a}$，其中a和b是自然数，并且没有公约数。

那么 $b^2=2a^2$，可知 b^2 必是偶数，于是 b 也是偶数，并可以表达为 b=2c，其中 c 是自然数，

于是 $4c^2=2a^2$，亦即 $a^2=2c^2$，所以 a 是偶数。

至此，a 和 b 都是偶数，它们有公约数 2，这和原假定不符。

因此，$\sqrt{2}$ 不可能表示为 $\dfrac{b}{a}$，亦即，$\sqrt{2}$ 不是有理数。

这个狡猾的证明透射出的逻辑力量和智慧光彩在今天的大学课堂上仍将博得喝彩。

欧几里得对于有无穷多个素数的证明进一步展示了其思辨的伟力：

命题：素数的个数是无穷的。

证明：

假定素数的个数是有穷的，一共 n 个，其中 P_n 是最大的素数。可得 n 个素数的积：

$P_1P_2\cdots P_n=S$

现在考察正整数 S+1。如果其是素数，那么显然大于 P_n。如果其不是素数，那么肯定可以被一个素数整除，但是这个素数一定不是原来 n 个中的任何一个，因为原来 n 个素数中的任何一个被用来做除数都有一个余数 1。

因此，无论是哪种情况，都存在着比 P_n 更大的素数，因此我们最初的假定不能成立。所以最大的素数是不存在的，亦即，素数的个数是无穷的。

简洁明了的证明所隐含的思辨和逻辑的力量令人赞叹不已。这样的思辨和庄周的截然不同，前者是理性的思辨，而后者是艺术的争辩。在严谨的推断和简单的猜测之间的差距大概就是"思辨精神"。这不能简单地称为"差距"，而是"鸿沟"，一条人类思维和理念极难跨越的鸿沟，不妨称其为"古希腊鸿沟"。只有古希腊人跨越了它，而且跨越得如此优雅和轻松自如。我一直为这样充满智慧的逻辑所折服，不禁赞叹，这是何种伟大精神引导下所创立的人类思维的典范？

以上所举出的和此后要举出的仅仅是古希腊"思辨精神"一些极少的事例，它们就像是我们在一个巨型仓库门口窥见几件随手摆放的巨大兵器，那不可思议的尺度和重量令人困惑——那些打造了这些兵器并且可以潇洒挥舞的到底是什么人？那满库尘封的兵器到底还有多少？

庄子的《秋水》也很容易令人想起古希腊的芝诺悖论。在前面的章节中已经提到了芝诺悖论中的一个，即阿喀琉斯无法追上乌龟，另一个就是所谓的"二分法"。芝诺用"二分法"证明了运动的不可能性：如果一个运动要从始点抵达目标，那么它首先要抵达一半的地方，为了抵达这一点，那么还要首先抵达一半的一半的地方，依此类推，有无限个这样的点要首先抵达，这有限的运动物体，怎么可能在有限的时间克服这无限的必经之路？不仅抵达终点不可能，而且实际上连任何一个距离的运动都不可能，因为任何一个距离都可以再被分作无限的1/2的数列或者级数。于是，任何运动都是不可能的。

从技术上说，芝诺的问题现在已经可以用微积分的方法解决，但是在芝诺的时代，距离现代微积分的诞生还有2000年的漫长时光。而芝诺所架构的"诡辩"，实际上就是后来微积分要克服的困难和解决的问题，亦即，在无限的过程和有限的空间之间的矛盾。毫无疑问，芝诺悖论的结论是错误的，但正是这显然的错误结论和严谨的逻辑所构成的两难将哲学置于必须直面的境地，这样在严谨逻辑支持下的"荒唐"结论恰恰构成了迫使哲学家不得不接受的严肃挑战。芝诺正是以这样的方式困扰了世世代代的哲学家、数学家和科学家，从某种意义上深化了无穷和极限的争论和研究，促使了微积分的诞生。

今天所说的微积分是英国的牛顿和德国的莱布尼兹不约而同在18世纪发明的。但是，值得特别指出的是，在2000多年前，阿基米德就已经非常接近了微积分，而且运用"穷竭法"计算出了球面积和体积。他得到了现在用积分才可以求得的球面积和球体积的解析解。阿基米德也运用"穷竭法"计算了圆周率，尽管圆周率的计算相对于球面积和球体积的计算要容易很多，但是阿基米德的圆周率计算方法是开创性的，他的纪录直到700多年后才被南北朝的祖冲之（公元429—500年）打破。祖冲之使用的方法"割圆术"有点类似阿基米德的"穷竭法"。

古希腊人对于理论和方法的重视远远超过具体数值。比如古希腊人对$\sqrt{2}$的具体数值并不感兴趣，他们重视的是寻找表达完美的$\sqrt{2}$的方法。对于阿基米德来说，计算圆周率主要是为了检验他的"穷竭法"，因此在他引以自豪的成果中，并没有圆周率的计算。阿基米德按照古希腊的概念，很可能认为对于哲学家来说计算圆周率是一种"蓝领"工作，既然方法已经有了，无非就是大量重复的计算而已，因此圆周率只是自己随手拈来的副产品。

过去我也"愤愤不平"：阿基米德你也太牛了，凭什么一个自己都不在意的副产品就把世界给镇了？毕达哥拉斯你也太不够意思了，要不是你，这定理不就算是华夏的了吗？

说到庄子，我们应该知道他的无限可分的思想。这也是华夏的骄傲，他说"一尺之棰，日取其半，万世不竭"。其朴素的无限可分思想很有意思。但是，实际上一尺的木头棍子在这样"日取其半"不到一个月后就不再会是木头了，因为那时就已经到了原子的尺度，远远小于了构成木头的最小组分，即分子，于是木头就不复存在，更不可能继续分下去。古人不知道分子和原子，这点我们不能怪庄子。不管如何，无限可分的思想还是值得称道的。

这也令人想起比庄子早100年的古希腊德谟克里特提出的原子论。古希腊的原子论认为万物都是由最小的不可再分的物质组成的，这种物质就叫原子。在古希腊时代，完全不可能用实验证明原子的存在，这一杰出的思想将在2000多年后才被实验证明。原子确实存在，只是原子还不是最小的物质存在形式，其依然可分。现在看来，物质并不能无限可分，不管是否最终如此，古希腊的原子论无疑是人类伟大思维的一个杰出代表。这是一个对于世界本源探索的巨大创举，是古希腊思辨精神之伟大的一个例证。

古希腊人的思辨，当然不仅仅限于身边的事物，他们对于别的民族认为神圣不可触犯的天体也绝无畏惧，显然认为"思辨精神"是普适的，甚至"天堂"也不能例外。

太阳和月亮俨然天上的主宰，有许多美丽的传说。在古代中国有夸父追日、嫦娥奔月。那时国人也许并不完全相信太阳和月亮的确如同传说中一样，但也并无兴趣进行更深入的研究。然而古希腊人不这么看待这些似乎非常神圣不可侵犯的事物，而觉得这些都属于应该并且可以被认知的。于是，他们要看看这些天上的东西到底是什么。古希腊人并不憧憬什么月宫嫦娥，他们的神就住在奥林匹斯山上，和他们很近，而且习性也差不多，都有人的缺点。既然太阳神就在奥林匹斯山上，月亮自然也不会远了。

于是，古希腊人的思辨就自然而然地涉及了天体。阿那克萨哥拉不恭地认为太阳不过是一个和伯罗奔尼撒半岛大小相仿的燃烧着的石头。比此更进一步，阿里斯塔克（Aristarchus，公元前310—前230年）科学地测量了太阳和月亮对于地球的相对距离，计算了它们相对地球的大小。其方法让人拍案叫绝：当月亮正好呈现半月的时候，他测量了月亮和太阳的夹角，得到的结果是87°。这时的太阳、地球和月亮正好形成了一个直角三角形，月亮所在的角是直角。于是，月亮和太阳对于地球的相对距离就可以计算出来了。由此他算出地球和太阳之间距离是地球和月亮距离的20倍。当然由于当时的观测精度不够，这个结果误差比较大。正确的结果，由于月球的近地点和远地点以及地球的近日点和远日点的缘故，应该是角度在89°51′31″和89°51′48″之间，距离比在362和419之间。尽管误差难以避免，但是阿里斯塔克的方法是完全科学的，其结论也是很清楚的，亦即，太阳比月亮要远得多。由于太阳和月球圆面的视角相差无几，因此，太阳也一定比月亮要大得多。

阿里斯塔克还继续用月全食时地球阴影掩盖月面的时间计算了地球和月球的相对半径，得出地球半径是月球的3倍，这已经和实际的3.66倍很接近了。因此，太阳也比地球大得多。这些结果很自然地导致了日心说，因为小的物体绕大的物体转动显然更加合理。阿里斯塔克提出的日心说是如此地超越时代，这个学说在沉寂了1700年后在文艺复兴中再次被提出时，其掀起的轩然大波撼动了所有权威者和普通人的思想。

阿里斯塔克的观测和计算的结果本身已经非常伟大，更加值得称道的是驱使这样的观测和计算的思辨精神。我一直

阿里斯塔克（Aristarchus）

在考虑阿里斯塔克的办法为什么别的民族没有想到使用。诚然，如此大智慧并非谁都具有，但更重要的是勇气和精神。我们不妨把思辨称做理性至上和具有勇气的思维。许多民族把自己的思维禁锢在宗教和世俗的天地中，束缚在权势和功利的圈圈里，自然不会有这样的大智慧。

古希腊人认为宇宙万物按照一定的规律运行，并坚信这些规律是可以被揭示和认识的。比如，毕达哥拉斯确信宇宙间存在一种神圣的以数为基础的规律。毕达哥拉斯学派被称做有宗教色彩的学派，但其并没有后来的宗教那些特征，而是主张用科学的态度和方法去认识世界。

这些思辨和实践，使得古希腊人更加坚信理性高于一切，自然和世界可以被认知，可以被理解。欧几里得的理论更告诉了人类，世界的认识是可以被演绎的，亦即，从有限的知识出发，仅仅通过逻辑演绎就可以得到从前未知的知识。欧几里得把前人和当时的几何研究成果按照非常独特和完整的方式整理成书，亦即，举世瞩目的《几何原本》。此书历经数千年，至今仍然是课堂里教材的直接蓝本。欧几里得几何是古希腊思辨精神的杰出典范，她不仅仅告诉人们世界是可以被认知的，而且告诉人们，这个世界可以从一些基本的公理通过演绎进行认知。这样的演绎是人类思辨精神的登峰造极之作。

当世界上所有其他民族都没有大地球形的概念时，埃拉托色尼（Eratosthenes，公元前276—前194年）却不仅知道地球是球形的，还计算出了地球的子午线和半径。他发现在埃及的塞恩（今天的阿斯旺）夏至中午的太阳可以直射到井里，旗杆也没有阴影，而在亚历山大城的旗杆则有一段阴影。他推断，只有大地球形才会导致这样的现象。于是他测量了亚历山大城到塞恩的距离，用几何方法计算出了地球的周长（子午线）和

埃拉托色尼（Eratosthenes）

半径。其和现代的准确值仅相差1%，这个结果到了非常近代才需要修正。我相信埃拉托色尼的结果如此接近准确值应有幸运的成分，但是他的方法无懈可击，因此他的结果并不偶然。1800年后的哥伦布在试图向西航行抵达印度时没有采用埃拉托色尼的结果，哥伦布对地球的尺度估计太小，以至于他认为从欧洲向西航行抵达东方的距离更短。如果哥伦布相信埃拉托色尼的这个结果，那么他就不会把他抵达的北美认作印度了。当然，也许他可能就不会取道向西去寻找东方的印度了。

阿波罗尼
(Apollonius of Perga)

也正是这位埃拉托色尼，创造了研究数论寻找素数的一种方法，亦即埃拉托色尼筛法，至今其还是经典的研究数论的方法。数论是数学中距离实际应用最遥远的理论，古代数论没有任何实际用途，只有具有纯粹并且强烈的求知渴望才有可能将如此枯燥且毫无实际功利的学术进行下去。

与埃拉托色尼和阿基米德同时代的阿波罗尼（Apollonius of Perga，公元前262—前190年）所研究的圆锥曲线在当时也"毫无用处"。阿波罗尼用想象的平面以相对圆锥底面不同的倾角切割圆锥，证明了所得到的平面和圆锥的交线就是圆、椭圆、抛物线和双曲线，并把它们开创性地统一为圆锥曲线。他对这些圆锥曲线的研究已经非常接近于在1800年后文艺复兴后期笛卡尔的解析几何方法。他用纯粹几何方法对圆锥曲线的研究水平之高超，就是今人也不能出其右。近2000年后，科学家发现所有的天体运行都遵照了这些圆锥曲线中的一种。其实，任何物体在保守场中的运动轨迹都必定是这几种圆锥曲线中的一种。

这种"毫无用处"的数学研究还将由希腊化时期的亚历山大城的刁潘都进一步推进。这位当之无愧的"代数之父"将古希腊以几何为中心的数学研究扩展到了代数领域。这些伟

希波克拉底（Hippocrates）

大的古希腊数学家和他们的成果，更重要的是他们的科学方法，使得古希腊当之无愧地成为"数学圣地"。

难怪著名美籍华裔数学家陈省身在生命的最后时刻想的是希腊，弥留之际他数次说"我要到……希腊报到了"，并用颤抖的手写下"希腊"二字。

世人通常把不实用的称做"屠龙之术"，由于世上无"龙"，此"术"便无用，以此嘲讽那些不能解决实际问题的学术。古希腊人不在乎这世界上是否有"龙"，他们本来就不求实用，更不急功近利，于是他们对"屠龙之术"乐此不疲。这"屠龙之术"被尘封了千年后，终于被后世人们领悟其伟力。当那些急功近利和立竿见影的"雕虫小技"都随着岁月淡出后，古希腊"屠龙之术"的光彩却与日俱增。让后世人赞叹这和尘世和功利看来毫不相干的思辨精神居然具有如此伟力。

医学是检验一个民族理性的另一个直接的标准。几乎所有民族一开始都是从草药、咒语和宗教仪式中寻求对于疾病的治愈的，但是古希腊从希波克拉底（Hippocrates，公元前460—前377年）开始创造了一个完全不同的医学。希波克拉底并没有一蹴而就地创造一个现代医学，而是从理念上和精神上奠定了现代医学的基础。

希波克拉底将医学导向理性，把丰富的经验和合乎逻辑的推理相结合，使古希腊的医学从此超越了经验积累的框架而成为科学。《医学史》作者卡司蒂廖尼（公元1874—1953年）这样评价："这是人类历史上最有意义并且可能是最重要的现象之一，因为它说明通过实验、实际观察和正确推理，可以得到极有价值的宝贵材料。"古希腊人大胆的合理假说、严谨的逻辑论证和苛刻的实验检验使得古希腊医学成为现代医学的源头。

从那时开始，古希腊人已经坚信，人类的疾病可以用有效的方法治愈，而不应靠祷告或神的干预。这是一个伟大的进步。尽管当时的医药知识还非常贫乏，但是由于有这样的思想作指导，古希腊人不迷信，而是用一种求真求实的态度来对待疾病。在下一章将看到，希波克拉底不仅从学术上奠定了西方医学的基石，而且在道德上给予了医学以普适的人道准则。

大哲学家亚里士多德试图了解心脏和脑的功能，对动物做了很多实验。一个哲学家亲自动手做实验或者研究数学，这在古希腊是很平常的事情。作为哲学家的亚里士多德所进行的生物学研究是如此意义深远，以至于后来的达尔文（Darwin，公元1809—1882年）这样说：所有现代的生物学家都应当被认为是亚里士多德的学生。这绝不夸张。

希罗菲勒（Herophilus）

希腊化时期亚历山大城的希罗菲勒（Herophilus，公元前335—前280年）被称做解剖学之父，通过解剖他对人的脑和神经有了相当深刻的了解。同样是亚历山大城的埃拉西斯特拉图（Erasistratus of Chios，公元前304—前250年）被称做是现代生理学的奠基者，他深入研究了神经系统。古希腊医学上最著名的则是后来的盖伦（Galen，公元129—200年），虽然当时在政治上已经是古罗马时期，但是在文化上仍然属于古希腊。盖伦出生在Pergamon，也就是前几章提到的位于小亚细亚的古希腊著名城市，在德国柏林有着那里出土的很多辉煌文物。盖伦本人是一个很好的外科医生，更是一个举世无双的解剖学家，他是希波克拉底之后的古希腊医学的集大成者。他把古希腊精神完整地体现在了医学上，并把希波克拉底奉为他在医学上的英雄，把柏拉图作为他在哲学上的榜样。

盖伦（Galen）

古希腊医学从公元前5世纪的希波克拉底到公元2世纪的盖伦，走过了600多年的历程，奠定了西方医学的基础。而这个时候，中国医学也基本上从战国时期的扁鹊（约公元前5世纪—前3世纪）走到了东汉的张仲景（约公元150—219年）和三国时期（公元2世纪—3世纪）的华佗。这段时间中国医学并没有详细的记录，很多基于一些传说，关于扁鹊和华佗也不例外，甚至连他们的生卒年都没有记录。

如同古希腊的医学体现了古希腊精神，中国医学也渗透了中国的世界观。传说和夸张，而不是严谨的实验证实，成了中医的一大特色。关于华夏"医圣"张仲景的记载寥寥无几，除了他的《伤寒杂病论》外，还有晋代皇甫谧（公元215—282年）的《针灸甲乙经》序中有关张仲景为"建安七子"之一王粲看病的记载："仲景见侍中王仲宣时年二十余，谓曰：君有病，四十当眉落，眉落半年而死，令服五石汤可免。仲宣嫌其言忤，受汤而勿服。居三日，见仲宣谓曰：服汤否？仲宣曰：已服。仲景曰：色候固非服汤之诊，君何轻命也？仲宣犹不言。后二十年果眉落，后一百八十七日而死，终如其言。"

如果真的有一种医学可以在一个人20岁的时候就预言他40岁会出现的症状和死亡的准确日期，那么确实没有任何医学，包括现代医学，可以与之比拟了。但是，这种传说显然是捕风捉影毫无根据的。

我们可以毫不夸张地说，现代科学各个学科的基本问题，几乎都可以追溯到古希腊。古希腊创造了任何其他民族都难以望其项背的科学成就，但这还不是古希腊留给人类最重要的遗产，更重要的是她所创立的科学精神和思想方法。泰勒斯、阿那克西曼德（公元前610—前546年）和阿那克西美尼（公元前585—前525年）的自然世界观，毕达哥拉斯的规律观，留基伯（公元前5世纪）和德谟克利特的还原论，欧多克斯（公元前408—前347年）和阿基米德的数理方法，欧几里得和亚里士多德的形式逻辑体系，亚里士多德的博物学方法，希波克拉底和盖伦的实验医学体系，……这个名单可以继续长长地列下去。

以上是古希腊的"思辨精神"在自然科学领域的贡献，而正是由于这样的"思辨精神"，古希腊对于社会科学领域的贡献是绝无任何一个其他民族可以企及的。

古希腊对于历史所采取的态度是实事求是、忠实记录和认真分析。希罗多德（Herodotus，公元前484—前425年）和修昔底德（Thucydides，公元前460—前395年）等历史学家，把历史的进程和结果不再归结于上苍的旨意，而是人类活动的结果。历史可以这样结局，也可以那样结局，这并非上苍的旨意，而只取决于人。换言之，是人创造了历史，而非上苍。

希罗多德（Herodotus）

希罗多德对于荷马时期的历史和修昔底德对于古希腊古典时期的历史都采取了一种非常实事求是的方式和态度。尤其是修昔底德，他对历史事件采取了非常冷静的态度。在伯罗奔尼撒战争中，雅典最终败在了斯巴达的手下，雅典的民主政治也成了牺牲品。十分热爱雅典和民主制度的修昔底德的心情可想而知，但是修昔底德并没有让自己的感情左右他笔下的历史，他冷静地记载了历史事实，分析了历史事件结局背后的原因。在希罗多德和修昔底德的修史中，神意和夸张都不见踪影，他们没有给神的意志和干涉留下任何地位，也杜绝了轻信和夸张。希罗多德和修昔底德的修史奠定了整个西方修史的基础。实事求是的记录和客观逻辑的分析，成为日后西方修史的特征。

古希腊的艺术也浸透了古希腊精神，闪耀着思辨的光彩。至今都无法出其右的古希腊雕塑，体现着真实和理性，一

修昔底德（Thucydides）

扫人间的恐惧和愚昧。埃斯库罗斯和欧里庇得斯的悲剧、阿里斯多芬的喜剧，无一不洋溢着理性和激情。情节的跌宕起伏、对话的哲理性、批判的深刻和讽刺的辛辣，必然导致悲剧的震撼人心和喜剧的发人深省，让古希腊精神直接在民众中引起共鸣。在下一章中将看到，古希腊的戏剧和剧场是如何平等地将这样的理念传递给了每个公民。

由于思辨精神在哲学、自然科学、医学、历史和艺术的全面体现，古希腊对于法律和政治的深思熟虑也就是情理之中的了。思辨精神在政治领域的成就必然是一个合理的政府和制度。提出"人是万物的尺度"的普罗泰戈拉在伟大的雅典政治家伯里克利执政时期访问了雅典，伯里克利对其非常欣赏，并且邀请他参与了雅典的海外定居地Thurii（现在意大利南部）的宪法的制订。让哲学家参与宪法的制订，而这些哲学家都是科学家，这样的事实，我们今天听起来都会汗颜。还需要我们对古希腊的思辨精神做更高的评价吗？如果说古希腊社会是基于思辨精神的社会，那绝非溢美。政治家对于哲学家和科学家的敬重，不能理解为习俗，而是基于理性的行为，是一个崇尚思辨精神的民族的必然选择。

古希腊人不相信仅靠上帝就可以将正义带给人类，对于古希腊人来说，神和他们一样，有着与生俱来的缺点，也在艰苦地寻求正义。古希腊人需要神在道义上的帮助和精神上的安慰，但是他们把正义的实现当作自己义不容辞的责任，把道义的重担义无反顾地挑在了自己的肩头。他们相信，他们肩负着自己必须承担的责任，神也无法分担。亚里士多德在政治上对于三权分立的设想很大程度上基于思辨精神：在直言不讳人的缺点的同时，也相信人的能力和智慧，在它们之间，必须有一种平衡和制约。三权分立的政治理念体现着古希腊的智慧、理性和勇气。柏拉图认为只有合格的哲学家和科学家才有可能成为合格的统治者，亚里士多德更进一步，认为即便如此也必须要从制度上对于权力进行限制。古希腊的民主制度正是这伟大理性的实践。

古希腊在"思辨精神"指导下的哲学和实践，使得古希腊文明在实事求是和逻辑思辨中成为人类思想的典范，在与科学和理性的结合中成为文明的指南，最终走向了科学和民主的广阔天地。

今天人类的科学和社会进步被深深烙上了古希腊的痕迹，携带着古希腊的基因。如果没有古希腊的精神传统，科学将面目全非，世界也将面目全非，人类将不可能拥有如今的精神和物质成就。

阿基米德在他的时代并没有找到可以撬动地球的支点，但是阿基米德和古希腊给人类留下了伟大的思辨精神和理性的梦想。人类今天已经可以翱翔蓝天，过去对人类而言是遥远梦想的飞翔已经成为现实；人类已经可以治愈绝大多数疾病，很多曾经的不治之症已经成为历史，很多可怕的瘟疫已经绝迹；"顺风耳"和"千里眼"不再是神话，而早已走入寻常百姓家；昔日可望不可即的"日行千里"已成了今天的微不足道；从时间上，人类已经可以了解遥远的过去甚至宇宙起源的那一刻，也可以预测遥远的将来宇宙的演变；从空间上，人类对于微观的理解已经深入到原子内部，对于宏观的认知已经达到宇宙的哈勃边缘；人类已经踏上了地球以外的天体，阿基米德所说的"支点"已经找到；人类制造的航天器已经掠过太阳系最外层的行星轨道，向宇宙深空飞去，把阿基米德曾经居住过和扬言可以撬动的蓝色星球远远地留在了身后，那曾经仅仅是梦想中的天国，已经留下了人类智慧的足迹。

对于宇宙、世界、自然和社会，人类从古希腊开始有了一个准确无误的支点，这就是"理性"，这就是古希腊的"思辨精神"。

　　我相信阿基米德无意真的要撬动地球，而是要告诉我们，人类的理性将战胜无知和恐惧，没有什么比人类的理性更加伟大、更加值得赞美。

七　人本主义精神——人、信仰和权威

我们的制度之所以被称为民主政治，是因为政权在全体公民手中，而不是在少数人手中。

—— 伯里克利

广泛的人文关怀远比辽阔的版图重要，高尚的人类理性远比一统天下的野心有价值。

—— 作　者

人本主义，顾名思义，即以人为本，以人为社会价值的起点和终点，以人为终极关怀对象，强调人的价值与尊严。

在西方哲学史上，人本主义的兴起是文艺复兴以后的事了，但其精神追根溯源来自于遥远的古希腊文明。现代学者如是说："全部希腊文明的出发点和对象是人。它从人的需要出发，它注意的是人的利益和进步。为了求得人的利益和进步，它同时既探索世界也探索人，通过一方探索另一方。"（安·邦纳）

古希腊的普洛泰戈拉"人是万物的尺度"和修昔底德"人第一重要，其他一切都是人的劳动成果"的豪迈宣言，体现了古希腊人的世界观是以人为中心的。关心人的命运，看重人的感受，为了人的福祉，这一思维方式贯穿了古希腊人的全部精神世界和物质世界。在古希腊，用人作为万物的尺度并非没有争论，但是其争论仅仅在究竟是人的感知作为万物的尺度，还是理性的本质作为万物的尺度。其实无论哪个论点，都把人置于最高的地位。可以说，人本主义精神是古希腊文明有别于其他文明的最本质的特征之一。

和人本主义对立的是"神本主义"和"官本主义"。"神本主义"把神放在至高无上的地位，人是微不足道的，必须按照神的意志生存，神的意志高于人的存在；"官本主义"把权威放在世界的中心，人只是权威的附庸，权威高于人的存在。而古希腊的"人本主义"把人的价值远远置于信仰和权威之上，和"神本主义"、"官本主义"形成了鲜明的对照。

全世界的宗教都鼓吹"存天理，灭人欲"，要求人按照神的意志行为，按照神的意志思维。而古希腊人却别出心裁地创造出了一群与人几无差异的奥林匹亚诸神。公正却风流的众神之父宙斯，智慧却嫉妒的天后赫拉，勇敢但喜欢惹是生非的战神阿瑞斯，美丽温柔但轻浮虚荣的爱神阿芙洛迪特，智慧好学的缪斯，喜欢热闹狂欢的狄俄尼索斯……他们同时具备人的优点和缺点，就连古希腊人非常崇敬的智慧女神雅典娜也会因为妒忌而参与毁灭特洛伊城。这些像我们自己和邻居一样有缺点和极富人情味的诸神，和别的宗教中的全知全能永远正确的上帝、真主和菩萨截然不同！其他宗教鄙视人间的欢乐，推崇绝对的服从，祈求天国的永生，唯有古希腊神话，更多关心人间的欢乐、关心人间的公正，甚至调侃神的缺点。神和人一样多情多欲，并且不时到人间来畅游享乐，他们同样喜欢美酒与音乐，喜欢美丽的少女和英俊的男子，敬重勇敢的英雄。他们更像人的朋友，而不是其他宗教中那些高高在上、令人必须仰视却不敢正视的主宰。

除了古希腊，世界上所有宗教都有一个共同的特点，即人的价值被严重低估，而神的价值被无限高估：神是人的救世主，大千世界的创造者，人需要匍匐在地感激在心；神是权威的化身，最高的仲裁，人需要俯首帖耳畏惧万分；人被降格成神的附属品。这难免导致了这样一种社会道德准则，即人为了神而生存，即便神的意志不是人生存的目的，那么也是人生存的准则和真理的标准。圣经《旧约》的《约伯书》塑造了一个典型：上帝为了向撒旦显示约伯对于自己的虔诚是无条件的，他纵容撒旦一步步让约伯的土地荒芜，牲畜死亡，孩子和妻子丧生，甚至让约伯自己也失明、残疾。上帝最终在和撒旦的打赌中胜出，因为约伯的虔诚的确最后丝毫未减。上帝高兴之余，随即恢复了约伯的健康，重新娶妻生子，牲畜成群，土地丰饶。这就是基督教《旧约》体现的价值观，试图让世人相信对于上帝的无条件信仰的重要和有益。不错，约伯由于矢志不渝的虔诚而得到了最终的回报和奖赏，但是，因为上帝和撒旦打赌而无辜死亡的约伯妻子和儿女又得到了什么呢？

但是古希腊却不同，她对于神的描述没有这样恐怖和不符合逻辑，她对于神的尊重并没有妨碍对人的赞美和对大自然的理性。只有在古希腊神话中，神不能主宰人的命运，反而和人一样受到命运的捉弄。古希腊的神灵同样会为情所苦，伟大如太阳神阿波罗也征服不了自己心仪的美人，那位美丽的凡间少女宁肯化作一棵桂树，也绝不接受太阳神的求爱。当古中国人用童男童女的生命为祭品，祈求老天下雨的时候，在古希腊不朽的《荷马史诗》中，却记载着战神阿瑞斯被人间英雄狄俄墨得斯的长矛刺伤的故事。伟大的战士竟可以战胜神！这在其他民族的神话中，是不可想象的。《荷马史诗》被誉为"古希腊人的第一部人生教科书"，其所描绘和教导的，与成书时间远远晚于它的《圣经》、《可兰经》和《佛经》截然不同。虽然《荷马史诗》的时代还是古希腊比较不发达的时期，而其中的英雄正是古希腊人的偶像和楷模，史诗折射出了古希腊人的人生观和价值观，真正的英雄为正义而战，绝不畏惧神明。

古希腊的宗教信仰中所体现出来的以人为本，而不是以神为本的特点，体现了古希腊文明中的人本主义精神。古希腊文明的最与众不同之处是她把人，而不是神，放在了物质世界和精神世界的中心。《世界文明史》的作者伯恩斯如是说："希腊人的神是为着人的利益而存在的，所以他赞美神也就是赞美自己。"这一评价恰如其分。为赞美众神之父宙斯而举行的奥林匹克运动会，何尝不是对于人类自身力与美的赞美？《荷马史诗》中对英雄的讴歌，何尝不是古希腊人意志与勇气的自我写真？苏格拉底和柏拉图的《理想国》的论述，何尝不是对于人类理性和公正的追求？只有理解古希腊的"人本主义"，才能理解真正的奥林匹克精神，才能理解真正的古希腊精神。

一个幸免于"神本主义"的文化并不一定可以幸免于"官本主义"。在春秋战国以前的中国，也有诸多可爱的神，如夸父、女娲、后羿、姜子牙……虽然古代中国的众神没有如同古希腊那样严格和精确的谱系，但是他们的世俗化程度和古希腊的众神不相上下。我想到古中国文明和古希腊文明的这些类似之处时，总不免扼腕叹息：为什么华夏文化没能沿着古希腊文化的发展轨迹？如果说是由于古希腊林立的城邦国家导致了这样的区别，那么其实中国那时分封的小国林立，独立程度并不亚于古希腊。就在华夏文明发源地之一的山西，就有多个小国。如果我们把所有责任都推给秦代以后的大一统，那也难以自圆其说，希腊化时代的托勒密王朝就是一个幅员辽阔的大一统，而正是在那里，古希腊文明创造了进一步的辉煌。但是为什么中国文化幸免于"神本主义"的深渊，却走向了"官本主义"的泥潭？唯一的解释，就是因为古代中国缺乏"人本主义精神"，因此华夏的众神传说和古希腊的众神传说貌似神离。

我曾在华山上看到传说中的"大禹脚印"，传说他一只脚还在华山，另一只脚就已经踏上太行山了。我也曾在太行山脉的一些山峰上抠出过很多贝壳化石，当地人说这就是大禹治水的遗迹。这些自然景观和地质演变的痕迹，被添加到传说之中，百姓对大禹之爱戴，由此可见一斑。我那时也憧憬，如果大禹在世，我们就不必这样起早贪黑事倍功半地"农业学大寨"了。因为大禹片刻功夫就会把山水治理好了。大禹没有被盼来，但是大禹传说中的"三过家门而不入"却被用来教导我们不要回家。那时我们清晨不吃饭就出工，早饭和午饭都由专人送到地头，以节省回村吃饭的时间。那冰冷的粗粮，令人更怀念大禹的神通，但不是他的"三过家门而不入"。

华夏这些"神"化了的人实际上就是"官"的原型，历史上的官就这样被描写成了完美的"神"。于是，国人所需要做的，就是期待一个青天大人，一个明君，一个大救星，然后托付一生，剩下的就是顶礼膜拜和歌功颂德了。多么简单和省力的事情！这"官"远比"神"来得更加直接，更加现实，更加权威，因此顶礼膜拜"神"还不如歌功颂德"官"。于是在中国，宗教在任何时期都和权力共生，权力本身就包含了宗教，而宗教则成了权力的附庸。

秦灭了六国，秦始皇就是宗教；汉代以后，为朝廷所用的儒学就是宗教。相对于权势，宗教只能处于附庸的地位，于是宗教在中国一直是世俗的。古希腊的宗教也有世俗的特点，但是古希腊的宗教是为人服务的，而中国的宗教是为权力服务的。古希腊的神是人的朋友，而中国的神则是权力的搭档。于是在华夏，"神本主义"被"官本主义"取代了。因此，在"官本主义"盛行的华夏，造神运动就是必然的实践，毕竟"官本主义"和"神本主义"是孪生的。

由于这些"官"被神化，他们就不再具有人的缺点。而古希腊则不然，柏拉图的《理想国》描述了苏格拉底和朋友毫无顾忌讨论人的生活、人的缺点、统治者的缺点。正是直面所有有关人的问题，苏格拉底和柏拉图才有可能在《理想国》中描述统治者的素质——他们必须懂得哲学。古希腊时代，"科学"这个词尚未出现，那时古希腊哲学很大一部分就是"自然哲学"，亦即今天的"科学"。在《理想国》中，柏拉图和苏格拉底根本没有谈及神的意志，没有给予神在统治中任何地位，他们所论述的是人和国家的意义和关系，讨论的是如何选择合格的统治者。他们明确指出：一个国家必须由理性的人来统治，由懂得哲学的人来统治；一个国家的制度就是要保证其统治者是合格的哲学家。嗟乎，"官本主义"在如此强大的哲学思想影响下的社会里哪里还有生存的空间？

柏拉图的《理想国》的书名原文是"πολιτεία"（Politeia），其英译本翻译成"Republic"（共和国）。由于书中充满了理想和理性，于是被后来的国人称作"理想国"[1]。不管是哪种译名，都体现了作者对一种国家形式的追求——这样的国家，既不靠神，也不靠官，靠的是公民，理性的公民和公民的理性。

古希腊埃斯库罗斯（Aeschylus，公元前525—前456年）的悲剧《被缚的普罗米修斯》诠释了人、信仰和权威，普罗米修斯为了人类的幸福而盗天火，宁肯受痛苦的惩罚也绝不屈服于天庭的淫威，其境界截然不同。"我宁愿被缚在岩石上，也不

[1]《理想国》的希腊文原名"πολιτεία"（Politeia）无论英语还是汉语都没有与之相准确对应的单一名词。对古希腊哲学家来说，"Politeia"有"宪法和管理国家"的意思。因此，无论译成"Republic"还是"理想国"都只部分表达了原意。

愿做宙斯的忠顺奴仆。"普罗米修斯不屈不挠和义正辞严的正是他的信念和古希腊人至高无上的价值准绳——人的价值。普罗米修斯最后被半神半人的英雄赫拉克勒斯所救,这也颇具象征意义——他的获救终究来自战友的努力而不是权威的恩赐。古希腊悲剧以其人格力量和道德勇气成为培养合格公民的一个重要方式,这样的艺术形式和主题不见于任何其他文明。

我深究了所有可能查找的文明和社会形式,除了古希腊外,没有一个敢于这样质问和对抗神。无论是基督教、犹太教、伊斯兰教、佛教还是各种各样的其他宗教,都没有任何勇气进行,也没有任何可能允许这样的质疑或对抗。可以毫不夸张地说,唯有古希腊文明把人置于神之上,也唯有古希腊文明把人置于官之上。

埃斯库罗斯(Aeschylus)

谈到古希腊的戏剧,就不得不谈谈古希腊的剧场。所有古希腊的定居点,都有这样的剧场。剧场是扇形的,观众席以舞台为圆心形成弧形,观众席第一排和舞台等高,然后每排的高度随着半径的增加而升高。在雅典卫城脚下的狄俄尼索斯剧场遗址,在伯罗奔尼撒半岛的德尔菲剧场遗址,在以弗所的剧场遗址、米利都的剧场遗址(彩图7-1),甚至在古希腊文明的边远地区黑海北岸塞瓦斯托波尔(今乌克兰克里米亚半岛)的古希腊剧场遗址,我都特地坐在观众席上试图体验作为当时的观众的感受。我发现每个位置的视野和视角都很好,在任何一个位置的观众都可以毫无困难地观赏演出。剧场规模根据所在城市的人口而定,有的可以容纳数千人,而有的更可以容纳数万人。以弗所的剧场可以容纳25000名观众,实在令人叹为观止。

这些剧场的观众出入和疏散通道也体现了当时出于对普通观众的安全和方便的考虑。米利都剧场的观众通道,和现代体

古希腊德尔菲剧场遗址（笔者摄）

可以容纳25000名观众的古希腊以
弗所剧场遗址（笔者摄）

米利都剧场的观众通道遗址。图为在剧场观众席的半腰处（笔者摄）

育馆的观众通道的设计很相像，设在剧场的背后位于观众席半腰的高度，其中显示的光亮处就是通向剧场的入口。我在这个通道里休息了片刻，凉爽驱散了仲夏的炎热，静谧代替了曾经的喧嚣。我风尘仆仆、匆匆而来，但晚了2000多年，因此没能赶上当时的精彩，却俨然故地重游，拾起不再完整但永恒的记忆。我毫不犹豫地打开最现代的书写工具，在这荒野中古老的米利都遗址，写下了我的观感，其中一些文字，就在本书里。

古希腊的剧场形式是如此地独一无二，观众席高于舞台，演员和演出是被注意的焦点，但观众高高在上，才是"主宰"和"法官"。由于这样的剧场设计，当时的古希腊小孩子也可以在观众席上毫不费力地欣赏演出。

这样的剧场设计揭示了古希腊人对待人的态度，表达了对公民的重视和对权势的限制。这些看来似乎偶然的细节，实际上体现了深刻的内涵。这是根深蒂固的观念和原则的不经意的流露——在古希腊，是"人本主义"的体现，在那里，从孩提时代开始，就拒绝了任何"官本主义"的可能。

西方议会的阶梯形式，也必然来自于古希腊。当领袖们在议会的中心部分但却是最低的位置发表演说时，民选的议员和旁听的民众都坐在比这些演说者更高的位置。对国人来说不可思议的是，任何公民都可以到议会旁听。我到过加拿大议会和欧洲议会（彩图7-2）的旁听席，旁听席占据了最高位置，旁听的公民俯瞰政治家在议会中的演讲和争论，俨然把统治者置于监督的中心，而非权力的顶峰。

在古代中国，无法想象皇帝会在古希腊式剧场发表演说，而让平民听众从同样的高度平视他或从高处俯视他。在民主的古希腊，普通公民决定高官的任免，至高无上的是公民大会；而在专制的古代华夏，在民众之上是层层加码的官僚，至高无上的是皇帝。在古希腊的体制下，公民是社会的根本；而在古中国的社会里，官是社会的主宰。"人本主义"和"官本主义"甚至在细微的社会文化生活中也体现得淋漓尽致，这看似自然而然的古希腊剧场的平等交流，胜过了多少出自高高主席台的声嘶力竭和冠冕堂皇。前者润物无声却深入人心；后者震耳欲聋却苍白无力。

匍匐在地，隔着太监聆听皇上圣旨的层层官僚和芸芸众生怎么可能把"民为重，君为轻"当真？而平视甚至俯视其民选领袖的公民，却很难不感到自己肩头当家作主的重任。

在古希腊的神话中，人和神的界限模糊了，古希腊在人化神的同时，也神化了人。因此，人和神相比不再微不足道。古希腊人创造的神就是他们的榜样，其实，古希腊人就是按照这样的榜样生活的。别的宗教要求人们按照神所说的做，而不是按照他所做的做；但是在古希腊恰好相反，古希腊人就是要像神所做的那样去做，而对于神所说的竟不在意，他们把神的行为看做生活的榜样。没有任何其他宗教有如此的信念，也没有任何其他民族有如此的勇气。

其他文明中，人和神的关系不外乎两种：一种是人（包括官）为神而存在，人所有存在的意义就是为了神的目的，此即"神本主义"；另一种是神为极少部分人（即官）而存在，统治者通过宗教从道义上和心理上加强对被统治者的控制，此即"官本主义"。但是，古希腊人却勇敢地让神和他们一起为了同样一个目的而不辞劳苦也尽情享受。正是由于这样的理性和勇气，古希腊把公民远远置于政府之上，政府由公民所决定，为公民而存在，由公民所拥有。这不就是2000多年后林肯在葛提斯堡讲演中的"of the people, by the people, for the people"（民有、民治、民享）吗？

在普遍以神权和王权凌驾于人民大众之上的人类早期文明史中，古希腊的民主制度是如此地独一无二举世无双，如此地超越时代，以至于我们只能称其为"希腊奇迹"。应该指出的是，这里所谓的"早期文明史"其实并不"早期"，因为至今还在许多地方继续存在着，成为人类现代文明的一个极其不谐和的现象。

埃斯库罗斯的另一部戏剧《波斯人》，描绘了希腊城邦击败庞大的波斯大军的过程，更是一曲自由的伟大颂歌。剧中人骄傲地宣称，希腊人是出于自由意志而保卫自己的国家，为捍卫个人尊严、拒绝奴役而战，并把希波战争的胜利归因于古希腊的民主制度优越于波斯的专制独裁。

"他们没有主人吗？"波斯皇后这样问信使。

　　"没有。"信使这样回答，"他们不是奴隶，不是谁的臣民。"

　　这就是真正的希腊精神，自由早已深入他们的灵魂。骄傲的希腊人甚至对神灵祈祷时也是站立着的，在他们看来屈膝于神灵也有悖于人类的尊严，因为，古希腊诗人品达这样说："诸神与人类是同一个种族；我们都从同一个母亲那里获得生命。"古希腊人相信，他们和神之间是一种与生俱来的友谊和契约，因此绝不需要祷告和祈求；他们和神之间也没有不可逾越的鸿沟，因此他们和神一样地平等和神圣。

　　在埃斯库罗斯的眼里，是雅典的民主击败了波斯的强权，而不是靠宙斯或者命运女神。他这样描述希波战争胜利的意义：

　　　　他们将不再匍匐在地，表示对极权的敬畏，因为帝王的威势已不复存在。

　　　　他们将不再羁锁自己的舌头，因为他们已获得自由，可以放心地发表言谈。

　　在埃斯库罗斯的对希腊的赞美诗句中，他没有一句提到疆域的辽阔和胜者的辉煌，描绘的只是一个普通公民的感受——他是自由的，他为此而骄傲。在公元前400多年前演出的埃斯库罗斯戏剧所表现的现实，甚至对于今天很多社会还仍然是可望不可即的理想。

　　埃斯库罗斯本人也正是公民理念的极佳典范，虽然因其伟大剧作而享誉整个希腊世界，但他在自拟的墓志铭上却仅仅希望以"雅典人"和希波战争"马拉松战役中的重装备步兵"的身份被世人记住，而只字未提他作为伟大的极受希腊世界喜爱的剧作家的身份。也许他这样做是为了在战役中阵亡的兄弟，也许是由于他更加热爱他曾经用生命捍卫的民主和自由的雅典，也许他更加为自己是一个马拉松战役的重装备步兵而自豪。不管是哪种情况，埃斯库罗斯体现了一个古希腊公民的崇高意识。

埃斯库罗斯自拟的墓志铭是这样的：

> 在这墓碑下躺着雅典人，欧福里翁的儿子，过世在丰饶的杰拉的埃斯库罗斯；
>
> 对他的英勇，马拉松的草木可以引言作证，长头发的波斯人更心知肚明。

这朴素和谦虚，衬托了高贵和伟大。对比之下，那些把自己粉墨神化让大众歌功颂德、顶礼膜拜、山呼万岁的达官圣上，便立即分文不值。

在埃斯库罗斯之后200年面世的被尊为华夏文明瑰宝屈原的《离骚》则表达了不同的理念。我非常喜欢屈原，具有这样高尚品格的人在华夏实属凤毛麟角。但是，屈原的思想和理念还无法和古希腊的思想相提并论。在《离骚》这篇政治抒情诗中，屈原表达了对于帝王的忠心，宣泄了不受重用的苦闷，鞭笞了阿谀奉承之徒的卑劣行径，但是，并无迹象显示屈原理解人的权利和平等的理念。屈原不能理解独立和自由的人格远比得到君王的重用更加重要，他更加不能理解的是，应该是统治者寻求公民的授权和重用，而不是相反。虽然如此，屈原依然是我最崇敬的华夏伟大人物之一。屈原的正直和才能永远是我们的榜样，我们不应苛求屈原，只是我们需要理解我们尚不具备的思想。

这些人本主义和民主思想在政治家伯里克利的演说中表达得更为清楚。伯里克利的时代，被称为古希腊的古典时代，也被称做黄金时代。公元前431年，伯里克利在阵亡将士葬礼上的演说中指出：

> 我们的制度之所以被称为民主政治，是因为政权在全体公民手中，而不是在少数人手中……每个人在法律上都是平等的……选举一个人担任公职的标准是其才能，而不是由于其属于某一个特殊阶级。任何想要为国效力的都不会因为其社会地位的低下和贫穷而被拒之门外。

掷地有声，回响千年，共鸣世界！至今听来依然令人振奋，使人惭愧，也令不少人汗颜！

我将伯里克利演说的全文的中译本附录在本章的后面，这篇演说是研究古希腊古典时期非常重要的文献，理应在此把完整的译文呈现给读者。伯里克利演说原有一些中译本，但都不能让我满意，于是我决定自己翻译。我之所以把全文忠实和完整地翻译出来给读者，是由于我不仅希望读者了解伯里克利当时说了什么，而且知道他当时没有说什么。

这是一篇应该被永久置放在所有的政治家办公桌上的演说。当然，这也是一篇一些自命不凡的权势者绝不敢面对的演说，因为，这是一面永不蒙尘的镜子，将映照出他们丑陋的内心；这是一杆永不折弯的尺子，将衡量出他们侏儒般的胸襟。

我在翻译这篇演说时不得不多次离开书桌而徘徊，我不仅仅是在推敲和寻找合适的中文，而且是为这样一个时代而感慨，内心无法平静。伯里克利的演说似乎把我带到了另一个时间和空间——当时的雅典。似乎我就是当时一个阵亡将士的兄弟，悲伤、慷慨和责任同时充满了我的胸膛。

这些激动人心的言辞准确无误地展示了古希腊雅典的价值观，在古希腊的雅典，公元前400多年，政府由公民选出，社会以公民为本，政治为公民服务。2200年后的美国《独立宣言》几乎是伯里克利演说的另一个版本。

在这篇演说中，伯里克利论述了国家、人民、政权以及它们之间的关系。他明确指出：国家属于人民，政权属于公民，政府由公民选出、由公民所有。任何公民都有同等的机会和权利进入政府，不管他的社会背景和经济状况如何。

伯里克利提到了法律。他指出，约束公民行为的标准是法律以及作为法律基础的道德，而绝对不是个人或者政府的好恶。在法律面前人人平等。他特别提到了那些旨在保护弱者的法律和人们心中不成文的法律，也就是道德，认为他们同样是约束和指导人们行为的标准。

他指出法律面前人人平等并不影响对于出类拔萃的认可。他鼓励出类拔萃，并且赞扬鼓励这样出类拔萃的制度。

他还提到了人民的日常生活，包括娱乐和居住，认为雅典的强大使得雅典公民可以更多享受到生活的乐趣。这样的生活也是人民用生命来捍卫国家的一个重要理由。

他还提到了教育和军事，认为这些都是服务于人民的，而不是相反。他认为公民不应该为了遥远的危险而放弃正常的生活。一个公民有着正常生活的国家，是一个更加能够面对危险和困难的国家。

他还提到了公民的责任。公民的责任不是为了抽象的国家概念，而是为了一个城邦的整体和每个个人，为了每个人的美好生活和自由民主的权利。

他赞颂古希腊雅典的祖祖辈辈以及当时在场的和不在场的活着的人。他高度评价了他们在历史上的贡献和留下的伟大遗产，以及在世的人们继往开来的努力和成绩。

他提到了老人、妇女和孩子，以及对于他们的关心，特别是对于为国捐躯者后代的照顾。

他当然赞美了为了雅典而捐躯的烈士们。他没有详细列举他们的业绩，而是对他们的献身给予了崇高的评价。他赞美他们为雅典的精神和制度献身的勇气和实践。

但是，他几乎没有提到神，而是仅仅在作为娱乐的祭祀中将之轻轻带过。伯里克利的伟大演说全文都没有提到人对于神的敬畏或者神的作用。

他根本没有提到任何特殊集团的利益，也没有提到任何党派的利益，也没有抽象的意识形态，更没有提到要为以上任何一个而牺牲公民的利益。

他没有把服从作为烈士的优点，甚至完全没有提到服从，无论是对神的服从还是对权威的服从。而是，他给出了勇士们为之献身和奋斗的理性的理由。

他没有渲染仇恨。在这样严酷的战争中，在祭奠死者的时刻，他着重于自己公民的正义和牺牲以及对于自由和民主的捍卫，却没有煽动或鼓励仇恨。他绝无意向把自己的公民降格到仇恨的地步，而是用居高临下的姿态，以一种宽恕的态度，阐述了敌人致命的缺陷和自己必胜的理由。

他没有任何许诺或者声称那些已经或者将会为国捐躯的勇士会进入天堂。对于古希腊人来说，人间可以建成天堂，也可以变成地狱，所以理性和勇敢就是为了实现前者而避免后者。伯里克利对烈士完全没有许诺天堂或彼岸，这表达了古希腊人的人生观。他们不是为了自己的彼岸，而是为了人的未来。古希腊人可以相信自己会再生，但即便再生，也是在这个世界，而不是别的什么地方，这个世界是他们和他们的神共同存在和生活的唯一居所。相比那些用天堂的富贵和彼岸的荣华来欺骗人们献身的说教，真是云泥之别。

……请牢记：只有自由，才能幸福；只有勇敢，才能自由。

自由和民主，这西方文明的特征和根基、现代文明的趋势和准则，起源于2500年前的雅典，跨越广漠的时空，至今听来倍感亲切。伯里克利的演说是他所在的那个伟大时代精神的缩影。在这样庄重的由国家为阵亡将士举行的葬礼中，显然有祭祀的成分，但是即便如此，演讲的中心仍然是"人"而不是"神"。我们生活在距离这个古希腊黄金时代近2500年后今天的人们，甚至可以直接把这篇演说放在当今的重大国际活动中。如果删去和古希腊有关的词句，我们完全会以为这出自某个现代政治家，而绝不会想到这是来自2500年前的古希腊。要知道，我们今天的国际社会是经过了多少坎坷和代价才树立了以人为本的精神。

如果说人权始于古希腊，那是恰如其分名至实归的。古希腊的公民意识和以人为本的精神，就是今天人权概念的直接来源。中国千百年来的关于人的冗繁道理和谆谆教诲，一旦和伯里克利的演说相比就会显得黯淡无光、相形失色。

有人说基督教使得人的平等成为可能，因为每个人都有"原罪"，因此在背负"原罪"的基础上人人平等。这说法不无道理，但不准确，因为基督教的平等绝无法和古希腊的平等

古希腊雅典行政长官伯里克利雕像，古罗马根据古希腊雕像仿制（笔者摄于伦敦大英博物馆）

相比。古希腊文明中甚至人和神之间亦无大差别，古希腊人在神面前都不必自卑，毫无疑问，古希腊的平等比基督教的平等来得合理和彻底。古希腊人不必惧怕在天国里偷吃一个苹果而世世代代带着"原罪"，并为此忏悔；他们更不必恐惧对于权威的怀疑而被打入地狱万劫不复。古希腊人对于神的崇敬带着友好和调侃，古希腊的众神气度非凡，因此古希腊的神不会带给古希腊人恐惧，古希腊人忙着和众神一起探索真理，没工夫也没必要对他们恐惧。这就不难理解伯里克利甚至在那样严肃、悲伤和慷慨的祭祀中都没有想到要神来做一些什么事情，他显然认为，这些烈士本身以及和烈士一起英勇战斗的人的所作所为已经足够神圣。

驻足在伦敦大英博物馆的伯里克利大理石胸像前，想到他的演说，令人绝难平静。这座雕像是古罗马时代根据古希腊原作的复制品。伯里克利像刚结束战斗或在战斗间隙的战士一样，把头盔和面罩推向头顶，让呼吸更加舒畅，让视野更加宽广，他似乎在告诉世人，他不仅是雅典民选的最高行政长官，同时也是一个普通的公民和战士。他从容的表情和远眺的目光，显示了雅典的坦然和自信。

胸像底座的说明上冠以"伯里克利，公民和战士"。这是伯里克利对自己地位的骄傲称呼，也是雅典人对于伯里克利的赞美。看到这里，我恍然大悟：这就是古希腊和其他文明的根本差距，这就是"人本主义"和"官本主义"的最大不同。

我希望所有受过高等教育的读者都能认真阅读伯里克利的演说词（全文附于此文后），希望读者在阅读时记得此演说发生在公元前431年，距今大约2500年前。那个时候，中国还没有出现，在日后称做中国的土地上还是战国时期，秦始皇灭六国还要等200年后才发生。

　　我希望读者能把伯里克利和秦始皇进行比较。一个在古希腊雅典的阵亡将士的葬礼上阐述了人的价值和民主政治的理念，而另一个在其200年后世界的另外一个地方为他自己的墓冢和陪葬倾尽了全国的人力和物力；一个在意在世者的利益和过世者的荣誉，而另一个仅仅在意于他可以永远统治下去，不管是活着还是死后；一个开启了西方民主的先河，一个却树立了东方专制的榜样；一个永远被民主世界尊为民主的身体力行者，而另一个仍然被一部分国人尊为统一的缔造者而被另一部分国人贬为残害人民和文化的暴君；一个竭诚和自己的公民一起建设和捍卫自己的城邦，而另一个处心积虑恨不得让整个世界作为他的陪葬。

　　在东方社会中，人的普世价值被严重低估了。于是在某些时代，极少数人的价值出奇地高昂而绝大多数人的价值接近于零。黎民百姓不断被告知必须为了某个利益牺牲个人的利益，但是没有人知道那个利益到底是什么、与我们有什么关系、我们在其中的角色是什么。最后我们既不知道为之奋斗的利益是什么，也不知道自己有什么权利。我们曾经以为是为了集体利益在奋斗，其实在那个整天叫嚷集体利益的年代，每个人的利益都被蔑视，每个人的权利都被践踏，甚至后代的利益也遭到了破坏。所谓的集体利益变成了蔑视个人权利的借口和践踏所有人权利的理由。

　　而我自己的真实经历也毫不客气地迫使我思考极其尴尬的现实：从口号中的"主人"到现实中的奴隶，从理论上的"这个世界是我们的"到现实中的一无所有。这曾经令我困惑万分的反差，终于由于一件事而让我如梦初醒。

　　那是在太行山上的一个夏天，我们正在地里干活，突然下雨了。当时我们都觉得可以趁着下雨休息一下了。毕竟，当时完全没有休息日，起早贪黑牛马般的劳作令人倒头就可以熟睡。但是，我们被告知，人不能停，必须继续干，而牲口可以去避雨。

我觉得不可思议，但是村子里的老乡却已习以为常。他们告诉我，人是自己的，牲口是生产队的。人得了病，是自己的事情。要是牲口得了病，问题就大了，一是治疗费贵，二是暂时没有牲口可用。要是死了，那么生产队就受大损失了。

不可思议的是，这样蔑视人的价值的事情发生在距伯里克利演说近2500年后。这漫长岁月中"人本主义"的理性和实践的波涛巨澜，竟然在世界一些地方被屏蔽得如此风平浪静，不见丝毫涟漪。

这样的难堪，自然会使得一些人争辩古希腊仍然实行的是奴隶制，以此减少我们的惭愧。在中国过去的教育中，社会被分成了几个阶段，"奴隶社会"处在最底层，其给予我们的印象是残酷和血淋淋的对于奴隶的压迫和剥削。不错，古希腊有奴隶存在，但是古希腊社会并不建立在奴隶制上。在古希腊，奴隶从来不占人口的大多数，极盛时期的雅典也仅占了人口的30%，至于整个希腊世界，比例更低。而古希腊奴隶的地位和生活可能会超出我们的想象。

在雅典，法律明文禁止虐待奴隶，甚至奴隶无需为公民或自由民让道。在城市里，人们无法辨别谁是奴隶，谁是公民，奴隶的穿着和举止和公民并无二致。奴隶可以从事文书管理，经商行医，甚至担任警察，他们只是没有选举权和被选举权而已。而且，他们还可以通过努力脱离奴隶地位，成为自由民，乃至公民。

"此奴隶非彼奴隶"，从某种意义上来说，古希腊社会中的奴隶更像是今天西方国家的外来移民。在没有成为公民以前，移民没有选举权或被选举权以及其他一些仅仅公民才享有的权利。古希腊的雅典就有许多这样的外国移民，其中一部分就是奴隶，他们虽没有公民的权利，但仍能以自己的聪明才智挣取报酬，并和雅典公民一样由衷地热爱着这片土地。

我们没有必要美化古希腊的奴隶生活，但必须恰如其分描述它的情景。在古希腊雄辩家德摩斯梯尼（Demosthenes，公元前384—前322年）的一些演说中，我们知道至少两个奴隶的故事，一个是帕西昂，为银行工作，由于他的勤奋和聪明，最后被提拔，成为银行家并且脱离了奴隶身份，甚至获得了雅典公民的身份。后来他在遗嘱中并没有把自己的财产和职位传给他的儿子，而是给了和他同样经历了从奴隶到公民的佛米奥。

德摩斯梯尼（Demosthenes）

古希腊世界对待奴隶的态度还可以从著名的希波克拉底誓言中看到。希波克拉底不仅仅奠定了西方医学的理论基础，而且申明了其道德准则。誓言摘录如下：

> 我以阿波罗、阿斯克勒庇俄斯、海吉亚、帕娜西亚以及众神的名义起誓：……我将依据我的能力和判断医治我的病人而绝不伤害任何人。我进入病人的住处仅仅为了使得病人得益，我绝对不做任何有可能伤害他人的事情……对自由人和奴隶都一视同仁。对于任何我可能在行医时听到的隐私我都将保守秘密绝不传播。

希波克拉底誓言声明了行医不应该和被治疗者的社会背景或身份有任何关系。这是一个古希腊宗旨，后来成为西方对

彩图3-2 达·芬奇的《蒙娜丽莎》，作于1506年，现藏于巴黎卢浮宫

人的价值之普遍态度。希波克拉底誓言是如此地超越时代，以至今天仍然作为行医的准则而被全世界广泛认同和实践——至今医学界仍然要求行医者以希波克拉底誓言宣誓。毫无疑问，人道主义始于古希腊，因为人本主义精神是导致人道主义的充分必要条件。因此，希波克拉底誓言只能产生在古希腊而不是世界的任何别的地方就不难理解了。在华夏，希波克拉底誓言难以产生，更难实践。就是今天，面对希波克拉底誓言，我们也不得不羞愧满面。

平等的互助和不图回报的帮助在中国很少在制度上和道德上得到肯定和弘扬。在一个人帮助另一个人前，通常前者会问自己，为什么要帮助他，而后者则会问自己，我回报得起吗？的确，后者和前者可能素不相识并且以后再不相逢。那么帮助的功利基础何在？施惠的目的是得到感恩，感恩的目的是回赠施惠。但是平等的帮助则不同，其功利基础是更加广义的。当你帮助一个人，并非由于这个人曾经帮助过你，亦非他今后会帮助你，而是，你相信，这是你道义上的职责，并且你相信，在你需要帮助的时候，在社会的某个角落某个时刻，一个和你素昧生平的人会挺身而出。这应该是平等互助的功利基础，也是其道德准则。

这需要更加远大的目光和理念才可以实现，因此其道德准则是更加高尚的。这样的道德准则不仅仅需要功利基础，还需要哲学基础。"人本主义精神"就是使之实现的哲学基础。在"人本主义精神"的普照下，"感恩"和"施惠"消失了，代之以人的权利和职责、人的社会责任感和自我价值观。人不再是施惠的受者，亦非感恩的施者。这才是"平等"的基础，在此上，"公民"才得以产生。这一切，只能在"人本主义精神"的普照下才可能实现。

中国数千年来，不乏物质辉煌，不缺文化灿烂，但是一旦进入科学领域，便乏善可陈，一旦进入人文领域，即十分畸形。平等的"人"，不见于中国数千年历史之中。

宋代被很多人誉为文采风流、礼重士人的黄金时代，号称"人文大宋"。但那仅仅因为皇帝允诺不杀士大夫、不杀言事者，然而士大夫在整个社会中的比例能有多少呢？允诺归允诺，从苏东坡乌台诗案险些丧命，怒斥徽宗佞道的和尚被炮烙凌迟，当时社会的言论自由程度可想而知。仅仅因为一首"根到九泉无曲处，世间惟有蛰龙知。"咏桧树的诗句就被以诽谤时政的名义罗织入狱，匍匐在皇权脚下的大宋文人的权利远不及古希腊的奴隶。

生活在社会底层的奴仆婢女被随意买卖、虐待，甚至杀害却无人过问的例子史不绝书。宋人洪适《夷坚志》载有宋代兵马统辖王瑜，凡婢女侍妾稍有拂逆，或裸身鞭打，或以薄板批颊讯杖；或专捶足指，皆滴血堕落；甚至压以重石，火烤水浇，无有不死，前后甚众，全部埋在后园中。

南宋号称名将的杨政的虐杀行为更是令人发指，姬妾若不称意，杨政不仅杖而杀之，而且将她们的尸体剥皮，钉于壁上示众，其数达二三十人之多，多年后还能看到人皮挂在墙上留下的痕迹。我不知道这些地位卑微的人是否被称做奴隶，但她们的命运，绝非一个社会地位的名词可以形容。

甚至在清代以后的中国，由家族的祠堂杀人也绝非孤立的事件。族长可以处死被认为有通奸行为的妇女。处死的方式多种多样，其中一种是把棺材里盛放一半生石灰，把要处死的妇女活着放进去，钉死棺材盖板。然后由族人滚动棺材，让里面的女人活活呛死。这样的处罚并不是由某个统治者强加于被统治者的，而是由民间自己进行的。

古希腊的"人本主义精神"确实超越时代，是人类理性难以企及的典范。伊迪丝·汉密尔顿（Edith Hamilton）如此满怀激情地讴歌道："在非理性起着主要作用的世界中，希腊人作为崇尚理性的先锋出现在舞台上。……在他们之前或者存在于他们周围的所有的伟大人类文明，都不能成为他们仿效的模式。西方精神、现代精神是希腊人的发现。希腊人是属于现代世界的。"现代的人文准则就源于古希腊的"人本主义精神"。

古希腊尊重的是人本身，而不是人的地位或者身份。古希腊城邦的主人是公民，而公民在城邦中的职务取决于他的能力，而不是他的经济地位或者家庭背景。为了避免少数人或家族控制行政职务，古希腊甚至采用了"陶片放逐法"来避免独裁的可能。只要在公民投票中（多用陶片，因此得名），多数人赞同放逐某个高官，此人就不得不离开本国到外地去。但是被放逐的人并不会损失财产也不会受到另外的惩罚，他仍然可以回来，或者是期限到了，或者是城邦需要。由此可见，古希腊人需要的政府，绝非一个高高在上的特权阶层，而是一个旨在照顾全体公民利益的管理组织。古希腊人需要的是一个公正的社会，在那里，每个人都是被关怀的对象，任何人都不能凌驾于他人之上，任何人也不必依附于他人之下。

古希腊人是公民，他们可以骄傲地宣称做为公民的他们是城邦的主人，他们独立自主，言论自由，他们决定国家的政府组成和官员任免。这样的政制仅仅发生在古希腊，在其他几个文明古国都不曾出现。因此，古希腊是非常特殊的。"公民"和"公民权"等概念，从来不见于古中国，也不见于古埃及、古巴比伦或古印度等早于古希腊或与古希腊同时的"东方"各文明。确实，把人的价值放在神和统治者之上的文明唯有古希腊。

我从大学时代就一直困惑古希腊的人本主义精神的来源，后来把它归于古希腊文明的四大公理之一时也有过疑虑。我曾经考虑它是否应该是一个"定理"，而不是"公理"，但又发现，仅仅从竞争精神、思辨精神和批判精神并不能直接导致人本主义精神，因此，它应该是一个公理。这显然和古希腊的其他几个公理一样令人对其来源不解。在欧几里得几何中，公理的定义是"无需证明也无法证明的自明的真实"。那么，为什么这样自明的真实对于其他文明来说却如此地难以理解呢？

古希腊人礼赞的是人类本身，他们关心真实的现实世界，也同时关心完美的理性世界。古希腊的雕塑就是典范，其在真实和裸露的人体与浪漫和完美的理想之间找到了平衡。

在人类社会中，存在一些关键的社会元素，其中最重要的必定是：人、信仰、权威。它们被重视的相对位置决定了社会价值和形态。在华夏历史上，其顺序永远是：权威、信仰、人，这就是"官本主义"。在别的文明中，也有这样的顺序：信仰、权威、人，这就是"神本主义"。唯独在古希腊，其顺序是：人、信仰、权威，这就是"人本主义"。

有了"人本主义精神"，人类才得以平视和俯视"神权"和"皇权"，这才有了古希腊的剧场形式，有了伯里克利的演说，有了灿烂的古希腊雕塑，有了辉煌的古希腊戏剧，有了希波克拉底誓言，有了民主政制，也使科学成为可能。

在古希腊以外的民族，"神权"和"皇权"至高无上、不可置疑。但在古希腊，在经过"文艺复兴"的西方，这些曾经不可一世的权威统统必须让位给具有理性的"人"。在文艺复兴的后期，伟大的法国科学家拉普拉斯的一件轶事也许给"文艺复兴"所复兴的古希腊"人本主义精神"作了很好的注释。

拉普拉斯（1749—1827年）写了巨著《天体力学》，为了尊重作为皇帝的拿破仑，就送了一本给他。拿破仑看了并不理解，但问题还是有的："为何书中只字不提上帝？"拉普拉斯的回答堪称经典："陛下，我不需要那个假设！"

拿破仑当然不能再说什么，这意思都已经很明白了，连上帝都只是一个可有可无的"假设"而已，而自己只是一个皇帝，还可以说什么呢？拉普拉斯为什么敢在皇帝面前这么牛？为什么敢于蔑视上帝？古希腊使然，文艺复兴使然！

也许，在这里我们不得不提到"图腾"，这一人类文明史中颇为普遍的现象。几乎全世界所有民族都曾经有过自己的"图腾"和"图腾崇拜"。图腾被原始部落的人们认为是他们的象征，和他们有着某种血缘的和神圣的关系。图腾的形式各种各样，或是怪兽，或是变形的人像，或是某种图形，甚至是生殖器。

如果这样的象征和符号才可以称得上"图腾"的话，那么，唯有古希腊没有图腾。或者说，古希腊的图腾就是人本身，那从未扭曲的人的本身。在所有的古希腊神殿中，人以及那些和人一模一样的古希腊神是所有雕塑的主题。如果有怪兽，那么仅仅是作为敌对的势力，或者是以陪衬而出现的。

我曾经造访过不少中国的寺庙，在那里，可以看到佛和观音的塑像，还有金刚和罗汉塑像，他们的面目被夸张了。不管是面部特征已经汉化的菩萨，还是继续保留了印欧特征的金刚和罗汉们，他们的共同特点就是令人感到恐惧。

我曾经在著名的杭州灵隐寺的大雄宝殿中驻足徘徊，那一次游人极少。我置身于几无他人的大雄宝殿中，天国的威慑、权威的恐惧和世人的渺小，像一种气息逐渐在周围弥漫开来，衍生出一种压抑、不安、想逃离的感觉，如果不能逃离的话，也许只能服从了。坦率地说，我很不喜欢这样的感觉。

但是，多少年后当我带着忐忑和怀疑的心情走进古希腊神殿的时候，却完全是另外一种感觉。我置身于柏林Pergamon博物馆的古希腊出土复原神殿（彩图7-3）中，看到古希腊的人和神的雕塑时，感觉到的是一种亲切和高尚。那些石雕体现的多是战争题材，并无天国的诱惑或彼岸的许诺。英勇作战的战士和试图保护正义一方的女神，在同一个时间和空间里出现。我看到了被弘扬的善的一方和被贬抑的恶的一方之间的决斗。作为善和正义一方的英雄、战士和女神都有着欧罗巴人特有的极富雕塑感的外貌和身材，如果暂时忘记他们的神或者英雄的身份，我们完全可以把他们当作和我们一样的兄弟姐妹。那种亲切感和召唤力，油然而生。

我也曾经造访过不少西方的基督教教堂，比如梵蒂冈圣彼得大教堂、德国科隆大教堂和法国巴黎圣母院，它们给我的感觉介于灵隐寺和Pergamon神殿之间。我一再试图寻求这种巨大但微妙的不同感究竟来自何处。应该说，这些文化对于我

古希腊帕加马城神殿（公元前281—前133年）遗址出土复原，德国柏林Pergamon博物馆

来说都曾经是不熟悉的，在和它们相遇之前，我不曾了解佛教，不曾审视基督教，也不曾到过古希腊的神庙，但是那第一感觉却是如此天差地别。

日积月累的思索和深究，使我逐渐明白了其中的道理：在古希腊的神庙中的雕塑所表现的英雄和神是和我们一样的人，是没有被扭曲的人，有着和人一样的面貌和体态。她们美丽，他们强健，如果说他们和我们有什么不同，那么就是他们更加完美，是我们心仪的榜样，从而给予我们一种使自己更加完美的冲动。他们的健美不会使我们产生恐惧，而是产生了认同、向往和追求，他们坦然而刚毅、友善而勇敢，不由地令人产生认同和鼓舞。

正由于此，我不由地想到了龙。不知何时开始，龙成了华夏的象征，成了国人顶礼膜拜的图腾，进而成了国人的自我标榜和骄傲。龙的历史是从残暴和凶恶开始的，历史上"恶龙"比比皆是，而"善龙"却不见踪影。国人对于龙的崇拜正是由于龙的"凶恶"和"强大"，这足以构成恐惧。而聪明的国人，并不渲染和夸大这种恐惧，而是在龙缠绕的柱子上加上了祥云，这就是华表。如此独具匠心的龙和祥云的结合，便将恐惧用吉祥淡化了。于是，恐惧变成了可以托付的权威。那么，华表是中国的图腾柱吗？我并不怀疑。

在一个完全不同于欧洲和亚洲文明的地区，美洲的印第安人创造了另外一种顶礼膜拜的形象。印第安人的图腾是独特的，但其明显的特征依然是——恐惧。印第安人图腾上的人物和动物显示了一种恐惧的神态，很难想象创造这样图腾的人不具有恐惧的心态。

可以很肯定地说，"恐惧"是除了古希腊以外的所有民族所创作的各种图腾中一个很重要的特点。我试图理解此特

中国的华表

印第安人的图腾柱

点背后的含义，以及如此普遍的对于恐惧的崇拜和复制恐惧的热忱。

因此，图腾不能被理解为一般的艺术，它所表达的不仅仅是艺术家的思想和理解，也不是一般的象征或寓意。图腾的含义远远超过了以上的范围，它被倾注了一个民族对世界的信念、态度和向往，它实际上是一个民族世界观的缩影和民族性格的象征。

但是，和中国人、印第安人相类似的图腾和图腾柱不见于古希腊。如果一定要牵强附会，那么也许可以考虑古希腊的廊柱。古希腊的廊柱是如此具有特点和象征意义，以至于古希腊的所有神殿和高尚场所的建筑必须有廊柱，甚至今天的西方和受西方文化影响的地方都把廊柱作为最重要的建筑特征。但

古希腊帕加马城出土的廊柱，建于公元前
281—前133年。图为典型的爱奥尼亚式廊
柱（笔者摄于德国柏林Pergamon博物馆）

是，廊柱上除了挺拔的槽线、柱底和柱帽，就没有别的图案了。如果"图腾柱"必须有图腾的话，那么图腾图案就在接近廊柱顶部的三角形的山墙上。

陈列在大英博物馆里的雅典帕特农神庙山墙左侧的雕塑是典型的古希腊山墙雕塑。所有的古希腊山墙上的雕塑都是这样的风格：雕塑群中主要是人物，其中可能还有英雄们使用的战马，极少有怪兽，即便有，也是作为邪恶的一方。

古希腊的雕塑，是一种理智的勇敢和正义的坦然。人物没有夸张，赤裸的身体每块肌肉都真实可见，即便有衣裙也无法遮掩女性的美好和男性的伟岸。那是对于人的本身的讴歌。人，才是宇宙和大地之间最值得称颂和关注的焦点和目的；人，才是真正的意义和价值所在。

陈列在卢浮宫的古罗马时代复制的古希腊雕塑家Leochares（公元前4世纪）的狩猎女神（Artemis）雕像表现了这样一位女性，她行进在征服野兽的征途中，英姿飒爽、自信美丽，不曾有任何一个民族以这样的形式表现过一位女性。她是当之无愧的女神，但是驻足她身边时，你更觉得她是你的榜样，你是她的同路人，她的征程，就是你的必由之路，因为它通向人类的目的。

在奥林匹亚出土并陈列在那里的古希腊伟大的雕塑家普拉克西特列斯（Praxiteles，公元前4世纪）的雕塑《赫耳墨斯（Hermes）和小酒神（Dionysus）》（彩图7-4）和佚失的古希腊雕塑《维纳斯（Venus）》再次告诉我们古希腊人歌颂和崇拜的目标——人，完美的人，这就是古希腊人所歌颂和崇拜的终极价值。

相比那些把怪兽奉做图腾顶礼膜拜的文化，古希腊显得如此格格不入，如此超凡脱俗。因此，我特别崇敬和赞赏古希

雅典帕特农神庙山墙上的雕塑，作于公元前5世纪（笔者摄于伦敦大英博物馆）

腊的雕塑和建筑，不仅由于她的精美绝伦，更由于她所体现的人的价值，以及正义、理性和勇气。在古希腊的建筑和雕塑中或隐含或彰显的正是"人本主义精神"，那是情不自禁的流露，无可掩饰的自白。

古代的希腊没有图腾，文艺复兴的欧洲没有图腾，有的却是对人的赞颂和人类精神的弘扬，这就是"人本主义"。

如果没有了"人本主义精神"，一个社会将会怎样？我们从人类历史可以得到这样的结论：没有了"人本主义精神"的社会将是一个畸形的社会，所有的貌似正义的说教，都会在其中扭曲变形，其所谓"正义"，将变成恃强凌弱，其所谓"民意"，将沦为以众欺寡。

民主的基石和本质必须是人本主义，而非简单的"少数服从多数"。后者是必须的形式，而前者才是真正的本质。正是作为民主本质的人本主义精神的存在，才使得多数人的统治不会导致对于少数人的迫害。"人本主义精神"之伟大和深远就在于此。如果没有了人本主义作为民主的基石和精髓，民主的形式仍然可以在某个阶段存在，甚至可以如火如

古希腊狩猎女神的大理石雕像。原作是青铜像，Leochares作于公元前325年，已佚失。图为古罗马时代的复制品（公元1—2世纪）（笔者摄于巴黎卢浮宫）

荼，但是随后就会转变为暴民的统治，最终必将无可救药地走向暴政和独裁。

我们今天的人道主义、民主政制和普适人权，无一不出自古希腊，无一不基于古希腊的"人本主义精神"。

"人本主义精神"，是古希腊赠予人类的永恒的礼物！今天的我们，不得不赞叹古希腊人超越时代的智慧、勇气和贡献。伯里克利说：

> 正是由于这些对于我们力量的无可争辩的证明
> 和普遍的认可，我们成为人类今天的奇迹，也同样
> 会是后世的赞叹。

是的，这还不仅是过去的奇迹和今天的赞叹，而且是今天的准则和明天的指南。

附录：在殉国将士葬礼上的演讲词

作者：伯里克利（Pericles，公元前495—前429年），古希腊雅典政治家

整理：修昔底德（Thucydides，公元前460—前395年），古希腊历史学家

中译：林炎平，转译自Benjamin Jowett，Susan Collins 和 H. G. Edinger三种不同版本的英译[1]

过去许多在此地讲演过的人赞扬我们在葬礼上发表悼词这种习惯。他们觉得，用悼词给予阵亡将士以荣誉是一种恰当的方式。在我看来，我们举行的葬礼形式本身已经充分表达了我们对于这些在战场上用勇敢的行为带给我们光荣的人们之尊敬。你们刚刚看到国家在这个葬礼中表达的对他们的深深敬意。我们相信，这些将士的英雄气概绝不应该由一个人的演说词好坏而增减一分。说得恰到好处是很难做到的，甚至即便中庸也未必使大家感到完全真实。那些熟知死者的可能会觉得我说得不够；而那些不了解死者的却可能在听到这些超越他能力的事情后觉得是夸张。人们总是有这样的倾向，即在他们听到那些他们力所能及的事情时还可以接受，否则，他们就会妒忌和怀疑。尽管如此，由于我们的父辈已经建立了这样一个习惯，那么我也必须按照这样的习惯和法律尽我所能满足听众的希冀和信念。

[1] 古希腊雅典的首席行政长官伯里克利的这篇演说是研究古希腊古典时期面貌的非常重要的文献，古希腊的伟大政治思想从中可见一斑。我曾经希望找到一篇现成的中译本，但是最终没有找到令我满意的。我将一些中译本和英译本作了对比，发现了其中的一些误译和歧义。伯里克利是一位非常出色的政治家，他的演说是由古希腊历史学家修昔底德整理的，从英译本可以看出演讲词原文的精彩。但是我所看到的从英译本转译成的中译本与之并不相称，于是决定重新翻译。由于我不懂古希腊文，只好从英译本转译。又由于英译本本身也有不同的版本，彼此也有不尽相同之处，这样的转译难免会把英译本的一些不恰当的地方传承过来，为了尽量避免这一点，所以我参考了几种不同版本的英译本。

首先我要说到我们的祖先。在这样的仪式上，回忆他们的作为，以表示对他们的敬意，是理所应当的。在这块土地上，我们的祖辈世世代代居住在这里，世代承传，直到现在。正是由于他们的勇敢和美德，才保有了这个国家的自由。他们无疑是值得我们歌颂的。尤其值得歌颂的是我们的父辈，因为他们除了从祖辈继承来的土地之外，还用鲜血和汗水扩展了我们今天赖以生存的国土。今天在这里集会的人，绝大多数还正当盛年，然而我们已经在各方面使得我们国家更加强盛，并使得雅典成为无论在和平还是战时最为富足的城邦。我不想就你们熟悉的话题来作一篇冗长的演说，所以我不谈我们用以取得我们势力的一些军事行动，也不谈我们的父辈英勇地抵抗敌人的战役，无论这敌人来自蛮族还是希腊内部。我所要说的，首先是解释我们是如何取得今天的辉煌的，我们的政治体系是什么，以及我们作为一个民族的特质，然后我将歌颂这些阵亡战士。我认为这样的演说，在目前情况下，是恰如其分的；同时，这也是一个很好的机会让在这里集会的全体，包括公民和外国人在内，都听到我想说的。

　　我们的政治制度不是从我们邻近城邦那里模仿来的。相反，我们的制度是别人的典范。我们的制度之所以被称为民主政治，是因为政权在全体公民手中，而不是在少数人手中。在解决私人争端的时候，每个人在法律上都是平等的。但同时，一个人出众的优秀也被社会所认可。选举一个人担任公职的标准是其才能，而不是由于其属于某一个特殊阶级。任何想要为国效力的都不会因为其社会地位的低下和贫穷而被拒之门外。不仅仅我们的政治生活是自由和公开的，我们的日常生活也是自由的。我们不会对我们邻居做他自己喜好的事情而愤怒，甚至我们不会冷眼相向使对方难堪，尽管这样的方式并非直接指责对方。在私人生活中，我们是宽容的和不冒犯别人的，但是在社会事务中，我们谨慎守法，因为这些法律都得到了我们深深的尊重。我们尊重权威和法律，从而不做坏事。我们特别注重那些对于弱者提供保护的法律，以及那些给违法者以道义谴责的不成文的法律。

我还要说的是，我们比任何其他城邦都更加注重劳作后的休闲。一年从头到尾，都有各种戏剧演出、体育比赛和宗教祭祀。我们的住宅漂亮且高雅，其赏心悦目消除了我们的忧郁。我们的城邦如此伟大，世界各地的各种产品都汇集于此，使得我们觉得享用外国的产品就像我们本地的产品一样自然。

另一方面，我们的生活方式不同于我们敌人的生活方式，我们的城邦向全世界开放。我们从来不制定旨在限制外国人在这里视听的法律，尽管他们可能窃取机密使得我们的敌人得益。我们城邦的安全并不仰仗于防务安排或秘密，而是依靠当国家召唤我们时涌自我们内心的勇气。

就教育而言，我们的敌人让他们的孩子从幼小的年龄开始就进行苦役式的训练以期望他们勇敢。尽管我们的生活方式无拘无束，但是我们在面对危险的准备方面丝毫不逊色于他们。一个简单的证明是，当斯巴达人进攻我们的时候，他们从来不会独自前来，而总是要纠集起他们所有的同盟军。而我们攻击周围的城邦时，我们通常是靠自己的力量取胜，尽管我们是在敌人的土地上作战，而我们的敌人是在保卫他们自己的土地。没有任何敌人曾经和我们全部的军事力量交过手，这是因为我们的主要关注是在我们的海军，以及其他的陆地军事出击上。但是，如果我们的敌人和我们的军队的一部分交手时取得了胜利，他们就会吹牛说他们打败了我们整个军队；如果他们被打败了，他们就会说他们是被我们的整个军队打败的。因此，我们并不是靠严厉的纪律迫使我们直面危险，而是我们从容的自信。我们天然的勇敢来自我们的生活方式，而不是来自于法律的迫使。我们并不成天准备迎接将来才可能发生的痛苦，但是当痛苦降临时，我们的勇敢面对绝不比那些每天备战的人差。雅典应该为她具有的这些品质得到景仰，也应该为她所具有的其他品质得到景仰。

我们爱好美丽，但是没有因此而变得奢侈；我们崇尚心智，但是没有因此而变得柔弱。我们把财富当作可以适当利用的东西，而没有把它当作可以夸耀的本钱。谁也不必以承认自己的贫穷为耻，真正的耻辱是不尽力摆脱贫穷。我们每一个人在关心私事的同时，也关心国家的事务。就是那些最忙于他们自己事务的人，对于政治也很熟悉。我们认为，一个不参与城邦生活的人不仅仅是一个只顾自己的人，而且是一个无用的人。我们公民们参与公共事务的辩论，参与制定我们的政策。我们不认为讨论会延误行动，相反，我们相信，在大众的充分辩论之前就开始行动才是有害的。我们在行动前具有独一无二的思考的力量，而另外一些人则由于无知而无所畏惧，一经细想就踌躇不前。最坚强的人是那些完全理解生活中的丑恶和甜蜜并且义无反顾地直面危险的人。

进而，在如何和别人相处的问题上，我们也不同于其他大多数人。我们结交朋友的方法是给他人以好处，而不是从他们那里得到好处。帮助其他人使得我们成为更加有价值的朋友，因为这就使我们的友谊更为可靠，因为我们要继续对他们表示好意，使受惠于我们的人永远感激我们。那些欠债于我们的人对友谊冷漠，因为他们知道，在他们回报我们曾经给予他们的慷慨时将不会被认为是我们将亏欠他们，而是他们在归还人情债。在这方面，我们是独特的。当我们真正给予他人以恩惠时，我们不是因为考虑我们的得失才这样做的，而是由于我们的慷慨，我们不会因为这样做而后悔。

总之，雅典是全希腊的学校，我们每个公民是比别人更加独立自主的个体，在各个方面表现得无与伦比的温文尔雅和多才多艺。

这并不是在这个典礼上的自我吹嘘，而是真正以我们的城邦的强大而证实的具体事实。而我们城邦的强大正是上述优秀品质的结果。只有雅典，在遇到严峻考验时可以证明她比其名声更为伟大。也只有在雅典，入侵的敌人才不以战败为耻辱；受她统治的属民也不因统治者不够格而抱怨。正是由于这些对于我们的力量的无可争辩的证明和普遍的认可，我们成为人类今天的奇迹，也同样会是后世的赞叹。我们不需要荷马的歌颂，也不需要任何人的赞美，因为他们的赞颂尽管可以使我们欣喜一时，但是这些表达并不足以代表我们真正的成就。我们的探险精神使得我们可以进入海洋和陆地的每个角落，我们所到之处都树立了永恒的对于我们的敌人给予痛击和对于我们的朋友给予慷慨的记忆丰碑。

这就是这些烈士为她英勇而战、慷慨而死的城邦。不言而喻，我们每个幸存的人都将为了雅典而继续他们未竟的辛劳。

正因如此，我说了这么多话来讨论我们的城邦，因为我要很清楚地说明，我们所捍卫的远远高于其他那些不享有我们的特权的人。同时，我也给予了清晰的事实以证明我的赞颂。

对于他们的歌颂的最重要的部分，我已经说完了。我已经歌颂了我们的城邦。是这些烈士和那些类似他们的人的英雄业绩和辉煌成就造就了我们的城邦。能够像雅典这样得到如此赞美而不过奖的城邦在全希腊是凤毛麟角的。

他们的献身，证明了他们非凡的英雄气概，不仅仅在开始的勇敢，更加重要的是这样的勇敢在最后的关头也毫不动摇。他们中间有些人也许是有缺点的，但是我们所应当记着的是他们抵抗敌人和捍卫祖国的英勇行为。他们的优点抵消了他们的缺点，他们对国家的贡献多于他们在私人生活中的缺憾。

　　他们这些人中间，没有人因为想继续享受他们的财富而变为懦夫，也没有人苟且偷生以期日后脱离贫困获得富裕。他们要严惩敌人，而不是别的，他们把面临这样的艰难险阻当作无上的光荣。他们责无旁贷，把自己的利益置之度外，坚定地打击了敌人。尽管成败不可预知，他们只能让希望女神去决定。但是付诸行动时，在真正的战斗中，他们相信自己。他们宁可坚守战斗到死而不是逃脱放弃而生。他们的确逃脱了，他们逃脱的是任何有损荣誉的指责。他们以自己的血肉之躯在战斗中顶天立地，用他们的生命的顶峰完成了他们的职责，没有恐惧，只有无上的荣光。

　　他们的行为无愧于他们的城邦。我们这些尚还生存的人们因此可以期望更加安全的生活，但是我们必须对我们的敌人展现我们具备和烈士一样的勇气。我们必须理解具备这种勇气的好处，不仅仅是以演讲者的言辞和我们众所周知的故事，而是从击溃敌人可以给我们带来的所有利益来考虑。你们应该每天瞩目雅典的伟大从而成为她的忠实爱国者。当她的伟大激励你的时候，再反省和深思，所有的这些都是由这样一些人取得的：那些勇敢的人，那些有责任心的人，那些有高尚情操的人，那些把失败当作耻辱的人，那些不幸失败但不失美德而毫不犹豫奉献生命的人。他们为了国家和大众贡献了他们的生命，至于他们自己，则获得了与世长存的赞美和独一无二的墓冢——不是现在他们遗体所在的坟墓，而是他们在我们心中的永恒记忆和在将来重大决策和行动中对我们的不断感召。对于这样的具有英名的烈士，他们的墓冢是整个世界。纪念他们的不仅仅是他们自己墓碑上的镌刻，同时也是所有海内外那些牢记他们的心灵。

他们应该是你们的榜样。请牢记：只有自由，才能幸福；只有勇敢，才能自由。因此，绝不要过低估计战争的危险。那些不幸的和没有指望的人并不比幸福和充满希望的人更加敢于用生命争取胜利，因为失败对于后者意味着所有的丧失，而幸存只是苦难的开始。对于一个自尊的人来说，来自怯懦的侮辱远比在全神贯注为希望战斗时不知不觉到来的死亡更加痛苦。

因此，我不应该和这些烈士的父母一起悲伤，而是应该安慰他们。他们知道他们生活在一个充满兴衰变迁的世界。这些烈士的光荣献身和我们的深切哀悼是一件幸事，他们的生命由于死亡和幸福同时到来而更加完整。我知道很难让你们确信这点，因为你们将在看到尚且健在的人们的幸福时勾起你们对于和过世者曾经共享幸福时光的回忆。真正的悲伤并不来自丢失那些从未经历过的幸福，而是来自那些曾经熟悉的但却永远逝去的往事。如果你还在盛年，你应该找到继续生儿育女的希望。这些新的孩子并不会让你忘记那些逝去的人，但是他们会给予我们的城邦更大的帮助，避免她荒无人烟，使得她更加安全。一个自己的孩子并没有面临这样的生命危险的人，他的忠告是苍白的。但是对于那些已经不再年轻的人，我希望你们回顾你们曾经幸福的大半生，并且庆幸痛苦的日子也不会很久了。让你们儿子的英名振奋你们的精神。对于荣誉的热爱是唯一永不衰老的感情。当一个人衰老和无用时，使得他们欣慰和幸福的不是财富，而是荣誉。

而对于那些今天在这里的烈士的儿子或者兄弟们，我觉得只有和他们一样奋斗才是你们应该做的。每个人都自发地赞美那些逝去的人，超越他们的英勇是难以做到甚至难以接近的事情。如果说在他们生前对他们还有妒忌的话，他们的逝去使得这样的妒忌不复存在，他们受到的尊敬和荣誉没有任何参杂。

　　我也应该对那些今后成为寡妇的人讲一些妇道美德。我只说简短的忠告。你们最大的光荣是不要让自己表现得比自然赋予你们的更弱，并且，不要让男人以任何理由议论你们，无论是由于好还是坏。

　　我已经依照法律上的要求，说了我所应当说的话。对于烈士我们已经做了祭献，将来他们的儿女们将由公费抚养，直到他们成年。这是有力的奖励，和花环一起，雅典加冕她的儿子们，无论是过世的还是幸存的，作为他们经得住考验的酬谢。凡是对于美德奖赏最大的地方，最优秀的公民就会涌现。

　　你们对于阵亡者已经进行了哀悼。现在，你们可以散开了。

古希腊雕塑《维纳斯》
的古罗马时代的复制品
（公元1—2世纪）（笔
者摄于大英博物馆）

七 人本主义精神——人、信仰和权威　　　183

八 科学和民主——永恒的主题

科学的本质是以严肃的方式探索自然界的真理，民主的本质是以妥协的方式寻求人类社会的公正。

——作 者

科学和民主解决了人类社会最棘手的问题——"绝对贫困"和"相对贫困"。

——作 者

通过此前的阐述和对比，伟大的古希腊精神理念已经展示在我们面前。我相信阐述这些伟大精神的文字，必定会在读者心中引起多种不同的感受，无论是对古希腊文明的不可置信，还是对华夏文明的情有独钟，但这都不妨碍我们感受到内心的荡气回肠和外界的风雷激荡。重返心平气和之后，我们回味：难道这些都是真的吗？是的！不仅这些伟大的古希腊精神是真实的，而且由这些精神所必然导出的结论将更加让我们感到不可置信，但又无可置疑。

这四种古希腊精神，即竞争精神、思辨精神、批判精神和人本主义精神，可以被理解为古希腊文明的四个公理。从这四个公理出发，古希腊人导出了决定人类命运和社会公正的两个伟大定理——科学和民主。这些公理和定理为古希腊独有，不见于任何别的民族和文化。

古希腊人第一次把理性和科学带给了人类。在世界其他地区尚处于蒙昧和恐惧的时代里，是古希腊人首先把理性的光芒洒向了人间。古希腊学者是人类历史上第一批崇尚理性的知识分子，理性至上的原则诞生于古希腊，在她向其他地区扩展以前，也仅仅存在于古希腊。

古希腊人首先提出了民主的理念并进行了民主的实践，在人类历史上第一次提出了"公民"、"主权在民"和"法律面前人人平等"等概念，这是现代民主制度的源头。前面提到的伯里克利的伟大演讲描述了古希腊雅典民主的实践和理想，亚里士多德在《政治学》中进一步从哲学的高度将民主政治系统化和理论化，并提出了为了防止独裁，将议事、行政和司法三种权力分立，形成三足鼎立相互约束的设想。这是现代民主"三权分立"[1]学说的最初起源。

于是，人类文明从古希腊开始出现了科学和民主，欧几里得几何和雅典政制成为了科学的典范和民主的榜样。

科学并非正确的代名词，科学具有"思辨精神"和"批判精神"的所有特点。她允许错误，但不允许欺骗；允许权威，但不允许扼杀异议；追求真理，但从不以真理自居；解答疑问，但鼓励质疑。她最本质的特点是对于真理的不懈追求和对于批判的无限宽容。

民主也绝非多数的代名词，民主在尊重多数人意志的同时，也保护少数人的利益。民主的本质是"人本主义精神"和"竞争精神"，她由基于多数意志的统治和对于全体公民的尊重两方面构成。亦即，不管多么"多数"，都不能以任何方式迫害"少数"；不管如何"少数"，都不会丧失公民应该享有的任何"权利"。

[1] "三权分立"在英文中称做"Checks and Balances"，意即"制约和平衡"，亦称做"Separation of Power"，意即"权力分割"。更加准确的表达是其拉丁语词源"Trias Politica"，意即"三权分立"。

一个合理的社会，科学和民主是完全不能分割的，她们必须同时存在。我们将在稍后对此进行探讨。表象上，科学是一种传统，民主是一种制度。但实质上，科学是由精神形成的一种传统，而民主是由意识导致的一种制度。在她们背后，是理想和理念，是人的精神和意识。因此，科学和民主都要求有高素质的公民。

科学的本质是以严肃的方式探索自然界的真理，民主的本质是以妥协的方式寻求人类社会的公正。一部人类的文明史，就是这两个概念的梦想史；一部人类的进步史，就是这两个概念的普及史。在真理和公正之间，在严肃和妥协之间，古希腊人制定了人类社会永恒和崇高的原则——"科学和民主"。

科学和民主是普适的。科学是人类的共同语言，不管什么文化背景、民族背景、宗教背景，科学都使用了同样的标准。民主也绝不例外。科学的语言不仅对地球文明是普适的，而且完全有理由相信其对于任何其他地球以外可能的文明也是普适的。美国的航天器携给"地外文明"的信息中就有数学公式，因为我们确信，科学是所有文明共同的语言，也许书写的形式不同，但所表达的内容都必然一致。

百年以来，"赛先生"（科学）和"德先生"（民主）逐渐走进了普通国人的视野。请进来，还是拒之门外？这是近代中国进步和反动的根本之争。这两位"先生"，对一部分国人来说，如慈禧太后，是来自西方的噩梦；对另外一些国人来说，如仁人志士，则是遥远的憧憬；而对还有相当一部分国人来说，比如阿Q之流，则是不可理解的多余的痛苦——有饭吃的时候，这纯粹是吃饱了撑着没事找事；没饭吃的时候，其又不能当饭吃。于是，无论是吃饱了还是饿着，对于阿Q们，科学和民主毫无用处。确实，这不能直接吃喝的科学和民主极难成为他们的理想和实践。

难以想象，今天在世界许多地方仍然不被理解的科学和民主，在2500年前的古希腊即已成为理想和现实。对于我们曾经引用过的学者安·邦纳对古希腊文明的评价——"全部希腊文明的出发点和对象是人。它从人的需要出发，它注意的是人的利益和进步，为了求得人的利益和进步。它同时既探索世界也探索人，通过一方探索另一方。"我们可以这样理解，这里所说的探索人的一方，就是人本主义、民主，而探索世界的一方，就是自然哲学、科学。

但这人类最伟大的理念和实践，却在古希腊消亡后的漫长岁月中销声匿迹了。随着文艺复兴，这古希腊理念在西方重生。辗转徘徊，历经坎坷，人类作为整体距离这一梦想的实现似乎已近在咫尺了。但实际上并非如此，对于很多国家和民族来说，其中也包括中国，用"艰难坎坷、任重道远"来形容科学和民主从梦想走向现实的旅途绝不为过。

人类社会的进步，无非就是精神和物质的进步。人类社会可以按照不同的标准分成不同的阶段：可以按照材料和工具的使用分成旧石器时代、新石器时代、青铜器时代、铁器时代、钢铁时代和复合材料时代；也可以按照社会产品的所占比重分成游牧时代、农业时代、工业时代和信息时代。类似的划分不一而足，但都不曾有用精神标准对人类社会做一划分。人类社会真正意义上的进步，是精神文明。如果从这个出发点考虑，人类社会的发展阶段划分仅仅需要按照精神文明标准，作为人类精神文明最重要的部分"科学和民主"是人类社会进步与否的关键标志，也是衡量文明的尺度。

在社会演变中，精神和物质必然是互相影响的。精神的进步促进了物质的发展，同样，物质的进步给予精神的进一步提高提供了更好的条件。比如，科学的进步是精神的，其导致了技术的进步，导致了仪器的改进，这就是物质的了；而仪器的改进给予科学的发展以更加强大的工具，从而给予科学的进一步发展提供了更加坚实的基础和有力的手段。但是，物质进步并不能保证精神进步的必然发生。在深入地阐述科学和民主对于人类社会的意义之前，我们先来看看人类社会所面临的一些本质上的困难。

在人类社会的发展中，总会有两个困扰，这就是人类社会的"绝对贫困"和"相对贫困"。"绝对贫困"是指社会的财富非常贫乏，不管如何分配，都无法满足人们的基本需求；而"相对贫困"是指社会的财富由于分配不均匀而导致了一部分人占有的财富在比例上远远少于另外一部分人。人们在肉体上对于"绝对贫困"较为敏感，但是在心理上则对"相对贫困"更加敏感。

在人类的旧石器时代和新石器时代，以及在此以前的史前时代中，每个部落都处于"绝对贫困"之中。那是物质赤贫时代，没有由物质作为标准的社会阶层可言；同样，那是精神赤贫时代，也没有由精神作为标准的社会阶层可言。但此状况在人类进入青铜时代后逐渐改变了。

但是，物质改善并不一定导致同步的精神进步。华夏汉朝以前的物质进步和古希腊古罗马不相上下，但是华夏从来没有发展出科学或民主；古罗马在物质上的进步超过了古希腊，但是古罗马在科学和民主上都落后于古希腊；美洲的阿兹特克文明、玛雅文明和印加文明都曾经在物质上达到过古希腊时代的水平（尽管年代晚了很多），但是它们都不曾产生科学或者民主。可见，人类的精神文明并非物质文明的必然产物。

因此，仅仅从物质的角度，无法解释科学和民主在古希腊的诞生，也无法解释直接导致了科学和民主的四种精神在古希腊的诞生。换言之，竞争精神、思辨精神、批判精神和人本主义精神的诞生以及科学和民主的诞生都不直接源于物质文明。世界上的古文明各种各样，但没有一个曾经诞生了这些人类伟大理念中的任何一个。

于是，人类社会诞生科学和民主这一现象，与其说是必然，还不如说是奇迹。现在很难想象，如果人类没有科学和民主将会是何境况，就如同很难想象，如果今天的社会没有电的应用将会如何。

科学和民主在今天已经没有争议，即便她们最凶恶的敌人也不得不伪装成忠实的信徒。如此无可争议和叹为观止的伟大理念却诞生在距今2500年前的古希腊那片相对贫瘠的土地上，古希腊人创造了这样一个精神文明，她至今都是人类社会的典范和榜样，一个至今我们尚且难以完全理解和难以达到的典范和榜样。

文艺复兴后的西方，重新高举科学和民主的大旗，人类社会在精神上得到了前所未有的解放，并因此在物质上也得到了突飞猛进的发展。是古希腊的精神文明导致了文艺复兴后的西方社会的深刻变革和进步。诚然，文艺复兴后的西方并不是简单地回到了古希腊，而是在更高的物质发展层次上再现了古希腊的精神文明。

此后的社会发展并非一帆风顺。由于物质的高度发展，反而导致了一些过去未曾出现的社会问题。"绝对贫困"和"相对贫困"也正是在这个时候变得越来越瞩目了。我们将看到人类最伟大的精神文明——科学和民主，如何解决了人类最棘手的物质困难——"绝对贫困"和"相对贫困"。

随着财富的逐步积累，人类从整体上减轻了来自"绝对贫困"的威胁。财富的积累使得财富分配的不均更加容易发生，从而加大了"相对贫困"。正是这样的相对贫困造成了不同经济状况的社会阶层之间的对抗。在欧洲，文艺复兴后的科学和技术的发展，直接导致了生产力和生产效率突飞猛进的提高，整个社会已经就此摆脱了绝对贫困；但同时也由于社会二次分配制度的不完善而导致了严重的相对贫困。本来绝对贫困已经缓解，但是相对贫困的扩大使得人们反而认为绝对贫困更加严峻。这样的情况在进入大工业生产的社会后的初期显得更加严重，因为，生产力的高速发展远远超过了社会法律和道德与其同步和适应的能力。

正是这样的社会管理领域的滞后，亦即法律和体制等对于生产领域的滞后，被一些学者以为是精神对于物质的滞后。这从某种意义上说是不错的，但是，这些滞后的部分并非精神文明的全部，而只是其中一小部分，亦即，仅仅是精神文明中的对于物质文明的管理部分，而不是精神文明中的创造部分。

谈及文艺复兴后的大工业时代，即一些学者定义的资本主义时代，就不得不谈到资本。其实资本和金钱之间并没有区别，金钱用于投资就成了资本。人类社会对于金钱的感情是极其复杂的：人们诅咒金钱，称之为万恶之源；人们追逐金钱，为之铤而走险；人们痛恨金钱，认为其使社会道德沦丧；人们热爱金钱，因为没有了它就寸步难行。但是金钱是什么？

在金钱出现以前，社会的交易是以物易物进行的。这样的不便，由于金钱的出现而克服了。但是，社会商业交易的实质并没有变化。过去以物易物，现在用产品换到的是货币。这个货币并非持有者最终希望拥有的，它仅仅是一个媒介，当

彩图 5-1 阿芙罗蒂特城的体育场遗址，建于公元前的希腊化时期，运动场部分（不含观众席）长约 200 米（大于现代标准体育场），宽约 40 米（小于现代标准体育场）（笔者摄）

彩图 5-2 阿芙罗蒂特城的阿芙罗蒂特（爱神）神庙遗址，建于希腊化时期（公元前 1 世纪），位于小亚细亚纵深地带（今天的土耳其 Izmir 城东面 230 公里处）（笔者摄）

一个人把要出售的产品变成货币，这个交易实际上并没有完成，直到他用此货币再购买他所需要的另外的产品，这个过程才算是暂时完成了。但是这样的一个对于一个人来说已经完成的过程，对于另外一个人来说很可能是另一个交易的开始，所以这样的交易和流通实际上并没有完成的时刻。每一次把货物变成货币和把货币变成货物都是整个社会经济活动的一部分，一个永远没有终结的过程的一部分。

一个人把自己生产的物品出售换到的货币，一个人做工一天后领到的工钱，都是他们对于社会贡献的证据。从这个意义上讲，金钱是劳动的证据。在一个合理的社会中，金钱是一种社会认可的符号，它表明其持有者为社会提供了某种产品或者服务，从而他有权利在他需要的时候向这个社会索取等值的产品或者服务。于是我们恍然大悟，金钱本身绝非万恶之源。但是，正由于金钱具有如此地位和功效，导致一些人不择手段追逐之，甚至坑蒙拐骗、杀人越货。这不择手段背后的动机，才是万恶之源。

在进入大工业化后演变成资本的那部分金钱更是无比强大，引来不尽的崇拜和诅咒。如果说劳动是明天的金钱，那么金钱就是昨天的劳动。或者说，金钱是已经实现了价值的劳动，而劳动是尚未实现价值的金钱。当我们今天并不消费昨天的劳动成果时，资本的积累就开始了。大工业时代急剧增加的生产力已经使得人们根本没有必要在今天把昨天的劳动所得全部消费掉，而是积累得越来越多。就如同大工业时代的劳动力具有越来越巨大的力量一样，金钱作为昨天的劳动力，其力量自然同步增加。

如果说今天的劳动成为明天的金钱还有不确定的因素——因为毕竟风险是存在的，劳动未必总是可以得到预期的回报，那么金钱作为昨天的劳动，则是更加确定的，因为这是已经实现了价值的劳动。同时，由于劳动力的集约化所需要的高超组织和集约化后的劳动力的巨大力量，使得由于社会分配不均而集中在少数人手中的金钱实际上比等值的劳动力具有更加强大的力量。这些金钱由于集中在少数人手中，就相当于等同数量和价值的劳动力由极少数人调动和指挥，并且这些劳动力绝对服从，因为金钱绝不会罢工或异议。可想而知，金钱拥有者的影响力是何等之大。

资本和劳动力作为生产的两个重要因素，从来没有像进入工业化以后这样形成激烈的对抗。其实，资本和劳动力的矛盾并不是进入"资本主义"阶段才有的，而是存在于以前的所有社会形式。只是由于那些时代资本稀缺，其无法和劳动力形成广泛对立。进入大工业时代后，由于资本的积累和分配的不均，造成资本和劳动力的拥有者通常是不同的人群。绝大部分资本被少数人拥有，但是劳动力却属于所有大众。

资本主义的产生需要两个条件——资本和自由。仅仅有资本是不够的，还要有资本和劳动力的自由选择。资本主义的真正含义是资本和劳动力可以自由地结合。允许这样结合的，就是资本主义，而不允许的，就不是资本主义。资本主义自由市场经济的含义是，在那里不仅仅产品是自由出售的，而且劳动力和资本也是自由出售的，因此资本和劳动力的结合就是自由的。资本可以雇佣劳动力，劳动力也可以通过借贷来雇佣资本。通常，民主制度尊重和允许个人的选择，在那里实行资本主义很容易，于是，所谓的资本主义时代，在西方民主国家首先到来了。

由于民主国家通常会自然地产生资本主义，因此导致了有人把民主社会和资本主义社会混为一谈。其实，这是两个完全不同的概念。资本主义不仅可以在民主国家产生，也可以在不民主的国家出现。比如国家资本主义就可以在集权国家出现。通常集权国家由于一些严厉的限制造成资本和劳动力无法结合，此时资本主义就无法形成。但是如果在政权的有意倡导下鼓励资本和劳动力的结合，那么同样可以形成资本主义，在国家倡导下形成的资本主义就是所谓的"国家资本主义"。在世界经济高度不均衡的时代，穷国政府所倡导的引进外资的政策，实际上就是在国家倡导下的由富国的资本和穷国的劳动力的结合，因此这也是一种国家资本主义。这些不同的资本主义形式实际上和民主的关系并不唯一。亦即，民主国家一定会有资本主义产生，但是资本主义并不限定在民主国家。

资本和劳动力都以各自的方式寻求最大的利益，尽管采用的方式不同，但它们对于利益的追求都必须通过和对方的结合而进行。它们彼此依赖，也互相对立，至少它们的相对利益是对立的，其矛盾似乎不可调和。其实在大工业化初期，这两者确实显得不共戴天，进而导致从19世纪开始，资本主义社会中绝大多数人的"绝对贫困"和"相对贫困"不可避免，而且愈演愈烈，亦即，大工业时代必然导致富者愈富、贫者愈贫。

我相信下这个结论的人一定熟知"马太定律"并且认为这是一个普适的规律。本来，如果没有环境制约或者人为限制，"马太定律"是必须遵守的自然和社会定律。"马太定律"可以表述为"剥夺那些所剩无几的，给予那些绰绰有余的"。"马太定律"在自然界的例子很多，在非生命领域，例如那些大肥皂泡以吞噬小肥皂泡的方式越长越大，而小肥皂泡越来越小，直至消失。同样的，在金属的结晶过程中，那些大晶粒以吞噬小晶粒的方式长大。在生命领域，那些个体比较强壮的会由于可以得到更多更好的食物而更加强壮，而那些弱小的，却由于相反的原因越来越弱小。因此，"绝对贫困"和"相对贫困"理论仅是"马太定律"在社会领域的另外一种陈述。

但是，历史证明西方大工业时代并没有导致"绝对贫困"和"相对贫困"的愈演愈烈，而且逐渐缓解和解决了这两个问题。那么，为什么这个看似普适的"马太定律"在这个领域的应用是完全错误的呢？我一直在考虑到底是什么拯救了人类社会看似不可自拔的困境，解决了人类社会中看似无法解决的问题？

答案就是——"科学和民主"。

科学的发展带来了技术的改进，科学技术是最大的生产力，市场经济和竞争制度给这种生产力提供了海阔天空的环境，于是社会生产力大幅提高，整个社会从整体上迅速摆脱了"绝对贫困"，因此也有能力让每个社会成员脱离"绝对贫困"。在一个崇尚科学的国度里，"绝对贫困"是不可能存在的。

"相对贫困"被消灭则是民主的功绩。在整个社会的财富激增下的财富分配肯定会不均匀，从而使得一小部分占有多得不成比例的人均社会财富。幸而，由于民主的存在，选票掌握在每个人的手中。极富的人数比较少，而普通的劳动者却具有人数上的绝对优势。民主程序使得政治家和立法者不得不代表选民的利益而不断地修正法律，从而使得社会的分配和二次分配逐渐趋于公平。人们手中的选票将决定议会立法者的倾向和最终的立法，于是社会财富的分配和再分配都会逐渐对大多数人有利。西方社会中的"中产阶级"就是这样产生的，其是"相对贫困"被消灭的一个重要象征。

今天在我居住的加拿大，"绝对贫困"早已不复存在，最贫困的加拿大公民，也有政府提供的基本生活费足够保障他基本的衣食住行和医疗。当然，一个人不可能用政府津贴生活得很好，这是完全可以理解的。政府给低收入者的津贴实际上来自那些辛勤工作的人向政府纳的税。因此政府津贴领取者的生活水准绝不应该和正常工作的人一样。

我攻读博士时候的报酬完全可以使我生活得很好，但是由于希望有所积攒，我的花费实际上是自觉限定在官方的绝对贫困线以下的。即便这样，我还是生活得很好。因此，我自己的经历说明，加拿大实际上完全告别了绝对贫困。所谓的"贫困线"以下并不意味着真正的绝对贫困。

加拿大还真正做到了老有所依。每个老人都可以领到退休金和养老金。甚至对于那些从来没有在加拿大工作过的在退休后才成为加拿大移民和公民的人，加拿大政府也给予了一视同仁的照顾。一些以和自己的子女团聚为理由从中国移民到加拿大的老人，到了加拿大几年后就有资格从加拿大政府领取养老金，只要他们的年龄超过65岁。而且这份养老金不薄，每月超过了1000加元，相当于人民币6000元。

我是拿加拿大的研究助理奖学金才得以完成我的博士学业的，当时每个月可以领到900加元，当时仅用其中不到一半的钱就可以生活得很不错，所以我明白1000加元/月可以生活得很好。我从加拿大大学得到的这笔奖学金不仅让我完成了学业，也让我深刻体会到了加拿大乃至整个西方社会的立世原则。

加拿大如此慷慨，使得在她国土上合法居住的所有人都没有"绝对贫困"之忧。至于"相对贫困"，今天在西方也只是学术上的术语而已。在西方，每次选举都会把社会仍然存在的贫困现象拿出来重点讨论。政府在如何花纳税人的钱方面特别谨慎，一方面政府要尽可能缩小贫富差别，另一方面，政府必须让辛勤劳动者有更好的回报。这就是为什么在西方的竞选和政府执政中，税收的多少和如何花费永远是一个重要的竞选纲领。

税收的使用和花费，永远在公众和媒体监督之下。每年政府财政预算总是在国会里吵得沸沸扬扬，就是因为反对党和执政党对于如何花纳税人的钱的看法不同。如果政府预算在议会通不过，政府就会垮台，就要进行重新的选举。政府在税收的使用问题上有任何闪失，都会立即招致公众和媒体铺天盖地的批评。在下次选举中，执政党肯定会因此下台。下台后的执政党只有卧薪尝胆，争取更好的表现，以求选民下次再给它机会。执政的总会有错误，所以总会有下台的时候。但是由于别人也有下台的时候，所以它也还会有东山再起的一天。关键是，要善待公民和他们所纳的税收。

因此，政府为证明自己善待纳税人的钱，至少要使如何花纳税人钱的账本一清二楚，到底什么花了多少，都得有记录，以便随时备查。比如，教育花钱多少，医疗花钱多少，军备花钱多少，对外经济援助多少，拨款给市政建设多少，公路花钱多少，等等。而且每项都得有更加详细的花费记录。

在西方公路上经常可以看到修路地段上有这样的标语："你所纳的税正在为你工作！""你纳税的每一元钱都在为你工作！"意思就是，政府明白这是纳税人的钱，也在努力善用之。政府对纳税人的谦卑和对税收使用的谨慎由此可见一斑。

宽容的人民、求真的理念、科学的态度和民主的制度，在这样的环境下，政府必然代表选民的意愿，从而逐渐完善了社会的第二次分配。所谓的社会第二次分配是通过政府税收和政府开支完成的。首先，收入高的公民要缴纳更多的所得税，比如收入低的缴纳的税率低，有的甚至是零，而收入高的税率可以高达50%。亦即，一些收入高的，其收入的50%都作为税收给了政府。所以收入高的不仅仅纳税总额高，而且比例也高。这些税收都由民选的政府安排来做一些有益于民众和社会的事情，其中包括给予生活比较困难的人以补贴。

当然，一个社会的财富分配是不可能平均的，因为如果这样，就完全摒弃了竞争精神，一个社会就会陷入惰性和停滞。我们庆幸古希腊也给人类留下了竞争精神。正如我们已经在前面阐述过的，所谓竞争，就必须公平。这样的公平必须是起点和过程的公平，而非终点的一致。也就如同古希腊的奥林匹克运动会，所有的赛跑者在同时同地起跑，而最终结果的参差不齐则是公平竞争的一部分。这样的公平竞争避免了一个社会"大锅饭"或"平均主义"的产生。在一个合理的社会中，每个人的财富占有率一定是不同的，这是竞争的必然。只要竞争存在，在终点的参差不齐就不可避免也不应该避免。

伦敦，也许是当年科学和民主在大工业时代战胜社会贫困和不公的最瞩目的战场，而大英博物馆无疑见证了这一切。大英博物馆，这个如雷贯耳的名词，不仅意味着艺术、文化、历史和政治，也倾注了几乎所有人的想象和争议。它是我从巴黎坐"欧洲之星"列车去伦敦做"一日游"的唯一目的地。清晨从巴黎出发，两个小时后就抵达了伦敦。我一头扎进大英博物馆，在那里待了整整一天。博物馆像时空隧道，让我一日便游历了万年。我从现代回到了史前文明、古埃及、古希腊、古罗马、中世纪、文艺复兴和近代，然后又回到了现代。在这浓缩的历史长廊里，文明和野蛮的较量，进步和倒退的对比，令人感慨万分。在古希腊时代那睿智和平的哲学背景下，大工业时代的激越和冲突更显得突兀。

当我带着犹如乱麻的脑袋从大英博物馆钻出来时，已近黄昏。原本以为对大英博物馆已经了如指掌，参观仅仅是证实一下自己的看法，看来并非如此。但是，错综复杂之间，那头绪却是更加清晰了，正如同那块陈列在博物馆中神秘的古希腊托勒密时代亚历山大城的"罗塞塔石"（Rosetta Stone），尽管镌刻于其上的古埃及文扑朔迷离，却由于有古希腊文的同在而有了解答的办法。我没有走向火车站，而是朝相反的方向，走向了泰晤士河，以期泰晤士河的晚风梳理我头脑中的乱麻。虽然大工业时代初期的嘈杂，已经远离了这座城市，但是仲夏泰晤士河的黄昏，依旧喧嚣。在这里，和许多当年热情地拥抱了"文艺复兴"的地区一样，"绝对贫困"已经无可救药地远去了，"相对贫困"的"葬礼"也正在进行之中。为它们送终的，是诞生在古希腊时代的两位巨人——"赛先生"和

伦敦大英博物馆（笔者摄）

"德先生"。

在夜幕降临时，我再次登上"欧洲之星"列车，离开伦敦，穿越英吉利海峡的海底隧道，奔向巴黎。在舒适的车厢里，我想到了脚下平稳的铁轨、四周坚实的隧道和头顶波涛汹涌的海峡。这一切都显得如此轻松自如，但是这一切曾经是那样步履艰难和困苦卓绝。是"文艺复兴"后的大工业时代带来了如此巨大的生产力，使得过去的不可思议成为今天的轻而易举。脚下的铁轨已经铺向所有大陆，四周的隧道已经遍及全世界，把曾经看似无法征服的自然天堑，变成在谈笑间便可穿越的坦途。我陷入到无法避免的思考和质问之中：所有这一切，离开了"文艺复兴"可能吗？绝无！没有古希腊文明就没有"文艺复兴"，没有"文艺复兴"也就不会有工业革命。

总而言之，正是科学和民主消灭了"绝对贫困"和"相对贫困"，也只有科学和民主可以消灭"绝对贫困"和"相对

古希腊托勒密时代（公元前4—1世纪）亚历山大城的"罗塞塔石"。石碑上用三种不同的文字表达了相同的内容：上部是五千年前的官方古埃及文，中间是当时托勒密时代日常通用的埃及文，下部是古希腊文。"罗塞塔石"因此成为解密古埃及文的线索（笔者摄于伦敦大英博物馆）

贫困"。"绝对贫困"只有在那些没有科学的社会才无法消除，而"相对贫困"只有在没有民主的社会才根深蒂固。人类的精神文明成果——科学和民主，最终战胜了人类物质文明的终极挑战——"绝对贫困"和"相对贫困"。学过数学和逻辑的人都知道术语"充分必要条件"的含义，科学和民主就是消灭"绝对贫困"和"相对贫困"的充分必要条件。我们可以用一句拗口的逻辑语言阐述这个结论：当且仅当科学和民主存在，"绝对贫困"和"相对贫困"就必然被消灭。

这是人类社会最伟大的胜利。需要提醒科学和民主的诞生时间和地点吗？2500年前，古希腊！

应该指出的是，在古希腊，科学和哲学的诞生和存在并非意在解决民众的衣食住行，而是为了认识自然和人类自己，理解自然和人类存在的意义。这种对知识的渴求和对理性的信念，终于在成为人类最伟大的精神财富的同时，也派生为人类最伟大的物质财富。超脱自然和淡泊名利是古希腊精神的特征，因此，在古希腊哲学中，从来没有把人类分成不同的阶级从而进行斗争的学说，更加没有充满仇恨的让人类对立和不共戴天的理论。古希腊哲学的睿智平和、超凡脱俗和淡泊功利，却在不经意间，为人类提供了解决人类社会最棘手的问题的方法。

在科学和民主的主导下，西方社会在总体上是非常公平和公正的。事实上，在任何具备科学和民主的国度，不管它们是在西半球还是在东半球，在北半球还是在南半球，都显现国家繁荣、人民幸福，更加重要的是其公民人格的健全。尽管这样的国家也有问题，其人民也有抱怨，但是从整体上来说，它们具有别的国家不可比拟的优势。

科学和民主是不能分割的一个完整的文明体系，亦即，

哥白尼（Copernicus, Nicolaus）

仅仅科学是不够的，而仅仅民主也是不够的。一个仅仅有科学而没有民主的社会将忽略社会之本——人；而一个仅有民主而没有科学的社会将不可能成为一个理性或求真的社会，因此民主也不可能长存。

民主并不是发现真理的充分条件。每次人类发现和接近真理都是通过极少数人的智慧和勇敢，而他们在当时的观点一般不为绝大多数人认可。因此，人类向真理跨出的每一步都非常艰难，这艰难一方面来自揭示真理本身的困难，而另一方面则是来自社会的多数对于真理探讨的抵制和不理解。

例如，大地球形和日心说从提出到最终被人们普遍接受居然历经了近2000年。从古希腊的阿里斯塔克到文艺复兴的哥白尼，日心说的经历是人类探索真理之艰难的缩影；从古希腊的埃拉托色尼到文艺复兴后的哥伦布和麦哲伦，对大地球形的认识是科学由少数人掌握的真理战胜大众偏见的典范。即便是在哥白尼之后很久，绝大部分民众仍不接受日心说。同样，大地球形说在被麦哲伦于1519—1522年的成功环球航海直接证明之后，仍然不被大多数人所接受。如果那时让全人类对大地是否球形这一问题举行全民公决，其结果一定是：大地是平的。

如果今天让全体人类来投票表决近代物理的"哥本哈根解释"是否合理，结果很可能是否定的。"哥本哈根解释"对于不谙近代物理的绝大多数人来说，简直荒谬绝伦。但正是它，很好地解释了过去无法解释的现象，并且准确预言了一些现象。即便"哥本哈根解释"还不是终极真理，它也比那些看起来逻辑正常的对立面（比如爱因斯坦的观点）要正确得多。

因此，民主和真理并没有直接关系，真理不可能由投票的方式来决定。这就是民主的局限，离开了科学，民主将名存实亡、误入歧途，其非但不可能带领人类走向理性和真理，反而会导致集体的愚昧和平庸。

同样，仅仅有科学而没有民主，也不能形成一个合理的社会。因为如果这样，社会将失去真正的目标。一个社会如果不能以人为本，那么这个社会就失去了对于人类来说的合理意义，一切成就都会和这个社会的公民毫不相干。

因此，科学和民主对于人类社会来说是一个自洽和完整的系统，它们缺一不可。科学和民主是形成合理的人类社会的充分必要条件。亦即，如果一个社会有科学和民主，其必定是合理的；如果一个社会的科学和民主不完整，其必定是不合理的。

哥伦布
（Columbus, Christopher）

麦哲伦
（Magellan, Firdinand）

如果说伯里克利的演说是民主治国的缩影，那么柏拉图的《理想国》就是科学治国的纲领。柏拉图强调了国家领袖必须精通哲学，其大部分即今天所说的科学。正如柏拉图的学园禁止不懂数学的入内，柏拉图也要禁止不懂科学的进入国家管理阶层。

　　今天的世界，已经绝少有人正面否认科学和民主的价值，即便是最不民主的人也要用"民主"标榜自己，最不科学的人也会把"科学"挂在嘴边。科学和民主的普适性已经不容怀疑。但是对于科学和民主的抵抗却并没有由此而减少或减弱。其实，既然科学和民主是人类共同的理想和价值，何必在意其来自何处？

　　古希腊伟大先哲们开启了科学和民主的先河，留给了人类社会难以估价的精神财富和永不消逝的理性共鸣。科学和民主在古希腊成为理想、付诸实践并且变成现实，这无疑是一个奇迹。人类也许至今还不解这奇迹诞生的理由，但世世代代都将承蒙这奇迹的恩泽。

　　科学和民主的坎坷历程令人无限感慨，她们曾经随着亚历山大城的图书馆被焚烧的浓烟从人类社会消失，那完全可能成为古希腊文明的绝响，人类社会完全可能再也无法领略其风采。且幸凤凰涅槃，文艺复兴使得这个奇迹在千年沉寂后再次降临人间。

　　我们可以不信神迹，但难以质疑这是上苍对人类最慷慨的馈赠和最神圣的启示。

　　科学和民主，人类社会至高的价值、终极的标准和永恒的主题。

九　自由、平等、博爱——终极的尺度

每个人在法律上都是平等的……只有自由，才能幸福……我们不会因为慷慨而后悔。

—— 伯里克利

如果说"科学和民主"是社会进步的标志，那么"自由、平等、博爱"就是人格进步的尺度。

—— 作　者

"自由、平等、博爱"（LIBERTÉ, ÉGALITÉ, FRATERNITÉ），这几个简单的词语深刻地体现了古希腊精神所蕴含的人文主义价值。有心人经常可以在法国街头看到这样的字样，它们并不是用标语或者广告张贴在外面，而是镌刻在学校和一些公共设施的墙上，通常并不显眼，如不细看有时还未必看得清楚。但这种理念已经是西方文化的一部分，深深地铭刻在公民心中，融入到血液里面，未必一目了然，但是永志不忘：

"自由"——在保证他人享有同样的权利，不干涉他人的权利和不伤害他人的前提下做自己想做的事情。

"平等"——在法律面前，无论奖惩，人人一视同仁，所有的公民都有同样的权利担任高级官员、政府职位和就业，决定其是否胜任的仅仅是其能力、品德和才干。

似曾相识吗？是的，我们在古希腊伟大政治家伯里克利的演说中看到过非常相似的观点。这也就是为什么我们说"自由、平等、博爱"是源于古希腊的价值观。

"博爱"——中文直译是"兄弟般的情谊"。和"自由"、"平等"不同，它不是政治权利，而是道德义务，是对于集体和他人的道义。这是非常重要的一个支点，正是以上这三个支点，使得整个系统处于稳定状态。如果说"自由"和"平等"是两维，因此可以构成一个完整的平面的话，那么"博爱"就是第三维，和其他两维构成了一个完整的三维空间。

也许我们此时耳边会响起贝多芬创作于1824年的《第九交响曲》中的最后一个乐章《欢乐颂》。这个乐章是一组大合唱，气吞山河荡气回肠的旋律与和声给予了德国剧作家席勒的歌词"让全人类皆成兄弟……"更加感人的含义。我第一次听到《欢乐颂》便顿时为其神圣、崇高和正义所感染。

而这些理念，正是古代中国所欠缺的。

古中国不曾有过"自由"这一理念。晚清启蒙思想家严复在《论世变之亟》中说："夫自由一言，真中国历古圣贤之所深畏，而从未尝立以为教者也。"中国对于"自由"的恐惧是全社会和全民族的，不仅仅帝王如此，圣贤也如此。严复指出，由于缺少"自由"的理念，中国的一切都和西方不同。

古中国没有"平等"的概念，有的是不同等级之间的裙带和逢迎、主仆之间的效忠和赏识，但并没有平等。严复指出："……中国最重三纲，而西人首明平等；中国亲亲，而西人尚贤；中国以孝治天下，而西人以公治天下；中国尊主，而西人隆民；……"中国的等级观念和任人唯亲，以及只有对上的敬畏，而缺乏对民众的尊重，导致社会没有平等，遂使中国以血缘和利益关系治国，使"天下为公"成为一句空话。严复对中国缺乏平等理念的刻画可谓恰如其分。

"博爱"更在中国历史上难觅踪影，在过去的中国，现代意义的"爱"并不存在，这个汉字通常和其他的汉字连用，比如"宠爱"、"仁爱"、"关爱"、"热爱"、"溺爱"、"恩爱"、"喜爱"、"爱护"、"爱戴"，等等，并无"博爱"中"爱"的含义，而是更多地表达了一种拥有和独享的特权及占有和依附的欲望，比如皇帝对臣妾的"爱"、主人对宠物的"爱"和主子对奴才的"爱"。

西方的"爱"之渊源在古希腊。在古希腊，"爱"被区别成不同的种类，比如：

Agape：这是"心灵之爱"，也可以说是神圣的"爱"，其不源于理智的思维，也不由于功利的需求。

Philia：这是"思想的爱"，也可以说是"公正的爱"，其不带有感情的色彩，而是充满了理智，因此这是理智的"爱"。源于古希腊的术语"哲学"，就是由古希腊语的"爱"（Philia）和"智慧"（Sophia）所构成。这也是亚里士多德所倡导的一种对于朋友和社会的美德的"爱"。

Eros：这通常解释为"肉体的爱"，包括了"情爱"和"性爱"，但是柏拉图也升华了这个定义，因此其也包括对美好和真理的充满激情和忘我的爱，也可理解为有别于理智的狂热的"爱"。

Storge：这是"自然的爱"，比如长辈对于晚辈的爱。

Xenia：这是"慷慨的爱"，是一种超脱利益的爱，是对于陌生人的不求回报的慷慨。在古希腊这是一种普遍存在的理念，荷马史诗《伊利亚特》和《奥德赛》中一再表现和赞扬了这种"爱"。

在这些希腊人的"爱"中，如果说Agape被后来的基督教以其自己的解释广泛弘扬的话，那么Philia和Eros是文艺复兴后人文进步的一个重要象征。在"自由、平等、博爱"中的爱，应该主要是Philia，同时也包含了Agape和Eros并辅以Xenia和Storge。

人类社会走向"博爱"的过程同步于走向"自由"和"平等"，而"自由、平等、博爱"的进程和"科学和民主"是一致的。

如果说"科学和民主"是社会进步的标志，那么"自由、平等、博爱"就是人格进步的尺度。人类的人格进步史就是"自由、平等、博爱"战胜其对立面"禁锢、等级、仇恨"的历史。如果说"公民"人格完整地反映了"自由、平等、博爱"，则"奴才"人格全面地体现了"禁锢、等级、仇恨"。因此，一个社会的进步和落后的斗争，也是这个社会的公民和奴才人格上的搏斗。

公民是一个合理社会的基础，也是目的。奴才是一个不合理社会的基础，却不是目的，而只是工具。可以说，奴才是"自由、平等、博爱"终极的反面。"自由、平等、博爱"和"奴才"势不两立不共戴天，盛产"奴才"的地方必无"自由、平等、博爱"，而奉行"自由、平等、博爱"的社会难有"奴才"。

那么什么是公民？除了他人格上的完整，亦即"自由、平等、博爱"之外，他需要履行公民的职责和具有公民的权利。在作为一个"个人"和一个"公民"之间是有所不同的。古希腊对于公民的培养和对公民理念的教育甚至令今天的我们都自叹弗如。古希腊人在"个人"和"公民"之间达到了非常和谐的统一。这也是为什么古希腊的民主制度可以运作得如此完好的最终理由。

古希腊梭伦（Solon，公元前638—前558年）的立法实践典型地解释了古希腊的"个人"和"公民"。首先，他把自己想象为一个和他人无关的独立的个人，以他自身的能力创建和接受法律条文。然后，采取强烈对立的方式：使得把此假定的独立个人重新置于他所在的团体之中，从而让自己和所有其他公民一样，置于自己制定的法律之下。[1]

古希腊给予了公民最大的权利和自由，每个公民自己决定如何生活和工作，苏格拉底所提倡的道德个人主义和古希腊社会提倡个人行为自由的风气，使得古希腊公民的个人自由得到了充分的尊重和维护。每一个公民都是一个独立的政治单位，具有独立的思维和见解。因此，古希腊公民在经济上和政治上都是自由和独立的。

但古希腊同时又是一个非常重视集体利益的社会。古希腊公民享有的民主权利即使现代社会的公民也难以企及，但他们对于责任和义务的理解境界也令许多现代人自愧弗如。对古希腊公民来说，做一个有责任心的参政者，既是社会立法的要求，也是自己道德的准则。他们可以置自己的私事于不顾，却绝不可以不参加城邦的议政活动。

回顾本书中引用的伯里克利的演说，以上这些理念都在其中出现过。梭伦、苏格拉底、伯里克利所鼓励和赞扬的，所要培养和造就的，就是"公民"。这就是古希腊社会的立身之本，也是现代合理社会的全部基础。

古希腊为人类奠定了一个独特和空前的社会形式——"公民社会"。由于公民的权利和职责，使得公民本身的素质成为一个社会的进步标志和最终目的，因此公民的素质和标准

梭伦（Solon）

[1] Vincent Farenca，Citizen and Self in Ancient Greece. Cambridge University Press, 2006, p.277.

便成为一个公民社会必须关注的焦点。

欧洲语言中的"Idiot"（白痴）一词源于古希腊，在古希腊时专指那些只忙于个人私事而不关心公众事务的人。这样的人在古希腊被认为是忽视了真正重要事情的"白痴"。可见古希腊人在对于个人价值重视的同时，是多么重视做为整体的社会价值。

令人感慨的是，在中国，"Idiot"（傻瓜、白痴）却被用来形容那些热心公众事务的人，特别是那些把公众利益置于自己利益之上的人。中国的父母会告诫孩子不要为了社会的利益抛头露面，免得麻烦缠身。"做人要聪明一点，不要傻乎乎的。"意思谁都知道，就是不要关心公众和他人的事情。

于是，用古希腊的标准来衡量，国人该都是"白痴"了；而按照国人的标准，古希腊人才是"Idiot"。亦即，古希腊人用中国人的标准衡量则都是"傻瓜"，而中国人按照古希腊的标准则都是"白痴"。民族性格和社会理念差距之巨大莫过于此了。

这种不关心他人和国事的态度常令经过古希腊文明洗礼的西方人不解。明恩溥（Arthur Henderson Smith）在《中国人的德行》一书中提到，清朝时西方传教士古伯察（Evariste-Regis Hue）一行在中国游历，适逢1851年道光皇帝死后，继位者未定，政局变幻莫测。一天他们到一个小酒馆喝茶，看到有几个中国人在座，于是这些西方人就此提出一些政局猜测，以期那几个中国人参与讨论。但是这几个"大清子民"经过一段时间的无动于衷后，终于发话了，不无讽刺地教训这些外国人："听着，朋友！这不是我们的事情，干嘛要我们为此费神？朝廷里领俸禄的官是干什么的？他们拿着俸禄，这是他们的事情。让咱们琢磨，那才是傻瓜呢！"周围的国人此时也大声附和道："就是这个道理！"

　　这就是华夏数千年来没有"公民"的结局。他们关心的仅仅是他们鼻子下的一点点利益，没有心情也没有勇气关心社会或者集体。

　　直到今天，不少国人也未必理解"公民"的真正意义。在2008年加拿大的联邦大选正在进行之中，一位国人知道我为了投票耗时一个上午，就对我说："你真的就这么关心这个事情吗？"我说这是我的民主权利，也是我的社会责任。他不解："你真的这样想吗？"我觉得很奇怪："难道不应该这样想吗？"他更觉奇怪："你的这张票可以改变什么呢？有没有你这张选票，社会肯定都不会有何改变。"

　　我告诉他，投票点等待投票的人排成了长长的队伍，其中不少颤颤巍巍的老人，他们为了投下自己经过深思熟虑的一票甘愿等待很久。由每一个并不起眼的选民组成的集体，正是一个社会之所以民主和公正的根本原因。反之，如果每人都像明恩溥书里所描述的国人那样不问国事，那么朝廷永远不可能代表他们的利益，"民有，民治和民享"的社会就永远不会实现。

　　仅仅我这一张选票确实改变不了什么，但是参与国家的管理，是作为公民不可剥夺的权利和不可推卸的责任。这理念本来在古希腊就深入人心，但在华夏许多人却置若罔闻，至今依旧一窍不通。况且，这不仅是一张选票，而是千百万张选票的组成部分。那摧枯拉朽的巨浪不都是由不起眼的水滴汇成的吗？我不禁想起了古希腊时代那些到访雅典的波斯人听不懂"公民"、"民主"和"自由"的故事。我想必也曾经如此。

　　有言道：自古英雄出少年。因此，也有"自古公民出少

彩图 7-1 可以容纳 15000 名观众的古希腊米利都剧场遗址（笔者摄）

彩图 7-2 欧洲议会，议员和主持人在会场的下方，画面近处的都是身份为普通欧洲公民的旁听者。笔者不是欧洲公民，但是也被允许进入议会的旁听席。整个会场立即令人想起古希腊的剧场。古希腊的剧场也是会场，艺术家的演出、政治家的演讲和公民集会都在那里举行（笔者摄于比利时布鲁塞尔的欧盟总部）

年"，于是也有"自古奴才出少年"。人格是从小培养的。如果一个教育制度不能有效地培养公民，那么受教育者最终将会很大比例成为公民的反面——奴才。这奴才中可以包括"顺民"、"暴民"、"良民"、"刁民"。他们最大的特点就是走向"自由、平等、博爱"的反面——"禁锢、等级、仇恨"。

这让我自然地想到，一个加拿大的普通小学是如何教导小学生的。这是这个小学的宗旨："本校的使命是精心培育孩子与生俱来的好奇，开发他们学习的热情，激励他们的智慧和创造的主动性，让孩子成为有责任心的、宽容的和自信的世界公民。"

在学校的一面墙上贴着一位美国仍然在世的作家 H. Jackson Brown Jr.（他不是什么大官也不是什么显赫人物）的语录：

1. 以身作则。
2. 以慷慨的行动度过每一天。
3. 从不错过表达你爱他人的机会。
4. 持之以恒地锻炼身体。
5. 不管经济条件是否允许，都设法和家人度假。
6. 即便孤立无援，也要坚持你的原则。
7. 用你所拥有的平和、健康和爱来衡量你的成功。
8. 当他人需要你的时候挺身而出。
9. 忠实于你的配偶，奉献于你的孩子。
10. 为你的社区和国家服务。
11. 勇敢地面对逆境。
12. 说真话。

13. 保有一颗感恩的心。

14. 明智地理财。

15. 在寻求生活更大的快乐时，不要忽视小的
乐趣。

16. 认识虔诚的力量。

17. 理解宽恕的力量。

18. 对人的爱胜于对物的爱。

19. 寻求善。

20. 追求真理。

21. 期望最好的结果。

其中有一些警句无疑是给成年人的，因此我相信这些警句既是给小学生的，也是给教师和家长的。让其出现在小学里也是用心良苦，小学生不仅会随着这样的教导走向成熟，也会从小就开始理解成年后的生活意义和责任，甚至现在就会带回家里去和父母共享。这样教育出来的是具有独立人格的公民，不会是趋炎附势的奴才。我希望不久的将来中国的小学里也可以有类似这样的教导，而不是假大空连篇的说教。

公民教育，永远是一个社会的首要任务。古希腊的教育不仅仅在课堂里，而且在体育场、剧场、图书馆。

我们已经知道古希腊的剧场是如何把埃斯库罗斯和阿里斯多芬等的戏剧带给公民的。那些剧目中有正剧、悲剧和喜剧，但是没有"颂剧"，亦即歌颂统治者的剧目，也没有"怨剧"，亦即哭哭啼啼寻找青天大人的剧目，也没有"闹剧"，亦即没有幽默却糟蹋人格的剧目。

我们也知道古希腊的体育场馆是如何培养孩子们健康体魄和竞争精神的。

而图书馆，也是古希腊教育的一个重要组成部分。古希腊的图书馆是面向所有公民的，而不是私人的藏书楼。许多古代民族也有藏书楼，那只满足了极少数人的嗜好，而非全社会共享。以弗所不仅有巨大的剧场，而且有可观的图书馆。那图书馆的遗址令人可想见其当时的规模（彩图2-5）。

我有时想，在古希腊这样的环境中，就是不想做有权利有责任感的公民，也难。

在华夏艰难的岁月里，无缘"自由、平等"的不少人也坚持用自己最卑微的行为诠释了"博爱"的含义，想来让人唏嘘不已。在我的太行山岁月里，我的房东大爷曾经是我最好的"社会学老师"，小山村的老乡也用最慷慨的赠予使得我至今仍然对中国普通民众充满信心。我相信，中国人的素质问题是环境和文化使然，而非与生俱来。

1974年4月底，我高中毕业后作为知青被迫来到那个太行山上的小山村。知青住房铺位不够，我暂时住在一户人家院子里的南房侧面的小屋里。小屋朝北，不见阳光，仅仅放杂物，只有约六平方米。院子里一共有三个光棍，一个老大爷，将近70岁，还有他的两个侄儿，40来岁。如果加上我，就是四个光棍了。只是当时我年少，还算不上光棍。

转眼到了11月，此时太行山上已非常冷了，没有炉子的小屋寒冷难挨。睡觉时，钻进被窝，戴上棉帽子，哆嗦一阵，才可入睡，而起床更为艰难，以至我每天想到睡觉就发愁。结果一天老大爷来了，"娃娃，这不行，太冷了，到我那里去吧，反正炕大，你睡一边。"在这样境地中的人大概是不会推辞的，我很高兴就答应了。那是北房，朝南，里面有一个小炉子。我终于可以过冬了。

我渐渐从老大爷那里知道了很多我当时完全不可能从别

处知道的事情。他早年走西口,随他叔叔去甘肃做生意,还娶了一个那边的老婆回来。1958年大炼钢铁时他老婆得病,但是上级不让休息,又得不到治疗,就死了。老大爷唏嘘自嘲,并不觉得他是最不幸的人。他告诉我,他曾经吃过很多我甚至未曾听过的东西。那时候到了晚上经常饥肠辘辘,自然说到吃的就格外兴奋。他说,尽管自己是一个小伙计,挣不了多少钱,但是吃得还是很好的,每天都可以吃肉和鸡蛋。他还说到一种饼子,"手抓住中间,往上一拎,就像一串挂面,放下来,就又是饼子了。"说得我口水直流。他还很同情地说:"你们娃娃凄惶啊!甚好东西都没有吃过,见都没见过。"晚上的聊天总是这样结束的,然后咽着口水,用贫乏的脑袋拼命想象那美餐,终于抵挡不住那沉重的眼皮,在饥肠辘辘中睡着了。

我就这样住了两年。想起那两年,我给老大爷做的顶多是挑几桶水,拌一些煤。煤要和黄土搅拌在一起,这样粘结在一起容易烧得比较稳定且长久一些。老大爷的水缸不大,一担水就满了,够半个月用。第一次我把挑来的水往缸里一倒,下面沉淀都翻了上来,各种各样的虫子的尸体都有,把我吓一跳。好不容易掏干净了,下一次还有,只是少了一些。虫子喜欢潮湿,竞相往水多的地方去,乐极生悲,很多就淹死在了里面。后来发现,我们知青灶房也一样,水缸里都是死虫子。我吃在知青灶房,晚上住在老大爷家里,一分钱也没有给过他。两年后,知青那里终于有空房子了,我也就搬了过去。只是有的时候还会给老大爷挑上一担水。

我从老大爷那里搬出来后的一天晚上,冬天,我正在知青的食堂里,突然身后有人拉我的衣角,回头看是老大爷。他神秘地说:"你过来,我和你说一个事情。"到了屋外,他说："我弄了一些肉，煮好了，你来吃。"

那个时候肉是很难弄到的，我推辞："不行，你自己吃吧。"他故意找借口："我吃肥的，你吃瘦的，瘦的我咬不动。"我馋得很，就不再推辞。他烧的肉很好吃。他说，肉是他在邻村看到有人杀猪，求人买的。那个年代，这样的肉显然属于"不合法"。这顿"资本主义"的肉，是我终身难忘的美餐。

当我有能力回报老大爷的时候，他已经过世了。每当想起他，心情总是难以平静，在写这些文字时，我不禁热泪盈眶。我们这个民族，应该有许多这样心地善良的人，但是这样的精神为什么不能形成社会风气呢？我回到山村去给他扫墓，重新做了花岗岩墓碑。他不仅仅在我最需要帮助的时候给了我物质上的帮助，更加重要的是他给了我精神上的鼓励。在那充满了冰冷和仇恨的岁月，使我更记得他温暖和善良的行为，以至于这么多年来仍然影响着我，让我重新审视人生的意义。

我2004年回到太行山，老大爷已经去世，他的大侄儿也去世了，他的小侄儿因一身病痛，山上受不了，就去了住在平原农村的姐姐那里。但这小院子和村子依旧如此熟悉，甚至煤和黄土还堆在原来的地方，好像还需要我再来把它们搅拌在一起。我当年就睡在图中那扇破损的窗户里面的炕上，我靠窗，老大爷睡在靠里面。我曾经经常看到被月亮照亮的纸糊的窗棂，梦想太行山外的世界。四个太行山春秋，两个小院冬夏，故地重游，已物是人非。四月的太行山，寒冬已经过去，但是春意姗姗来迟，只有无处不在的看似弱小的嫩绿芽宣告着这不容置疑的趋势。

像老大爷这样的善良人给那个冰冷和充满仇恨的时代增

笔者曾经在太行山住过的
房子，右侧即朝南的正房
（笔者摄于2004年）

笔者曾经在太行山住过的
村子（笔者摄于2004年）

添了一丝人间的温暖，在天高皇帝远的太行山上的经历，使我坚定地相信，华夏还是有希望的。我爬上了远离村子的山峰，去给老大爷扫墓，环顾那贫瘠的山间地块，那就是我曾经为羊群守夜防止狼群的地方，想起那些歌颂"狼图腾"的人们，从"龙图腾"走到"狼图腾"，如此从没出息走向更没出息，令人嗤之以鼻。我不禁想到：不必推崇狼性了吧？多点爱心吧！

　　当然，那个小山村也不是世外桃源。所有的社会问题也都会渗透和折射到这个遥远偏僻的地方。那些不愉快的记忆每个知青都有过，覆巢之下，焉有完卵。记住应该感谢的人和事，淡忘那些你不屑的人和事，改变整个社会的不公，而不仅仅是报复个人的怨恨。这是我所理解的"博爱"，源于多年在西方的经历，也出于那个贫瘠的太行山村落。于是，当往事如烟，重返太行山把自来水接到小山村家家户户的时候，我确保了每个住户都得到相同的待遇，而不管其主人当年对我的是恩

点缀在山西太行山峰峦叠嶂中的贫瘠农田，"羊卧地"是唯一可行的施肥方式，笔者曾经即在此为羊守夜，与狼为敌（笔者摄于2004年）

抑或是怨。

"博爱"确实是很不容易的，但是唯有"博爱"才能使得世界不再进入仇恨的怪圈。报复只会使得仇恨升级，每次的报复都将成为下次仇恨的理由，最初的矛盾将愈演愈烈为刻骨仇恨。唯有"博爱"可以制止如此变本加厉的怪圈。我不相信"以德报怨"，但是反对"变本加厉"和"矫枉过正"。合理的惩处和尽可能的宽容都是必要的，更重要的是每个人都应有一颗"博爱"的心。努力记住别人曾经的善举，尽量忘却别人有过的恶行，一个"博爱"的华夏也许可以慢慢出现。

2008年，巴黎一个寒冷阴雨的冬日，我作为游人走进了著名的拉雪兹公墓。对于中国人和西方人，这个公墓都非常著名，只是著名的理由不同。对于西方人，是由于公墓的历史和长眠在其中的名人；对于国人，则是由于那里有"巴黎公社社员墙"。而这两者都是我造访的理由。

那天的雨不大，但风使人感到格外寒冷。我的伞很小，随风的雨斜打在我身上，很快大部分衣裤就湿了。公墓很大，那天人很少，俨然我只与凄风苦雨同行，偶尔会漫无目的，要想的太多，觉得脑海里就如同这天气，风雨交加。

在巴黎，如果你问一个普通的法国人有关"巴黎公社"和"社员墙"的事情，那么95%以上的人会说不知道。确实，誉满华夏的"巴黎公社"对现在的法国人来说并不知名。这并非法国刻意淡化了"巴黎公社"在历史上的地位，而是法国和巴黎的重大历史事件实在太多，"巴黎公社"只能算做其中的一个小小的插曲。来公墓的人带着各种各样的理由，而寻找"公社社员墙"的，多数是中国人。

"公社社员墙"在拉雪兹公墓的东北角，并非我想象中的残垣断壁，而是公墓围墙的一部分，墙外就不是公墓了。

没有雕塑，没有墓冢，只有镌刻在墙上的法文字样"AUX MORTS DE LA COMMUNE 21—28 Mai 1871"（献给公社在1871年5月21—28日的死难者）。

那天在墙角下有几束花，其中一束上有一些文字"KOMUNARLAR KAVGAMIZDA YASIYOR"，虽然我不认识这文字，但知道这不是西欧文字，也不是斯拉夫文，好奇之下，我到处询问，最终打电话到土耳其大使馆得到了一点线索，那里有人说最后一个词是土耳其文，意思是"死了，但是还没有死"。我想这就是中文的"永垂不朽"吧？但是他们仍然不确定其他两个词。我猜整个意思应该是"共产主义同志永垂不朽"。署名却是法文的"马列主义共产党"。年复一年，在拉雪兹公墓的一角，总有一些人送来一些花束，以今天的门可罗雀凭吊着当年的轰轰烈烈。巴黎公社曾经用暴力对抗社会，而这个社会也以暴力镇压了巴黎公社。在硝烟过去后，公墓同时宽容了两者。

巴黎拉雪兹公墓的巴黎
公社社员墙（笔者摄）

拉雪兹公墓本身，大概就是"自由、平等、博爱"的见证吧。它不仅有"公社社员墙"、《国际歌》词作者欧仁鲍狄埃的墓、前法国共产党领导人多列士的墓，也有巴黎公社的敌人梯也尔的墓，当然也有其他政治家、科学家、艺术家的墓，也有不少普通人的墓，包括旅法华人的墓。公墓不为某个政治派别所设，也不为某个经济阶层所设，也不为某个社会地位所设，也不为某个民族或种族所设。拉雪兹公墓，就是一个公墓，它庄严肃穆，给不同背景的每个长眠者以同样的宽容和礼遇。除了西方，没有哪个社会允许一个举世瞩目的公墓接纳如此多的生前有着不同的政治信仰、宗教信仰、社会背景、职业、民族和种族的人。他们生前有的曾经不共戴天，但是公墓以同样的宽容接纳了他们，期待他们在另一个世界里和睦相处。一个敢于给予那些扬言并且付诸行动要颠覆自己的人以如此宽容的社会，必是一个博爱的社会，才是一个和谐的社会。

钢琴家和作曲家萧邦（Frederic Chopin，1810—1849年）葬在这里，创作油画《梅杜萨之筏》的画家杰里科（Theodore Gericault，1791—1824年）葬在这里，大数学家傅立叶（Jean Baptiste Joseph Fourier，1768—1830年）葬在这里，意大利作曲家罗西尼（Gioachino Rossini，1792—1868年）葬在这里，法国浪漫主义画家德拉克罗瓦（Eugene Delacroix，1798—1863年）也葬在这里。

对于学工程的人来说，傅立叶是一个熟悉的名字，我在大学里学到以他命名的"傅立叶级数"和"傅立叶变换"时，为其对于波的根本性解释所折服，也因此彻底理解了音乐和声音的物理本质。一曲由乐器奏出的或者人声唱出的美妙旋律中的音符实际上可以分解成多个甚至无限个单调的"简谐振动"（即正弦波），亦即，任何一个周期振动都是由基波和高次谐波合成，前者具有最低频率和最大振幅，决定了音高，而后者由与基波成倍数的频率和逐渐减小的振幅构成，决定了音色。任何一种频率的简谐振动都只能产生单调的音色，而美丽的乐音只能由基波和不计其数的高次谐波共同完成。一个社会不也是这样吗？

这凄风冷雨的天气很容易令人想到陈列在卢浮宫里的油画《梅杜萨之筏》（Raft of the Medusa）（彩图9-1），一叶木筏，海天一色，同舟共济，奋力拼搏，奄奄一息，远处一丝活着的和解脱的希望，周围弥漫着孤独和死亡的恐惧。画面以它直击人心的力量表达了画家的思想，每个人都会被这幅感人的绘画带入自己的想象空间。杰里科把他这幅画作为他墓冢的标记是为了暗示这就是我们人类文明的旅途吗？

卢浮宫里德拉克罗瓦创作于1830年的油画《自由女神引导人民》（Liberty Leading the people）（彩图9-2）讴歌了"自由、平等、博爱"，半裸的古希腊式的女神高举象征"自由、平等、博爱"的三色旗，在硝烟弥漫的战场率领身着平民服饰的普通民众前进。画家把自己也画在了自由女神的右侧，以表达他的信念和参与热忱。我最早看到这幅画还是在大学里，当时被画面深深感染，牢牢记住了画家的名字。漫步在他长眠的公墓，想到第一次看到他的《自由女神引导人民》，恍若隔世。近200年来，自由和民主已经在世界很多地方蔚然成风，德拉克罗瓦应该感到欣慰，但是世界并不完美，他也必然会为之遗憾。

历经200多年的口号"自由、平等、博爱"，只有三个词，中文译文也仅有六个字。但是其含义，却并不容易理解，更不容易被实践。诚然，"自由、平等、博爱"从她诞生以来历经艰难坎坷，法国大革命的泥沙俱下和西方世界的跌宕起伏让我们有足够的理由质疑这口号和现实之间的差距。但是，这差距一直被西方坦承直面，他们对不完美的批判不遗余力，对完美的向往坚定不移。如果说"自由、平等、博爱"尚非西方的现实，那么至少已是付诸实践的理想。已经硕果累累，依旧征途漫漫。

"自由、平等、博爱"，这不正是公民必备的人格吗？这不正是人格进步的千里之行的最终目的吗？

是始于足下的时候了。

十　现代的危机——再次"文艺复兴"

　　在艺术和政治领域，西方已经逐渐远离了古希腊的原则；而媒体和资本，是民主社会中影响力巨大但却最不民主的因素。

——作　者

　　"文艺复兴"已经远去，她来的时候潜移默化，离去的时候亦不轰轰烈烈，然而她留下的足迹深刻无比，她激起的巨浪至今仍然涟漪犹存。"文艺复兴"无可争辩地复兴和弘扬了古希腊文明，直接铺平了通往近代和现代文明的道路，奠定了建造近代文明和现代文明大厦的基础。但是，毕竟她远去了。其实，人类总是要走向未知的空间和时间的。

　　人类历史已经处在一个崭新的时代，我们不妨把这个时代称做"后文艺复兴"时代。这个时代是以西方的状态来界定的，19世纪应该是这个时代的起点。我们今天已经在这个未知"海域"航行。我们曾经毫不犹豫地进入了这个"海域"，但是随之而来越来越强烈的感觉告诉我们，其实我们并不知道目的地，甚至不知道现在的航线。看似平静的海面却是暗涛汹涌，晴朗天空的边际已经开始出现乌云。

　　人类社会已经开始面临前所未有的问题，尽管那些耳熟能详的问题都是物质的，比如环境污染、能源浪费和短缺、人口爆炸，而真正和本质的问题是精神的。曾经让人类激动不已的精神领悟变得模糊了，让人类信心坚定的归属感开始动摇了。我们在精神上会重蹈古罗马的覆辙吗？今天的西方会像古罗马一样把继承下来的古希腊精神逐渐抛弃吗？

这样的担忧有着充分的理由。在艺术、政治、媒体和经济等几个不同的领域里，"文艺复兴"以来的传统已经遭到了严重的侵蚀。

将巴黎称作"艺术之都"绝不过分，因此用巴黎来诠释艺术是恰当的。在巴黎，如果想按照时间顺序参观世界上最著名的艺术博物馆，可以先到卢浮宫，然后到奥赛博物馆，最后到蓬皮杜中心。在这些博物馆里，你会依次看到以古希腊、古罗马、文艺复兴时期为代表的古典艺术，以印象派为代表的近代艺术和以抽象派为代表的现代艺术。但是，你将看到的除了不容置疑的区别外，也许并不能让你感觉欣慰。

蓬皮杜中心，巴黎

右图：卢浮宫（笔者摄

卢浮宫所代表的艺术和蓬皮杜中心所代表的艺术似乎来自两个完全不同的世界。如果说卢浮宫里陈列的艺术品给人的感觉是无法超越的赞叹，那么蓬皮杜中心给人的冲击多半是出乎意料的困惑。介于两者之间的奥赛博物馆则似乎是她们之间并不完美的桥梁。当参观了塞纳河右岸的卢浮宫后，来到塞纳河左岸的奥赛博物馆，仍然可以感觉到她们之间的联系甚至亲情，尽管奥赛博物馆似乎在奋力摆脱卢浮宫那巨大和辉煌的影响，试图独树一帜。而蓬皮杜中心则已经彻底和卢浮宫没有了关联，和奥赛博物馆的藕断丝连也显得牵强附会。

仅在建筑风格上，卢浮宫（Louvre）和蓬皮杜（Pompidou）中心就截然不同：卢浮宫是典型的古典建筑，庄重而典雅；而蓬皮杜中心却非常"前卫"，浮躁而张扬，其所有按照常理本应隐藏在内部的管道，都故意夸张地暴露在建筑物的外表，俨然一个人的肠子长在了身体外面。蓬皮杜中心以法国前总统蓬皮杜命名，以纪念这个对标新立异有着异常热情的政治家。蓬皮杜甚至想把整个巴黎的老城区都改造翻新，也许都翻新成蓬皮杜中心的样子！还好巴黎人没有理睬他，否则巴黎就面目全非了。由原来的火车站改造而成的奥赛（Orsey）博物馆则比较好地继承了古典建筑的风格，她把大工业时代的内容隐含在了古典风格之中。她的建筑风格和陈列内容似乎在谦逊而婉转地和作为"长辈"的卢浮宫诉说离"家"出走的愿望。而蓬皮杜中心的里里外外则如同彻底的叛逆，不仅已经离"家"出走，而且决心和"长辈"一刀两断。

蓬皮杜中心侧面有一个著名的"丁格尔泉"，由一个水池和里面的雕塑组成，这是一个典型的粗制滥造的现代作品。一个如此简陋的摆设被称做了"著名艺术品"，不禁令慕名前往的我大失所望。充斥蓬皮杜中心内外的基本上就是这样风格的"艺术品"。

不仅仅是巴黎，这类"艺术品"在当今各艺术馆也备受推崇，堂而皇之地登堂入室。在大西洋另一侧，加拿大的国家艺术馆的陈列风格类似于奥赛博物馆和蓬皮杜中心，而其建筑风格比奥赛博物馆要现代，但比蓬皮杜中心却要保守得多。加拿大从文艺复兴的后期开始才受到欧洲文明的影响。在此以

奥赛博物馆，巴黎

《火之声》，现存于
加拿大国家艺术馆

前，这里是印第安文明的边缘地区。作为新兴的西方国家，加拿大的艺术无可避免地经历了西方艺术近代变迁的影响。

我曾经在加拿大国家艺术馆中看到一些不可思议的作品。一个是一幅油画，与其说是油画，不如说是一幅油漆。在5米多高、2米多宽的画布上（543.6 cm × 243.8cm），规则地漆成三条不同颜色的等宽线，两侧是相同的蓝色，中间是红色。这幅画还有一个响亮的名字——"Voice of Fire"（火之声）。加拿大国家艺术馆花了180万美元购置了这幅"画"。当时有人质疑如此代价是否值得，馆长辩解说：这画已经涨价了。言下之意，这幅画买得很值。我当时愕然，这是给艺术馆购置艺术品呢还是买股票呢？

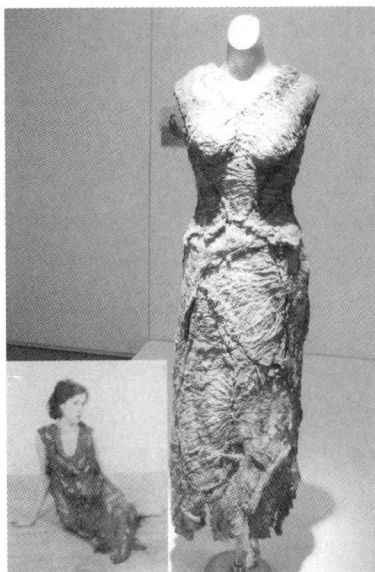

牛肉连衣裙,用新鲜牛肉
制作,目前陈列品已经成
了"牛肉干";小图是当
时由人体模特穿上的效
果。(笔者摄于巴黎蓬皮
杜中心)

冠以优美名称"喷泉"
的作品——旋转90度放
置的小便池。(笔者摄
于巴黎蓬皮杜中心)

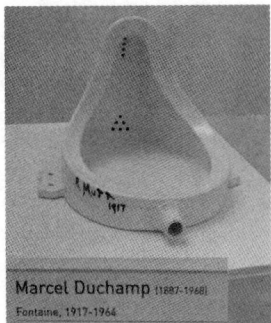

有一个渥太华地区的油漆工更加坦率和实在:"这画值
这么多钱吗?给我180加元,我就可以给你这样一幅画。"诚
然,此"画"确实只要两桶油漆,一个小时就足够了。尽管你
可以说艺术和刷油漆截然不同,但是这样的"艺术品"真的比
油漆工的作品更像艺术吗?

有一件加拿大国家艺术中心的"作品"是把小便池吊在
门框上。更有甚者,用新鲜的牛肉连在一起做成了一件"连衣
裙",旁边展示一幅照片,照片上是穿着这件连衣裙的女子。
这件"牛肉连衣裙"如此受到艺术家的青睐,以至也被陈列在
巴黎蓬皮杜中心。牛肉已经干燥,成了牛肉干,唯有照片还显
示了当时人体模特穿上新鲜牛肉"连衣裙"的"风姿"。

蓬皮杜中心也有一个小便池作品,但我不能肯定其
就是曾经在加拿大国家艺术馆展出过的那件作品。这个在
蓬皮杜中心陈列的作品有一个很优雅的名称——"喷泉"

（fontaine），实际上就是一个旋转了90度放置的小便池。

但还是有不少人认为这确实是艺术，于是问题是，什么是"艺术"？在这个问题上，文艺复兴和古希腊之间没有分歧。但发展到现代分歧就非常大了，而且越来越大。如果说古希腊和文艺复兴的艺术是寻求美好和理想，那么一些现代艺术仅仅在追求刺激和幻觉。

我并非不能欣赏这些"艺术"，对作者的幽默甚至恶作剧也常莞尔。但是，就此而已了。如果把它们和古希腊和文艺复兴的作品相比，就如同正剧幕间的杂耍比之正剧。如果他们安于这样的地位，那未尝不可，但是问题是，他们要以此取代正剧。如果他们还不敢如此狂言的话，那么他们也在跃跃欲试。

对于那些"见仁见智"的"艺术"，我们不妨使用"垃圾原则"和"平庸原则"进行判别。亦即，把那些所谓的"艺术品"和垃圾放在一起，和平庸的日常物品放在一起，看看它们是否可以被识别。不少这样的"艺术作品"就是在垃圾堆里也无法"鹤立鸡群"。既然如此，那么这些"艺术品"就应该是垃圾和平庸的同类。

现代西方音乐也有同样的问题，我并不对现代音乐持完全否定的态度，我也可以欣赏现代音乐。但是现代音乐和古典音乐之间的差别不仅仅是距离，更是高度和深度。如果说古典音乐是对理性的崇尚，那么现代音乐就是对于感觉的宣泄。理性的深刻和感觉的浅薄就是古典音乐和现代音乐的区别。现代的"重金属音乐"以及类似的音乐，只能说是给麻木神经的刺激。越麻木，需要刺激的程度就越强烈；越刺激，神经就越麻木。

当我们驻足在古典艺术面前，会感到由衷的钦佩和发自内心的赞赏，而面对现代艺术则可能即便经过很久的困惑也不得其解。也许，现代艺术表达了现代人对于现代的愤怒和困惑吧？如果说古典艺术之所以引起人们的共鸣是由于崇高和美感，那么现代艺术所引起的共鸣就更多地是愤怒和焦虑。愤怒和焦虑是很可以引起共鸣的，正所谓"同病相怜"，这也许是现代音乐可以流行的原因。现代艺术不需要观赏者理解，而只是让观赏者一起困惑，只要可以引起共同的困惑，那么就是佳作，如果可以引起愤怒，那么就是上佳之作了。于是我们不难理解，为什么古希腊和文艺复兴时代的艺术家往往对人生和社会态度积极进取，而后来的前卫艺术家不少却常常从毒品和酒精带来的幻觉中寻找灵感和宣泄感情。这绝非偶然。

显而易见，古典艺术是如此伟大，要超越她们显然已经不可能，甚至望其项背都极其困难。对此，现代艺术家心知肚明，因此唯一的选择就是标新立异。这就像是一个能力不够且别出心裁的跳高选手，面对自知无法越过的横杆，他选择了从下面钻过去。这种急功近利的方式必然体现在他们的作品中，原来的精细不见了，代之以粗制滥造。面对一些现代艺术品，你会感到那些"艺术家"是在侮辱你的智慧。那些"作品"令人想起"皇帝的新衣"。

这使我们更加理解为什么"文艺复兴"运动如此多地表现在了艺术领域。确实，艺术是可以引起所有人共鸣的对世界观的表述，对于艺术的赞赏和对于艺术形式的认同，反映着人们对于世界的看法。于是，我们的艺术表现，就是我们世界观的流露。

如果我们对不喜欢的艺术可以选择回避，那么，政治就是无法回避的了。

文艺复兴后的西方已经所向无敌，整个世界由于大航海时代的完成而一览无余，生产力由于科学的发展和技术的应用而突飞猛进，整个世界都已经在西方的掌握之中。任何非西方和西方的冲突都以前者的惨败和后者的完胜而告终。但是，西方内部的冲突却随之而来了。

西方内部的冲突令人想起伯罗奔尼撒战争中的雅典和斯巴达。这两个希腊城邦之间的冲突导致了两败俱伤，雅典作为战败者失去了希腊世界的领导地位，而从来不具备领导希腊世界的精神力量的斯巴达也在战争中大伤元气。由雅典代表的民主政制在伯罗奔尼撒战争后严重地倒退，古希腊古典时期的黄金时代随之结束。整个希腊世界只有很不情愿地等待后起之秀马其顿的到来了。好在马其顿还是希腊世界的一员，亚历山大还是亚里士多德的嫡系弟子。否则，如果由于雅典和斯巴达的战争最终导致波斯的统治，那么世界的历史就要改写了。

西方内部的冲突绝不比伯罗奔尼撒战争更有道义上的意义。西班牙和葡萄牙的冲突，英国和法国的冲突，俄国和北欧的冲突，最终是德国和英法的冲突。这些冲突实际上利益远远高于道义，不管谁在冲突的最后成为胜利者，其在道义上都没有更高尚的地位。

19世纪以来的一些西方内部的战争实际上可以避免，比如美国旨在脱离英国的"独立战争"、美国国内的"南北战争"。加拿大并没有进行"独立战争"，但是加拿大今天也是一个独立的国家，虽然加拿大人民仍然把英国女王奉为名义上的国家元首。加拿大并不比美国有丝毫的不公正，由此可见，美国的"独立战争"未必必要。如果美国的"独立战争"是不必要的，那么"南北战争"显然更不必要。

进而，二战的欧洲战场也是可以避免的。二战的发动者主要归罪于希特勒，但是英国对于德国的政策促使了这本来可以避免的结果。对此，西方不少有识之士耿耿于怀，美国的前共和党总统候选人布坎南就直言不讳美国参与欧战是一个错误。

二战结束不久，欧洲悲惨结局的始作俑者丘吉尔便装模作样地大声疾呼"铁幕正在落下"，好像那个由他、罗斯福和斯大林参加的在苏联度假胜地克里米亚的雅尔塔（今天乌克兰境内）划分战后势力范围的会议他没有在场一样。他们明明知道这样的结局，但是却为了一些利益集团的利益和自己的短期利益，出卖了整个自由世界和整个人类的进步。在"铁幕"落下来之后，大半个欧洲都在铁幕后面了。

如此结局让一些西方领导人，如"和稀泥大师"艾森豪威尔，一生都为此追悔莫及。由于他的命令，巴顿强大的集团军不得不在距离布拉格不到50公里的地方停止前进，巴顿愤怒地指责最高统帅部的愚蠢决定，他知道欧洲的明天将是暗淡的。巴顿扬言要写的《我所知道的二战》由于他不幸死于车祸而未能问世，而这本书正是西方政治家非常不想看到的。按照巴顿的说法，其对二战的观点和描述将和大众所知的大相径庭。捷克的Plzen是巴顿大军占领的最西边的欧洲城镇，我由西向东驱车去布拉格途经这个小镇，从那里到布拉格只有半个小时的车程。

我在柏林至今还旧貌尚存的"查理检查站"（Check Point Charlie）驻足很久。这是当时的西方和苏联军事管制的结合部，如此敌意和对峙的"盟军"恐怕是空前的，但愿也绝后了。"查理检查站"似乎诉说着这铁与血的破碎的光荣与梦想，以及铸就的愚蠢与荒唐。

当欧洲的普通民众真正认识到这个战争的结局是如此地不美妙时，已经太晚了。他们的利益已经在雅尔塔被丘吉尔和罗斯福出卖了。铁幕后东欧的民众仰天长叹，幸免于难的西欧的民众愤怒怀疑。战争胜利的喜悦很快就被出卖和欺骗的糟糕感觉所代替。

布拉格是一个非常美丽和精致的城市，其旧城保存得很好。在布拉格狭窄的小巷里，那古典的气息几乎迎面扑来，可以把人带回到几个世纪以前，也可以把人带回到数十年以前。1968年，著名的反抗苏联统治的"布拉格之春"运动就发生在这里。为了镇压民众，苏联的坦克开进这些狭窄的小巷，整个西方和很大一部分世界都愤怒了。尽管我到布拉格时已经是在"布拉格之春"后几乎40年了，苏军坦克留下的痕迹已经难在巷陌中寻觅，但是捷克人对于这段历史却绝难忘记。

大错已经铸成，铁幕已经落下，现实必须面对。冷战成了整个世界的现实，在此后的半个世纪中，东西对垒、军备竞赛、穷兵黩武、剑拔弩张……整个世界都在提心吊胆地过日子。惨重的代价并没有给人类社会带来稳定和安全，反而更加危机四伏。这个历史教训，西方吸取了，但却矫枉过正，犯下了另外一个严重错误。

今天让西方头疼不已的伊斯兰极端分子实际上是西方自己培育的。西方在冷战时和苏联集团的危险对峙和博弈中，已经不择手段，不管什么国家，即便是独裁和专制的国家，只要它们反对苏联，或者可以被西方用来牵制苏联，都被西方精心培育，即便牺牲西方的原则也在所不惜。如此策略虽然可以被理解为别无选择，但是却造成了更加严重的后果。

为了抗衡苏联集团，西方培育了伊朗的巴列维政权，激起了伊朗的反美情绪，直接导致了"伊斯兰革命"。在推翻了亲西方的巴列维皇室之后，伊朗成了西方最大的敌人之一。但是西方并没有吸取教训，继续把伊拉克的侯赛因拉扯大，以便和伊朗对抗。结果伊拉克在侯赛因的领导下成了美国更加头疼的敌人。本·拉登和阿富汗的恐怖主义训练基地，也是西方在和苏联的抗衡中刻意培养的，本·拉登得到了来自西方的财政和武器的支持。曾几何时，本·拉登的"圣战者"们被西方媒体描绘成"自由战士"。但正是这些"自由战士"在世界各地制造了反西方的恐怖事件，以及在2001年9月11日发生的震惊世界的"9·11事件"。至此，西方才如梦初醒，面对由自己精心培育出来的凶恶的敌人，长叹"早知今日，何必当初"。但是西方并没有彻底醒悟问题所在，实际上至今还在"已知明日，执迷不悟"。

当苏联解体后，西方对俄罗斯的政策是令人费解的。在二战时，苏联是西方最凶恶的敌人，但那时，那些胆小鬼，比如丘吉尔，不敢与之对峙，而选择了拱手相让。但在俄罗斯不再是西方敌人的时候，却一再采取挑衅的姿态，把导弹放在了俄罗斯的家门口。西方应该理解这和当年的"古巴危机"中苏联把导弹架在古巴的性质是一样的。如此不明智的举动也许是西方试图补偿半个多世纪前自己在二战中对苏联的屈服和出卖，也许是西方试图伸张自己二战决策错误导致的难以下咽的屈辱。于是，在二战结束半个世纪后，西方似乎要再犯一次错误以抵消过去的那次错误。但是，两次错误并不构成一次正确，就如同两个缺德并不构成一个美德。

20世纪西方政治的一系列错误绝非偶然。在这些错误后面，是民主社会中两个最不民主的因素，即媒体和资本的作祟。这就是要在这里讨论到的两个现代西方社会最严重的问题——媒体和资本。

媒体和资本的重要性不言而喻，正如前面的章节所分析的，今天的资本是昨天的劳动力，而今天的劳动力就是明天的资本。正因如此，控制了媒体就相当于左右了今天的劳动力，而控制了资本则掌握了昨天的劳动力和今天的生产资料，于是，控制了媒体和资本就等于控制了今天和明天的生产资料以及昨天和今天的劳动力。

在西方，唯有媒体和资本基本上不受民主直接约束。这也就是为什么一些特殊利益集团想方设法竭尽全力对这两者进行投资和控制的原因。作为私有财产的资本和作为私营公司的媒体，都可以借自由的名义不受任何监管。在西方受到监管的是公共设施和政权，由于它们是民选的，它们必须受到监管。于是媒体就当仁不让地参与"承担"了监管的"任务"。但是媒体自己又由谁来监督呢？没有！资本也同样不受监督。媒体和资本以它们不是物化的产品为理由，逃避了质量监管，又以其不是权利机构为理由，逃避了政治监管。

当然，如果在一个健康和正常的竞争环境中，媒体和资本可以受到竞争的约束。但是问题是，由于一些利益集团对于媒体和资本的控制，导致在这两个领域中，竞争机制已经不完全成立了，甚至完全不成立了。

一些不同的报纸、电台和电视台实际上属于同一家公司，而即便那些属于不同公司的媒体由于它们所属的股东沆瀣一气，也失去了竞争的环境，于是媒体的公正就失去了保证。

1991年的洛杉矶骚乱完全是媒体的不公正报道一手导致的，媒体片面报导了洛杉矶警察对一个黑人（Rodney King）过度使用武力，因此导致了民众的抗议。但是关于此事件的报道是极其不公正的，媒体没有报道这个人在被警察制服以前是如何酒后驾车、拘捕，并且和警察对着干的，也不说明此人是一个罪犯，尚在服刑期间，却利用假释的机会继续犯罪。

相反，媒体一味掐头去尾仅仅显示警察采取的制服罪犯的行动，而罪犯的犯罪事实却被删去。面对自己引起的洛杉矶骚乱，那些主流媒体还要把自己打扮成公正的英雄。其实，在一些问题上，美国的媒体通常采取非常不公正的立场。他们很大程度上极不公正地把警察描绘成种族主义者，而把罪犯描写成警察暴力的受害者。

媒体的偏见是显而易见的，北美媒体对基督教和天主教的责难很难说得上公正。我通常对宗教持有温和的批判态度，但是我觉得批判应该是公正的，而北美媒体对于基督教持有的显然不公正的态度使得我不得不同情基督教。媒体的势力非同小可，他们面对明显多数的信仰基督教的人们，仍然可以在舆论上营造得轰轰烈烈。

北美的媒体基本上是由一些特殊利益集团控制的，由于民主制度，它们不得不使得自己看起来不偏不倚，但是它们的所作所为却并非如此。所以，当你越来越了解美国媒体和它们背后的操纵者，就越来越怀疑它们在一些特殊问题上的动机和公正性。它们真正忠于的，并非美国人民或西方人民，亦非西方利益和西方价值，而是一小群特殊利益集团和它们的利益。

美国的媒体喜欢把自己打扮成监督政府的有力武器，但它们既不代表公民也不接受来自公民的监督。媒体实际上置于民主制度之外，置于公民之上。没有人可以通过民主程序来决定一个媒体应该如何行为，也不能罢免或者选举媒体的管理者。主流媒体不受任何党派的控制，但是它们的确受到了媒体大亨的控制。于是它们的"监督"作用完全可能是有偏见的。

作为媒体重要组成部分的娱乐领域，好莱坞对历史的歪曲和偏见更是显而易见。当然在好莱坞里也有不同的声音，但是其在好莱坞难以生存或也难以成为主流。我记得几年前有一位好莱坞著名导演制作了一部影片《耶稣的激情》（The Passion of the Christ），这部并不过分的影片招来了犹太人组织和媒体的责难。我本人并不喜欢这部影片，但是我不觉得这部影片有什么不恰当的地方。仅仅由于影片按照圣经描述了耶稣受难中犹太人的负面作用，所有的犹太组织和媒体对影片进行了不公正的报道和责难。但是，好莱坞年复一年连篇累牍的对于德国人进行整体的污蔑，却得到了好莱坞本身和媒体的赞扬。斯皮尔伯格用摄影机进行的对于历史的歪曲得到了好莱坞和媒体的一致喝彩，因为他们本来就是一伙的。

千万不要到好莱坞的影片中挖掘真理，那些我曾经以为反映了历史真实的好莱坞电影，实际上多是用谎言堆砌起来的，如果他们没有彻底歪曲了历史，那么他们也刻意隐瞒了历史。

这些媒体和特殊利益集团不仅仅把他们自己塑造成权威的化身，而且还竭尽全力企图封堵不同的声音。

尤斯塔斯·穆林斯（Eustace Mullins）写了一本书《美联储的秘密》[1]，用他的方式提出了不同的观点和严厉的批判。我本来对于这本书一无所知，是由于一个不可思议的事件而决心买来一读的。事情是这样的，我在蒙特利尔报纸上看到了犹太人组织破坏一位作家在蒙特利尔和多伦多的演讲，理由是这位作家写过反犹太人的书。这个作家就是Mullins，他们说的书就包括《美联储的秘密》。我很震惊，在加拿大这样的民主国家，居然有一些利益集团可以用这样卑劣手段封堵他人的话语权。我因此决心一读此书，结果发现，书中并没有什么偏见，只是对美联储的形成和作用进行了严肃的批判。书中确实

[1] Eustace Mullins. The Secrets of the Federal Reserve. Bankers Research Institute, Staunton, VA24401, 1952.

彩图 7-3 古希腊帕加马城神殿（公元前 281—前 133 年）遗址出土复原，德国柏林 Pergamon 博物馆

批判了一些人，但总不能由于这些人中有一部分是犹太人而不许批判吧？退一万步说，就是对犹太人批判，那么又有什么关系呢？难道他们的所作所为可以由于他们的民族背景而不被质疑或批判的吗？

一些特殊利益集团，害怕民众对他们的质疑和批判，于是就在言论上进行控制。不少冠以"反歧视，求公平"宗旨的组织实际上的行为和目的恰恰背道而驰，比如Anti Deformation League，Simon Wiesenthal Center，B'nai B'rith 等组织，一开始我还真的以为他们是什么民权组织，结果都是犹太极端分子背景的，他们的宗旨实际上就是制止他人对于犹太极端势力的批评。本来在西方批评是一种极正常的民主手段，但是他们却把这样的民主手段描绘成煽动"仇恨"。破坏Mullins的讲演就是B'nai B'rith 牵头行动的，他们以民权组织的名义从政府得到了经费，用纳税人的钱为他们自己的私利服务，破坏西方的民主政治，在西方有识之士中引起极大的愤慨，在西方普通民众中造成很坏的影响。

好莱坞和媒体的背景基本相同。好莱坞几乎每隔一段时间都要推出一些"大片"来把德国描写成恶魔，但是好莱坞从来都没有出过甚至一部片子描写苏联的恶行。他们似乎对苏联的恶劣的人权记录视而不见。原因很简单，好莱坞的大亨们代表的小集团利益和整个人类文明的价值大相径庭。好莱坞的大亨们既忽视乌克兰饥荒、匈牙利事件、布拉格之春等苏联对东欧人民犯下的罪行，也看不到《古拉格群岛》揭示的铁幕后面苏联对自己公民的暴行。《古拉格群岛》在西方人民中享有盛誉，其作者还得到了诺贝尔奖，但是好莱坞却选择了不予理睬。好莱坞的斯皮尔伯格们可以连篇累牍不厌其烦地"艺术"地描写德国的暴行，但是他们绝无兴趣把任何以上的历史事实搬上银幕。

柬埔寨的红色高棉在其统治的短短数年间就杀死了1/5的自己的人民，这样的滔天罪行就在眼前，但是好莱坞的大亨们却只字不提，从来没有制作过一部有关红色高棉罪行的影片。人们绝不能指望斯皮尔伯格会按照历史的本来面目拍摄苏联和红色高棉罪行的影片。

这些好莱坞和媒体的大亨们，对于带给人类更大灾难的一些历史事件讳莫如深，对于要建立以上受害者的纪念设施居然如丧考妣。他们连篇累牍甚至添油加醋自己的辛酸往事，轻描淡写甚至只字不提别人的苦难经历。这样截然不同地对待历史只能说明那些大亨们只是一些特殊利益集团的走狗，在他们的心目中，没有正义也没有历史，有的只是利益和特权。于是，他们所艺术描绘的历史故事的真实性，也大可怀疑。

他们如此不公地大行其道的同时，自然是他人的权利被损害。英国一位历史学家David Irving由于对于二战中一些事件的看法有所不同而被以所谓的"否认大屠杀"罪被判三年监禁，而且他不是唯一的由于对历史事件的见解而被囚禁的人。在以自由和民主为宗旨的西方社会里，居然会有人由于不同的政治见解而被定罪和坐牢，简直难以想象！这是现代西方一个永远无法抹去的污点。在西方，你可以质疑上帝，可以批判圣经，可以痛斥总统，指责政府，但是你不能质疑一个被称做"大屠杀"（Holocaust）的历史事件。奇怪的是，对任何别的民族的大屠杀都可以质疑，苏联对于自己公民和东欧的人民进行的屠杀可以质疑，日寇在亚洲的暴行也可以质疑，但是对于二战中犹太人的"大屠杀"事件却不能质疑。这让西方蒙受了政治上的巨大损失。西方在二战的欧洲战场上输掉了物质，而且也输掉了精神。

从科学的观点来看，不允许质疑的必定是不能自洽的。只有那些禁不起质疑的理论，才需要用法律或者武力来封堵质疑。剥夺人们陈述观点和表达思想的权利，是一种愚不可及的做法，是让西方丢尽道德原则和丧失道德底线的愚蠢行为。

就在有人为质疑历史事件的描述而坐牢的同时，一个同样在二战中犯下了屠杀和残害平民的罪犯Solomon Morel却可以逍遥在法律之外。此人在二战结束后在苏联占领的波兰建立了一个集中营，把所有他可以找到的德国族裔的人囚禁在集中营里，这些囚犯都是没有参与战争的平民。他对于他囚禁的德国人进行惨无人道的残害，其残忍使历史学家不得不说"对比Morel所经营的集中营，德国纳粹的集中营就像是夏令营了"。这个罪犯现在躲在以色列，逍遥于法律之外。犹太人组织和以色列还嘲笑波兰试图引渡这个罪犯回波兰接受法律制裁的努力，"居然你波兰还有权力想惩罚犹太人"，意思是，你波兰算老几。以色列仗着美国的支持，俨然这个世界上他们不受法律约束和正义惩罚。

对于这个罪犯，通常大声疾呼严惩二战战犯的Anti Deformation League，Simon Wiesenthal Center，B'nai B'rith却视而不见、沉默无语。那份"矜持"，对比他们通常的凶神恶煞、气急败坏，充分说明了这些所谓的"人权组织"只寻求个别利益集团的利益，绝非为了普适的人权。他们的所作所为的目的只是要把历史事件打扮成他们希望的样子，为他们今天的利益服务。

在2008年的美国总统大选中，美国的主流媒体采取了非常不公正的态度，几乎一边倒支持奥巴马，有意忽视奥巴马的一些问题，而穷追猛打迈凯恩（McCain）阵营的问题。如此偏袒，实在不忍目睹。CNN一开始还对其偏见羞羞答答、遮遮掩掩，但是到了竞选后期整个赤膊上阵了，简直就成了奥巴马竞选班子的一部分。这些媒体试图把自己的政治主张通过他们把持的系统灌输到民众之中，这和新闻公正的原则背道而驰，其所作所为严重地降低了美国媒体的可信度。

现在美国和加拿大的独立媒体已经很少了，很多不同名字的报纸实际上都被控制在同一家传媒公司，而整个传媒界都在几个媒体寡头的控制之下。媒体的公正性正在受到严重的影响。这些媒体的权力和影响巨大，而且它们想如何解释事情就如何解释事情，想批评谁就批评谁，想袒护谁就袒护谁。由于媒体的私营性质，其权力既不来自于人民，也不受监督于民主的机构；由于媒体的被垄断，他们的行为也不受限制于竞争。

思想自由和言论自由也受到了前所未有的挑战。20世纪后，人口问题是人类面临的最大问题之一。但是对于这个问题，很多深入的讨论都被禁止了。加拿大西安大略大学的一位教授曾经在20世纪八九十年代提出过一些严肃的关于人口数量和质量的讨论，结果被冠以种族主义而打入冷宫。当时其所在的安大略省的省长振振有词："我们不要坏科学。"言下之意就是一旦被扣上"坏科学"的帽子，就只能被禁止了。这是对人类进步的双重反动，一方面任凭影响人类前途的人口问题恶化，另一方面破坏了科学得以生存的思想和言论自由。

现在我们可以来讨论资本了。和以上已经阐述到的艺术、政治和媒体相比，资本既不属于经济基础也不属于上层建筑。资本是经济和政治之间的介质，资本同时具有经济和政治的双重意义。我们在这里所说的资本还不仅是金钱，而是管理和金钱的混合体。

如果资本集中在极少数人手里，那么即使是民主社会，对资本的行为也无能为力。一旦极少数人拥有极大的资本，那么实际上这些人就已经操纵了金融。他们可以随心所欲地将资本流向任何他们希望的地方，资本的到来会带来经济繁荣，而资本的离去会引起经济萧条。由于资本的操纵者拥有支配手中资本的绝对自由；于是，集中在少数人手里的资本将成为一股巨大的不受民主制度管辖的力量。

正如我们在科学和民主一章中论述的那样，资本作为昨天的劳动力具有的力量甚至比今天的劳动力还要巨大。今天的劳动力具有独立的思想，难以被操纵，民主制度保证了这些劳动力的话语权，他们手中的选票就是对权力最好的限制。（正因如此，一些利益集团希望通过对于媒体的控制来左右今天人们的思想。）但是昨天的劳动力却没有选票，其一旦掌握在少数人手里，这些"劳动力"的话语权就完全被控制在这些少数人手里了。

这也是为什么有一些利益集团在西方受到民众普遍的痛恨，这并不是由于西方存在着种族主义，而是由于这样的资本运营总是在由这样一些人操纵，而他们的道德准则显然背离了西方普遍的原则。在美国，华尔街的大亨们被美国普通民众痛恨，但是对于这些人，民主没有办法制约。一个民主的社会，对于权力的监管来自公民，对于权力的赋予也来自公民，因此对于政府人员的营私舞弊行为，会很快得到纠正。但资本的支配并不来自公民，而是极少数的操纵者。

政府和资本在民主社会中形成了对立，前者是民主的，而后者是独裁的。由于资本的伟力，资本成为一种权力。资本操纵者的权力不来自人民，没有三权分立，因此资本可以为所欲为。资本的操纵者使用杠杆方法，把手中的资本放大到极限去为他们自己谋取利益和权势。后者的独裁不仅仅源于私有资本集中在极少数富人的手里，而且也由于绝大部分普通民众的资本也由极少数人操纵。他们创造出所谓"基金"和"财富管理"，把不属于他们的钱也圈到他们的手下，成为他们谋取利益和权力的工具。他们的权力之大，不是一般人容易想象的。金融资本才可以呼风唤雨，翻江倒海。就那么几个"金融大鳄"，就可以掀起金融风暴，把一个国家的货币升上去，降下来，甚至打倒。

美国的联邦储蓄机构其实名不副实，它既不联邦，也没有储蓄，其本身并非政府机构，而仅仅是由一些私营大银行联合起来的一个空架子。因此由它制定的货币政策很难保证不带私心。美联储主席的人选和政策都无法说是民主的。不错，美联储主席需要美国总统的推荐和国会的确定，而美国总统和国会议员是由全体公民选出的，在这点上说没有问题。但是中间环节太多，以至于我们无法判断美联储主席的选择到底是基于公民还是廊说者的意愿。因此，美联储制定的政策也很难判定其是否以美国公民的利益为出发点。

有人这样说："重要的不是谁当总统，而是谁当美联储主席。"虽然不免有些夸大，却不无道理。美联储主席想怎么调整利率就怎么调整利率，没有人可以干预他。原美联储主席格林斯潘执掌美联储多年，而正是他对于最近的美国金融风暴以及由其导致的全球金融风暴负有难以推托的责任。他的低利率政策首先引发了股市的泡沫，在股市泡沫破裂之后又继续以低利率刺激房屋市场，制造了房屋市场的泡沫，引发了"次贷"危机，最终导致全面的金融危机。当然这个账不能全部算在格林斯潘身上，因为这样一个其规则漏洞巨大的金融体系，不是格林斯潘也会有别的人制造这样的经济混乱的。

美国庞大的金融体系实际上没有任何约束，其既不受民主程序的监督，也不受政府的控制，由于资本操纵者们沆瀣一气，也就没有了来自竞争的限制。这样一个金融体制，实际上是独裁和专制的系统。其唯一目的就是利润，其手段就是利用手里的资本和其控制的金融规则来操控市场。2008年席卷全球的金融风暴正是这个有缺陷的机制的总爆发。

有人把此次金融危机的爆发归咎于次贷危机。这的确是原因之一，但却不是问题的根本。显然不能简单地把火灾起因仅仅归结于抽烟者的不小心，而忽略了整个防火系统和消防规则的缺失。换言之，如果没有次贷危机，那么也会有另外一个危机导致全面金融危机。这是一个没有完善消防设施和规则的系统，火灾迟早会发生。

这就是制度的重要性，其实西方对此知道得再清楚不过了，民主就是为了避免独裁的最好的措施，不仅可以防止不合适的人进入政府，而且可以把不合适的政府扫地出门。三权分立则是制约执政者的一种有效的制度，可以对任期内的国家各管理部门进行强有力的监督，使得任何人都不能滥用由公民赋予的权力。但是这一切行之有效的制度，在金融体系中都没有。

我们来看看作为金融危机导火索的"次贷"危机是如何产生的。低利率刺激了普通人们的贷款欲望，而银行则进一步兴风作浪把这样的欲望变成贪婪和铤而走险。房屋抵押贷款（按揭）本来对贷款者审查严格，因此几无风险。但是审查严格就减少了贷款者，于是银行就放宽审查，这就有了"次贷"（Sub-Prime），亦即，把钱借给了信誉和还贷能力本来不够格的人。

比如银行A有100亿美元，为了暴利，它进行30倍的"杠杆"操作，于是它就有了3000亿美元的运作资金。因为只有把钱借出去才可以赚钱，于是就到处找人来借它的钱，其中就有很多"次贷"。但是A并不傻，他并不自己承担风险，而是找另一家金融机构B为这些贷款做了保险，这就是CDS合同（Credit Default Swap），如果A不能偿还，这些合同就归了B，由B来承担。但是B也不傻，它买了公司C的保险。这样的一层层的投保，每层的保险公司都很精明，按照常规的坏账率计算，都是只赚不赔的。但是房屋市场价格一跌，那些本来指望着房屋涨价出手赚钱的"次贷"贷款者的如意算盘落空，只好断供，接着，公司A根本无法对付如此大量的断供者，于是找B来赔偿。这样一层层到最后的担保者，但它也同样赔不起，于是它就不得不完蛋了。它一完蛋，所有的都一起完蛋。

因此，"次贷"仅仅是美国金融问题的症状，而远非问题的根源。美国金融系统的规则和操作，才是根源。

在美国，所有的产业和产品都有质量标准机构。比如食品和药品有FDA（Food and Drug Administration，食品药品总署），各种材料有美国测试和材料学会ASTM（American Society of Testing and Materials），但是对于资本最集中的金融机构的产品和运作，却几乎没有任何监管，甚至没有任何标准。格林斯潘振振有词说金融机构自己会管理自己，再退一步，市场也会管理它们。自由市场的确有调节机能，但是其必须通过竞争起作用，而由于金融寡头们的控制和勾结，自由竞争实际上已经不存在，所以市场调节也就不存在了。格林斯潘一直指望这实际上不存在的竞争机制来调节金融业，因此他自己就不必做什么，却火上浇油把本来过低的利率调得更低。怪不得他每天拎一个不足半公斤的皮包把美国经济导向了危机。

没有了规则和监督的金融寡头们，想怎么折腾就怎么折腾。在股市上扬、经济繁荣的时候，它们不许任何机构监督他们，美其名曰"自由竞争"。但是当股市大跌、出现亏本的时候，这些大银行却要国家（亦即纳税人）来拯救它们。它们在挣钱的时候采取的是资本主义，而在亏本的时候采取的是社会主义；挣钱的时候它们把钱攫为己有，亏钱的时候要纳税人来买单。

那些普通纳税人通过金融机构的投资本来就回报甚微，没有哪个基金从长远来看是跑赢了大市的，股票市场本身就是一个难以给股民带来财富的机制。从1966年到2006年的40年间，纽约的股市增加了14.5倍，这折合成年利6.90%。而这段时间的年通货膨胀也有4.56%，再减去由于投资所得回报的税收，实际上，投资的回报还跟不上CPI（消费者价格指数），亦即，普通投资者的财富并没有增加。

于是普通的纳税人成了最大的受害者，首先他们用自己的税后收入进行投资，他们辛勤所得的少量资本被金融寡头汇集成巨大的资本力量，进而被这些金融寡头用来谋取私利。当金融出现问题的时候，他们还要通过政府用他们所纳的税向这些坑害了他们的金融公司注资。因此这些普通的纳税人的受害是双重的。

显然资本的流动很多时候并不符合西方人民的利益，而仅仅符合资本运作者的利益。难怪西方所有领域的发展都迟缓于发展中国家，究其原因，资本追求的利润在发展中国家高于西方国家，于是这些由西方创造的本可留在西方的资本和技术被投到了发展中国家，这些由西方创造的本可留在西方的工作机会流向了发展中国家。这正是资本和其运作者使然。

如果我们认真审视从1900年到现在西方的几次重大经济危机，没有一次是从实体经济开始的。制造业没有问题，服务业也没有问题，而危机都是从金融业开始的。自由市场经济的供需平衡有一个自然的周期，供过于求和供不应求会经常出现，但由于自由市场经济的负反馈作用，它们只在小范围内波动，不会酿成大规模的危机。

1929年始于美国的"大萧条"，美联储要负很大责任。这个1913年被创造出来稳定金融系统的机构，却恰恰没有起到稳定所需的负反馈作用，而是以正反馈使本来并不严重的经济问题演变成了危机。

那些金融机构在经济繁荣的时候设法进一步刺激繁荣，"创造"了并不存在的需求，使得本来并不严重的供不应求看起来更加严重，制造了虚假的需求信号；当经济进入衰退的时候，又放大了本来并不严重的供过于求，制造了虚假的过剩信号。

如果说今天的劳动力决定了政府，那么昨天的劳动力（资本）则影响了政策。政府是由公民决定的，不管财富多少，每人有一票，也仅仅有一票。但是在政府形成之后，作为昨天劳动力的资本就会以各种形式影响政府的政策。当然，公民，也就是今天的劳动力也会以有组织甚至示威游行的方式对政府施压，但是资本的拥有者和运作者对政府的施压通常是非常隐秘的。在西方有一个常见的政治现象——"廊说"（Lobby）。这是一些利益集团利用手中的资本和其他资源，向政府和议会施压和谏言，从而影响议会通过的法案和政府的决策。

古希腊的科学和民主彻底解决了"绝对贫困"和"相对贫困"。正是由于科学和民主所到之处，绝对贫困和相对贫困必然减轻，所以一些寻求自己特殊利益的人和集团必然会躲避科学和民主。于是在民主的社会中总是有一些人和集团设法制造它们可以控制的同时又是游离于民主制度以外的机制，以便使他们可以逃避责任和约束。这就是西方媒体和资本现状的成因。

媒体和资本成为不受科学和民主约束的两个独立的权力机构。之所以说它们是权力机构，是由于它们实际上享有的影响力和权力。可以说，媒体和资本是民主国家中最严重的两个问题。在民主国家，理应所有的权力都属于公民，但是媒体和资本却不属于公民，而仅仅属于极少数利益集团。正因如此，一些利益集团竭尽全力对媒体和资本进行控制。他们知道，控制了这两个，实际上就左右了政府的政策和民众的思想。于是就在民主权利之外又创造了一个权力体系。这个权力体系和独裁没有什么两样，只要把媒体和资本控制在自己的小集团里，就可以获取暴利和控制思想，就可以左右政府和民意。这正是独裁者梦寐以求而无法在民主国家实现的梦想，但是通过这样的对于媒体和资本的控制就可以梦想成真。如果我们仔细观察这些媒体和资本背后的操纵者，会发现，它们都是背景极其相似的利益集团。

　　当权力集中在极少数人手里的时候，绝大多数人将无可避免地遭受奴役。当媒体和资本集中在极少数人手里的时候，绝大多数人也将遭到不同程度的奴役。今天的垄断金融资本家和媒体大亨们朝思暮想的就是要进行资本和媒体的垄断——用资本控制过去的劳动力，用媒体左右今天的劳动力。

　　西方必须对自己社会中最不民主的两个因素——媒体和资本，进行彻底的审视和改革。如果不能解决这两个问题，民主制度将是跛足的。

　　这是现代民主的一个漏洞，这样的漏洞不可能由堵塞去解决问题，因为仅仅靠堵塞就会造成更大的独裁问题，而是要有一个竞争系统和机制来解决。在这一点上，古希腊的竞争精神仍然给予我们很好的启示。如果我们真正地把古希腊的四个公理（或者说是四种精神），亦即竞争精神、思辨精神、批判精神和人本主义精神，成为我们行为的准则，把古希腊的两个定理（科学和民主）作为我们的指南，我们就必然会彻底解决这个现代民主社会的问题。

人类迄今的历史表明，文明和进步的社会不一定可以战胜野蛮和落后的社会，这就如同人的健康肌体未必可以战胜癌细胞。代表了恶势力的癌细胞可以依靠它在某些方面的强大力量扼杀健康的肌体，并且用它强大的扩张能力占领整个肌体，从而让整个肌体死亡。在开始的时候，癌细胞可以在数量上和能量上都很小，但是如果不及时清除，原本健康的肌体将最后死亡。人类的历史也是如此。

如果说人类在古希腊文明后期被迫地接受了她的消亡，那么人类在文艺复兴后的今天主动地扬弃了文艺复兴所弘扬的价值。古希腊文明已经是数千年前的事情了，文艺复兴也过去了数百年，曾经高举古希腊文明和文艺复兴大旗的西方已经逐渐远离了作为其文明源泉的古希腊文明。在人类文明最重要的精神领域，西方实际上已经在背离古希腊和文艺复兴的传统道路上越走越远。古罗马的悲剧会再现吗？这绝非杞人忧天或耸人听闻。我们绝不希望到失去之后才理解曾经拥有的意义。

古罗马人最终丢失了古希腊文明，从而欧洲步入了漫长的暗夜。人类是幸运的，在这几近千年的漫漫长夜后，迎来了以"文艺复兴"为代表的古希腊文明的复苏。如果我们现代人最终也丢失了古希腊文明，那么我们也将无可避免地再次进入漫漫长夜。在那长夜的尽头还会有再一次的"文艺复兴"吗？人类的失而复得的幸运未必会重复，人类未必会有再一次的机会。

因此，让我们在还未失去的时候就开始珍惜吧。也许，现在是需要重温"文艺复兴"的时候了。

十一 拷问古希腊——当代的自责

我们从来不乏拷问久远过去和遥远他乡的"勇气"，但是我们真的敢于拷问自己的时代和脚下的故乡吗？

——作　者

人类真的在数千年前曾经有过一个我们今天都难以企及的文明吗？随着叹惜和感慨，我们承认：是的，这就是古希腊。她创立了科学体系，诞生了民主制度，她孕育的竞争精神、思辨精神、批判精神和人本主义精神是人类社会精神文明的基础和准则。

但古希腊并非天堂，亦非完美无缺。现在让我们把古希腊请出来细细拷问，因为我们不想让此时此地输给遥远的他乡和过去。

古希腊有奴隶的存在是其不完美的重要特征。在古希腊，奴隶没有公民的权利。任何一个将人划分成不平等阶层的社会都不能被称做完美的社会。因此，古希腊是不完美的。不过，古希腊奴隶的生活条件并不像国人想象的那样悲惨。国人曾刻意把久远的过去和遥远的他乡描绘成人间炼狱，以便让此时此地的现实显得容易忍受。但是随着深入了解古希腊奴隶生活状况，我不禁额头渗出冷汗。绝非由于古希腊奴隶境况之悲惨，而是相比之下我的经历更加不堪。

古希腊的奴隶有两种，一种是为家庭服务的奴隶：当一个家庭接受奴隶的时候，必须举行一种仪式，比如把干果甜品洒到新来的奴隶头上和身上，此形式和一个家庭领养孩子是一样的。此后，此奴隶就成了这个家庭的一员，奴隶死后也葬在这个家庭的墓地里。另一种是为社会服务的奴隶：他们的工作几乎涵盖了所有的社会领域，也包括经商和金融。

奴隶经营生意的利润在理论上都属于他所服务的对象，但实际上作为主人的总是会把利润的一部分给奴隶。所以才有了奴隶在经济上非常成功的例子，比如前面章节中德摩斯梯尼讲述的那两个奴隶，他们在银行工作，后来不仅成为富翁，还成为了公民。回想我当初在太行山那"人不如驴"的亲身经历，绝无底气对古希腊的奴隶居高临下。

和奴隶问题相当的还有古希腊的妇女问题。细心的读者应该注意到在前文附录的伯里克利在殉国将士葬礼上的演讲词中有这样一句话："我也应该对那些今后成为寡妇的人讲一些妇道美德。我只说简短的忠告。你们最大的光荣是不要让自己表现得比自然赋予你们的更弱，并且，不要让男人以任何理由议论你们，无论是由于好还是坏。"

正如伯里克利精辟地论述了雅典的民主制度，他也直言不讳地表达了古希腊社会对妇女的偏见。古希腊社会的妇女社会地位低于男子，她们没有选举和被选举权。因此，在古希腊的民主中，没有妇女的直接参与。这绝非一个完美的社会应该有的现象。

但是古希腊的妇女不必裹脚，不必成为男人的殉葬，不必遭受即便近代妇女也难以避免的虐待。妇女可以不从命于丈夫，可以拒绝和丈夫做爱，显然妇女在家庭中的地位并不比男人低多少。古希腊社会有钱人家妇女的活动范围通常限于家中，而家境比较差的和奴隶阶层的妇女却为了谋生而抛头露面于社会。不管社会地位如何，妇女都有自己经常的社交和聚会，也可以理所当然地到剧场和男人一样看演出，参加庄严的聚会和仪式。

即便在近代妇女地位得到了很大改善的西方，其政治权利也来得相当晚。不少欧洲国家的妇女到20世纪后才得到了选举和被选举权。而西方以外的很多国家，妇女至今的境况绝不乐观。

由于奴隶和妇女的问题，古希腊的民主权利就并非人人拥有，而仅属于成年的男性公民。即便如此，也很难说古希腊的民主就不如今天的民主。现在民主国家的议会由议员组成，他们代表了各自选区的公民，而古希腊的议会（公民大会）由全体公民组成，他们肯定也兼顾了那些不能投票的家庭成员的利益，所以公民大会中的公民类似于现在议会中的议员。在结构上和制度上，现代民主更加精细，也更加完整，但是古希腊的公民大会比现在任何形式的代表大会制度都更直接地体现了选民的意愿，古希腊公民的参政比今天任何国家的公民都更认真和更具责任心。

我们还可以指责古希腊人有"种族歧视"，理由是他们经常把其他民族说成是"野蛮人"。这显然可以构成今天我们定义的"种族歧视"。

古希腊人确实把自己和所谓的"野蛮人"区别开来，但是在古希腊人眼里，所谓"野蛮人"并非是智力的问题，而是人品的问题。因此很难说古希腊人有种族歧视，也许有文化歧视的嫌疑，但是绝非种族歧视。埃斯库罗斯在《波斯人》中这样定义了"野蛮人"：他们追求奢侈；不约束自己的感情和行为；俯首让独裁者统治。对于古希腊人来说，这三条是构成

"野蛮人"的最根本的特征，至于民族背景，却并不重要。

和古希腊时代的哲学、科学、艺术、文学的完美相比，古希腊时代的法律显得稚嫩和逊色。后来的罗马人在法律上继承和发展了古希腊的传统，这是罗马人超越古希腊人的唯一领域。

但我们也不能忽视古希腊在法律上的持续进步。人类历史上每个民族都有这样的做法：一人犯法，全家治罪，甚至一人犯法，株连九族，古中国也不例外。而古希腊在荷马史诗时代就已经废除了连带治罪。

德拉古（Draco，公元前7世纪）是古希腊雅典的立法者。当时法律之严厉，令后世的西方从德拉古的名字派生出一个形容词Draconian以形容严酷，这想必出自后世的角度。但也正是这个德拉古废除了连带治罪，从此仅仅罪犯本人被惩治，而其家人朋友不受牵连。

古希腊也有酷刑。有一种酷刑是用桎梏固定犯人的手足和头部，然后弃之不管，直至饿毙。今天看来很残忍，但这和其他民族的酷刑相比，则仁慈了很多。在华夏历史上，炮烙、车裂、凌迟等，不胜枚举。相比之下，这类似于绝食而死的酷刑就相形见绌了。研究也表明古希腊死刑中可能包括把犯人钉死在十字架和砍头，而类似阉割这样旨在消灭人尊严的酷刑，从未在古希腊出现过，它仅是东方的发明，包括波斯和古代中国。

在我看来，古希腊雅典最不能被原谅的错误是苏格拉底被判处死刑，苏格拉底的定罪过程非常复杂，但是不管出于什么原因和由于什么环境和背景，这都足以指明雅典的法律缺陷和民主制度存在的问题。苏格拉底面对指控的答辩词显示了他仍然有权利和机会申诉自己的观点，他当时也可以选择流亡而

免予死刑，但是高贵的苏格拉底拒绝选择流亡。

　　苏格拉底的罪名是用异端邪说教坏了年轻人，但是这个罪名实际上在法庭上也是不能成立的。当时的雅典对异端邪说的宽容程度从对阿里斯多芬的讽刺喜剧的普遍被接受和欢迎中可见一斑。阿里斯多芬的喜剧《云彩》是一个典型，其剧情是这样的：

　　　　一对父子，由于生活方式不对，欠下了一屁股债。于是商量如何应对，此时父亲听说在雅典有一个学校，专门教授知识给"聪明的笨蛋"，据说所有的问题都可以在那里找到解决的办法。在父亲的建议下，儿子去了那里学习。学的东西不着边际，但是很新颖。他了解到，真正对人类生活起作用的不是人，也不是神，而是天上的云彩。并且，一切权威都可以蔑视。正讲授着，雅典最聪明的哲人苏格拉底坐着箩筐由别人抬进来了。学问到手，儿子就回家了，但是还债还是无从谈起，父亲质问他为什么没有学到办法，儿子想到了蔑视一切权威的教导，于是推论，既然所有的权威都可以蔑视，那么父亲也不例外，于是他就把父亲捆了起来，痛打一顿，赶了出去。但是债务问题依然如故。

　　从这个令人捧腹的剧目可以看到，在民主的雅典，言论自由，苏格拉底由于名声远扬，所以也就容易成为众矢之的，要想蛊惑人心也实在不容易，树大招风倒是很有可能。苏格拉底自称牛虻，意为用刺痛的方式教育民众。由此看来，雅典人并非圣贤，还是有被激怒的时候的。雅典容忍了阿里斯多芬的辛辣讽刺，但是雅典人还是证明了他们不是圣贤。又有谁是圣贤呢？连古希腊人所创造的诸神也非圣贤。

我们需要把古希腊理想化为完美无缺吗？研究古希腊文明的著名学者Robert Flaceliere这样说雅典人："他们的伟大远远超过了他们的不足，以至于根本没有必要来粉饰和理想化这样一个伟大的民族。确实，雅典人不公正地置苏格拉底于死地，但是，苏格拉底自己也是雅典人，作为人来说，世上还有比苏格拉底更伟大的吗？"[1]

伯里克利时代的雅典是民主的典范，但是强大的雅典也奉行了霸权主义和对海外的扩张。后来的亚历山大大帝更是霸权的典型。如果说亚历山大对于波斯的一些过激做法还情有可原，那么他对于古希腊城邦、诗人品达故乡的底比斯（Thebes）的杀戮就绝难被原谅。不管亚历山大的文治武功对于传播古希腊文明起了多大的作用，这一罪行必定是亚历山大乃至古希腊的污点，被人诟病千年也咎由自取。

但是亚历山大在东征中普遍开明的做法使得其大军沿途得到了很多民众的支持。毕竟是波斯首先在亚历山大之前侵略了古希腊，因此亚历山大的东征更像是解放者，尤其是对被波斯占领的爱奥尼亚地区的古希腊城邦来说。亚历山大善待了被打败的波斯国王大流士的妻女家人，也善待了波斯民众和军人。而他的扩张所随之带去的文明使得他的远征不仅仅是征服，随军东进的自然哲学家不仅带回各种动植物进行研究，而且也带去了古希腊文化。而他所创建的以他名字命名的在埃及的亚历山大城随后超越了雅典成为希腊世界的学术中心。在他英年早逝后兴起的希腊化时期，是人类在古希腊古典时代后最重要的文明时期。

至于雅典的霸权和扩张也许是人类历史中过程和结果都

[1] R. Flaceliere. Daily Life in Greece at the Time of Pericles. London, Phoenix Press, 2002, p.278.

是最文明的霸权和扩张了。如果后世的霸权都如雅典，也许人类历史就没有什么可以抱怨的了。

今人还可以指责古希腊的有，古希腊的科学不注重应用，因此没有给古希腊带来本应更加广泛的技术应用和生产力的提高。但是，科学是否一定要以实际应用来衡量其价值？这是一个由来已久的争论。科学的力量通常要经过很久的沉淀才可以显现，而古希腊人有这个耐心，因为他们不急功近利。这恐怕难以说成是古希腊的弱点。相反，古希腊科学的非功利特征和古希腊文明的从容不迫也许正是现代人类文明需要回归的本源。

科学进入近代给人类带来的不仅是福祉，也有灾祸。正是科学，使得核能的利用成为可能，一方面，作为能源造福人类，而另一方面，作为武器威胁人类。科学，带领人类告别蒙昧，又让人类面临更大威胁；治愈了许多可怕的绝症，但又制造出众多人为的灾难；赋予人类征服自然的力量，但又让人类的任何错误都变得不可宽恕。一场由棍棒做武器的战争，即便竭尽全力也伤亡有限，但是一场核战争，一个错误决定就可能摧毁人类文明。科学就是这样一柄双刃剑，在帮助人类所向披靡的同时，也让人类面临利刃的威胁。当人类庆幸越来越远离洪荒的时候，却陡然发现，终极的灾难是如此近在咫尺。难道我们数千年为了远离洪荒的艰难跋涉终究会变成走向毁灭的不归之路吗？

人类也许必须责怪德谟克里特和古希腊，如果不是他的原子学说和古希腊的科学精神，世界不会认识核能，于是也不会有核武器，不会饱受核威胁。但我们能如此责怪德谟克里特吗？如前所述，古希腊人其实并不急于把知识转变为改造世界的生产力，这是一个从现代角度来看的缺陷，但也是一个人类久违了的美德。如果现代社会也如同古希腊那样不急功近利，那样从容不迫，那么我们的科学应用就会审慎得多，于是未必就会有这么多的副作用。

我本想写出古希腊的不足之处，从而说明古希腊并非一个完美的社会，以此显得公允，也使得具有东方背景的我，心态可以更加平衡一些。但当我为此绞尽脑汁搜肠刮肚之时，逐渐意识到自己其实是在做一件极不公平的事情，我正在用当代世界最好和最辉煌的成就做标尺来衡量古希腊的不足。但这以今人的标准和眼光审视古希腊的不足之拷问，最终仍然演变成了对我自己和当代世界的拷问。诚然，必须要用今天的社会和准则来搜刮古希腊的不完美，这本身就是对古希腊的褒奖。

在迄今不可思议的物质成就下，当代人可能忘乎所以起来。当顿然意识到所有这些物质成就都来自于科学技术，而科学正源于古希腊时，我们所有的高傲立即代之以卑谦。数千年过去了，如果除去技术进步带来的生活便利，当代世界少有资本可夸耀自己优于古希腊。可以不夸张地断言：我们所有的成就都是在古希腊的框架中取得的，而所有的麻烦，都是背离了古希腊原则的结果。

和古希腊相比，现代社会少了一些理性，多了一些功利；少了一些超脱，多了一些现实；少了一些崇高，多了一些世俗。比起古希腊来，当今社会的问题更多、更严重。古希腊不会信奉一个被称做完美的权威，让人类世世代代为了祖先曾经偷吃的一个苹果而承担沉重的罪责，比如宗教所教导的；古希腊不会为虐待妇女制造理论上的依据，比如一些民众所笃信的；古希腊更不曾把公民当作自己权势的垫脚石和可以随意牺牲的数字，比如所有的近代独裁者所奉行的。古希腊，不曾有过被迫或从被迫演变成自觉行动的蒙面隐形的妇女，不曾有过从未见过选票更不知选举为何事的所谓"公民"。

当我用同样的标准来审视现代社会时，骤然发现，把我们指责古希腊的不完美之处放大百倍，就是人类社会今天需要解决的问题。难道这些现代的困难和尴尬不正是背离了古希腊精神的缘故吗？如果我们今天在物质文明中仍然保有了古希腊的竞争精神、思辨精神、批判精神和人本主义精神，我们便不必有这些问题；如果我们今天可以把科学和民主作为真正的理想和行动准则，就不必有如此困境。

这正是在我，作为当代人拷问古希腊时，来自内心的自责，对此我愕然和语塞，甚至汗流浃背。面对这数千年前的伟大精神文明，我们应该不再将其尚不完美之处作为自我骄傲的理由和自我辩护的借口。在这个伟大文明面前，我们每次试图作为仲裁的努力，都会以更像被告而告终。我们不必追究古希腊社会是否完美，因为古希腊精神已经足够让我们自叹弗如。

于是，我将中止对古希腊的拷问，而转向我们自己的时代和社会，也许，这才是需要我们真正拷问的。

但是，我们有这样的勇气吗？我们从来不乏拷问久远过去和遥远他乡的"勇气"，但是我们真的敢于拷问当今的时代和脚下的故乡吗？

十二 梦醒人间——走向明天

　　那是一个奥林匹克年的晴朗夏日，我搭船从雅典的比雷埃夫斯港（Piraeus）来到了爱琴海（Aegean）的艾达（Ida）岛，我坐在海边的岩石上，近处是清澈的大海，远方是湛蓝的天空，我的目光从眼前的清澈，移向远处的湛蓝。极目远眺，海天一色。

　　越过大海向北，是雅典和希腊本土，苏格拉底、柏拉图和伯里克利的故乡；我的西面，是伯罗奔尼撒半岛，荷马史诗和奥林匹克的故乡；越过伯罗奔尼撒半岛的更西面，是意大利的西西里半岛，阿基米德的故乡；而向东，越过更加广阔的海面，是众多的爱奥尼亚岛屿和小亚细亚，泰勒斯、德谟克里特和盖伦的故乡；南面，是克里特岛，人类文明最早的发源地之一；再向南越过整个地中海，是曾经的古希腊城市亚历山大城，托勒密和埃拉托色尼奉献了毕生精力的地方……这些震耳欲聋的地名和人名就在我极目远眺中回响在我的耳边，提醒着我关于古希腊的伟大奇迹。

　　艾达岛没有什么现代的建筑，似乎数千年的时光并没有在这里留下痕迹。地中海的夏日清风阵阵袭来，这惬意把我的想象带回到了久远的过去，四周的景色从未谋面，却似曾相识。我曾经到过这里吗？这个近乎荒唐的念头一闪之间，我突然感到，数千年已经过去，那个奇迹般的时代早已远去，那些创造了奇迹的伟人早已作古，这里曾经演绎的经典早已步入永恒。

我难以相信流行的宗教教义，但这样一片海洋和土地上孕育出的无与伦比的古希腊文明，让我感到也许冥冥中有神的存在。这里的环境无法解释为什么古希腊人和古希腊文明被赋予了这些特质。世间有的是和希腊相似的大海、岛屿和大陆，为什么只有古希腊的成就举世无双？也许古希腊就是上帝赠予人类理性的灯塔？那么，真的有神灵吗？有，还是没有，都无法证明——正如康德所说。和古希腊文明的曾经存在相比，这些都不再重要，古希腊本身就是答案，没有必要再寻求背后的神灵——正如伯里克利的伟大演讲词中没有提及神一样，我们的心智已经足够成熟而不必再乞求神灵的保佑，而只需在心中留一份真诚的神圣。

在海天一色的外面，是浩渺无垠的宇宙空间。那里有着数以百亿计的星系，其中有一个普普通通的星系，是人类所在的银河系；在银河系中有一颗普普通通的恒星和围绕其旋转的几颗行星，组成了我们的太阳系；其中一个极不普通又极普通的行星就是我们生活于其上的地球。

宇宙的空间和时间有着我们难以想象的尺度，宇宙的年龄大约是137亿年，而宇宙的哈勃半径是137亿光年。但这还不是宇宙的尺度。近年来的研究结果表明，宇宙的半径远远大于哈勃半径。亦即，按照"大爆炸"理论，宇宙从尺度为零膨胀到现状的线速度居然超过了光速。这和狭义相对论相悖，但尚不违反广义相对论。如果有一天"相对论"被证伪，那也纯属正常。任何科学理论都只是人类认识旅途上的"里程碑"，而科学精神才是旅途的永恒指南。

如果觉得这太遥远，那么就回到我们的太阳系和银河系。对我们来说，太阳系的尺度已经非常之大：最近的天体月球距离我们38万公里，如果以时速100公里驾驶汽车，从地球出发抵达月球需要昼夜不停连续驾驶约160天；如果以同样的方式从地球出发抵达太阳，则需要连续不断驾驶160多年；而如果用这样的方式到毗邻我们（4.2光年）的恒星"半人马座比邻星"去，则需要4000万年。这仍然是一些无法理喻的尺度和数字，与我们熟悉的日常生活毫不相干。那么，让我们把宇宙缩小来看看其相对的尺度吧。

如果把地球和太阳的距离缩小到1米，按此比例，太阳就是一个直径1厘米的小球，地球和几大行星则变成了肉眼仅可辨别的尘埃，太阳系最外层的小行星冥王星在距离太阳大约40米处。而此时，距离太阳系最近的恒星"半人马座比邻星"还在280公里以外的地方，而银河系的边缘，还在数万公里以外。这幅大大缩小了的宇宙图景，使我们意识到太阳系和地球是多么渺小。

银河系像一个扁平的铁饼，其直径约10万光年，厚度约1万光年。亦即，10万年前的从银河系一侧发出的光，今天才抵达银河系的另一侧。或者说，从银河系一侧发出的光才走了不到其直径的1/10，人类文明便已从洪荒演绎到了今天。

如果把宇宙诞生之日到今天算做一年，亦即假定，宇宙诞生于1月1日的0：00′00″，现在是12月31日的午夜24：00′00″，那么地球大约是在4月15日诞生的，恐龙是在12月29日（即两天前）的早上灭绝的，原始人类是在12月31日的22：00（即两个小时以前）出现的，而人类的文明史是在12月31日23：59′42″，也就是距离现在18秒前才开始的。

这幅时间和空间的尺度大大缩小了的宇宙图景，显示了人类的生存空间和文明时间是多么微不足道。然而这微不足道，就是人类生存和文明的全部。在这微不足道之中，人类演

彩图 9-1 杰里科的《梅杜萨之筏》，作于 1818—1819 年，现藏于巴黎卢浮宫

彩图 9-2 德拉克罗瓦的《自由女神引导人民》，作于 1830 年，现藏于巴黎卢浮宫

绎了悲欢离合、世道沧桑。就是这微不足道的空间和时间内产生的文明却能够使人类认识到自己和宇宙之间的关系，能够了解宇宙的广袤的空间和久远的时间。如此微不足道的文明居然可以如此伟大，令人难以想象。而这正是古希腊文明使然。

遗憾的是，就在此微不足道的空间和时间里，长久以来人类还刻意把自己分成了各种派别，在民族、宗教和意识形态的旗帜下，彼此明争暗斗甚至兵戎相见。共享一个如此微不足道的空间和时间的我们，居然还不愿共享一个普适的价值标准？听来匪夷所思，但是却从来如此。

人类的纷争在于不能保有共同的价值观，文明的消亡就是这些纷争的终极结果。历史已经自明，但是重蹈覆辙却代代相传。我们尚不能确定人类的第三次世界大战将使用什么武器，但是我们可以确定，任何第三次世界大战以后的战争，人类只能使用石头和棍棒了。

也许有人会反唇相讥，为什么我们要认同其他民族的价值观和文明呢？那么我们用亚里士多德的方式来论证我的观点：古希腊文明无疑是人类文明，而我们无疑是人类的一部分，那么古希腊文明也是我们的文明。证明完毕。

华夏许多人认为古希腊文明源于西方，好像由于此，西方才接受了古希腊文明，而对于华夏所在的东方来说，这就是一个外来的文明，于是就不易接受。其实从地理上来说，古希腊文明对西方和东方几乎等距。古希腊文明诞生在地中海地区，其中相当一部分古希腊哲学家生活在属于东方的小亚细亚。西方人之所以接受古希腊文明并非由于其地理，我相信，即便古希腊文明的创造者不是希腊人而是东方人，文艺复兴时期的西方人也会接受她。

在作为文艺复兴前奏的大翻译运动前，欧洲和东方同样不知道古希腊文明，甚至欧洲比东方更不知道古希腊文明。如果欧洲有勇气把古希腊文明继承为自己的文明，那么东方有什么理由不这样做呢？难道我们对于"科学和民主"还有什么犹豫吗？难道我们对古希腊的竞争精神、思辨精神、批判精神和人本主义精神还有什么怀疑吗？这些人类普适的价值，绝无可能分成"西"和"东"。既然我们已经意识到整个人类都居住在同一个"地球村"里，还何必以居住在村东头为理由而拒绝村西头的优点呢？

既然现代奥林匹克运动已经无可争辩地成为全人类的庆典，那么奥林匹克运动所诠释的那个真正的文明内涵，亦即古希腊文明，应当更理所当然成为全人类走向未来的鞭策。

人类社会和自然科学一样，是有普适的原则的。是古希腊文明首次提供了最重要的普适标准。毋庸讳言，科学和民主就是人类的普适价值标准，只是有人口是心非。如果科学和民主成为人类真正的共同准则，那么我们这个小小的星球就不会如此多灾多难。

康德说得不错，对人类来说最不可思议的和最为神圣的是："我们头上的灿烂星空，我们心中的道德准则。"也许我们应该将康德的名言增加几个字："我们头上共同的灿烂星空，我们心中共同的道德准则。"人类的价值必须是普适的，就如同科学定律，绝不应随着地域和民族的不同而异。正如我们可以用不同的符号书写科学定律，用不同的语言阐述自然规律，但是所表达的实质并无二致。

当我的思绪从太空的无尘黑暗中回来时，爱琴海晴空万里、阳光灿烂、碧波荡漾。按照那个大大缩小了的时空比喻，此刻，正是一年最后一天的"午夜"，宇宙刚满周岁，而人类文明才满18秒。午夜钟声刚刚敲响，我们会有明年吗？我们会有明天吗？甚至，我们还有另外一个18秒吗？

古希腊的奥林匹克运动会持续了1000年，我们的现代奥林匹克运动会能够持续这么长时间吗？面对这现代的流光溢彩和华美外表，我总有一种忐忑和期望，如果我们能够在现代的物质条件下仍然保持古希腊的精神文明，那么世界必定如同此时的爱琴海——风和日丽。

好在正如我所信的，古希腊文明是每一个时代年轻人的同龄人，只要她在我们之中，我们必能，穿过这永远令人景仰的古希腊奇迹和废墟，带着其给予我们的永恒的启示和感召，走过这午夜，走向明天，走向明年。

以古希腊的名义，以古希腊奥林匹克的名义，以我们头顶上灿烂星空的名义，我们宣称："人类文明万岁！"

人物索引

A

Aeschylus，埃斯库罗斯，公元前525—前456年，古希腊悲剧诗人，与索福克勒斯（Sophocles）和欧里庇得斯（Euripides）一起被称为古希腊最伟大的悲剧作家。第139、147、148、152、153、154、212、253页。

Alexander the Great，亚历山大大帝，公元前356—前323年，古希腊统帅，征服了欧亚非广大地区，开创了"希腊化"时期。曾师从亚里士多德。第1、3、6、8、36、40、232、256页。

Anaxagoras，阿那克萨哥拉，公元前500—前428年，古希腊哲学家。第123、124页。

Anaximander，阿那克西曼德，公元前610—前546年，古希腊哲学家。第137页。

Anaximenes，阿那克西美尼，约公元前585—前525年，古希腊哲学家。第137页。

Apollonius，阿波罗尼，公元前262—前190年，古希腊数学家，与阿基米德、欧几里得一起被誉为古希腊三大数学家。第57、134页。

Archimedes，阿基米德，公元前287—前212年，古希腊哲学家、数学家和物理学家。第36、40、113、116、119、120、121、130、134、138、140、141、260页。

Aristarchus，阿里斯塔克，约公元前310—前230年，古希腊天文学家、数学家，首次提出日心说。第132、133、201页。

Aristophanes，阿里斯托芬，约公元前446—前386年，古希腊早期喜剧代表作家，有"喜剧之父"之称。第71、72、90页。

Aristotle，亚里士多德，公元前384—前322年，古希腊哲学家和科学家，百科全书式的学者，在许多领域都留下广泛著作。第1、15、23、31、32、40、41、57、68、69、89、90、116、120、136、138、139、140、185、206、232、263页。

B

Beethoven，贝多芬，公元1770—1827年，德国作曲家。第25、205页。

扁鹊，原名秦越人，中国春秋战国时期名医。第137页。

Buchanan，布坎南，公元1938—，美国政治家，曾两次参加总统选举的共和党内提名竞争。第233页。

Byron，拜伦，公元1788—1824年，英国浪漫主义诗人。第25、35、64、65、66页。

C

Castiglioni，卡司蒂廖尼，公元1874—1953年，意大利著名医史学家。第135页。

陈省身，公元1911—2004年，美籍华裔数学家。第77、135页。

Chopin，萧邦，公元1810—1849年，波兰作曲家和钢琴家。第220页。

Churchill，丘吉尔，公元1874—1965年，英国政治家，两度出任英国首相。第233、235页。

Columbus，哥伦布，公元1451—1506年，意大利航海家，发现了美洲大陆。第134、202页。

Copernicus，哥白尼，公元1473—1543年，波兰天文学家，提出了日心说。第201、202页。

Coubertin，顾拜旦，公元1863—1937年，现代奥林匹克运动的发起人，被誉为"现代奥林匹克之父"。第8、15、101页。

D

Darwin，达尔文，公元1809—1882年，英国生物学家，进化论的奠基人。第136页。

Da Vinci，达·芬奇，公元1452—1519年，意大利艺术家和科学家，"文艺复兴三杰"之一。第39、43、44、45、46页。

Delacroix，德拉克罗瓦，公元1798—1863年，法国著名画家，浪漫主义画派的代表人物。第220、221页。

Democritus，德谟克里特，约公元前460—前370年，古希腊哲学家，原子论的创始人之一。第22、123、124、131、257、260页。

Demosthenes，德摩斯梯尼，公元前384—前322年，古希腊雄辩家、政治家。第162、252页。

Diogenes，第欧根尼，公元前404—前323年，古希腊哲学家，犬儒学派的代表人物。他强调禁欲主义的自我满足，鼓励放弃舒适环境。第40页。

Diophantus，刁潘都，约公元200—284年，古希腊数学家，亚历山大学派学者，被尊为"代数之父"。第36、134页。

E

Eisenhower，艾森豪威尔，公元1890—1969年，美国陆军五星上将和第34任总统，第二次世界大战期间担任盟军在欧洲的最高指挥官。第233页。

Einstein，爱因斯坦，公元1879—1955年，理论物理学家，相对论的创立者。第57、202页。

Erasistratus，埃拉西斯特拉图，公元前304—前250年，古希腊医师，西方生理学创始人。第136页。

Eratosthenes，埃拉托色尼，公元前276—前194年，古希腊地理学家、天文学家，曾任亚历山大图书馆馆长。他第一个算出地球周长，又被称为"地理学之父"。第133、134、202、260页。

Euclid，欧几里得，约公元前330—前275年，古希腊数学家，被称为"几何之父"，以其所著的《几何原本》闻名于世。第23、24、40、55、57、58、67、123、128、133、138、166、185页。

Eudoxus，欧多克斯，公元前408—前355年，希腊天文学家和数学家，曾受教于柏拉图。第137、138页。

Euripides，欧里庇得斯，公元前480—前406年，古希腊戏剧家，与埃斯库罗斯和索福克勒斯并称为三大悲剧大师。第71、78、79、139页。

F

Fourier，傅立叶，公元1768—1830年，法国数学家、物理学家。第220页。

G

Galen，盖伦，约公元129—199年，古希腊医学家和解剖学家。第36、136、138、260页。

Galileo，伽利略，公元1564—1642年，意大利物理学家、数学家、天文学家及哲学家，被誉为"现代科学之父"。第41页。

Gericault，杰里科，公元1791—1824年，法国浪漫主义画派的先驱。第220、221页。

龚自珍，公元1792—1841年，中国清朝中后期思想家、文学家。第88页。

H

Hamilton，Edith，伊迪丝·汉密尔顿，公元1867—1963年，美国作家及翻译家。第165页。

汉武帝，名刘彻，公元前156—前87年，西汉第七位皇帝，在位54年，其间汉朝达到了极盛，然而他的迷信和暴虐也常常为史学家所批评。第85、86、96页。

Heraclitus，赫拉克利特，约公元前535—前475年，古希腊哲学家，以弗所（Ephesus）派的创始人，辩证法的奠基人之一。第40、43页。

Herodotus，希罗多德，约公元前484—前425年，古希腊历史学家，被誉为"历史之父"。第15、138页。

Herophilus，希罗菲勒，公元前335—前280年，希腊化时代最伟大的解剖学家，被尊为"解剖学之父"。第136页。

Hippocrates，希波克拉底，约公元前460—前377年，古希腊医师，被西方尊为"医学之父"，他的"希波克拉底誓言"至今仍是行医的道德准则。第135、136、138、162、163、166页。

Homer，荷马，公元前8世纪，"荷马史诗"《伊利亚特》和《奥德赛》的作者。第2、19、29、138、144、145、179、206、254、260页。

华佗，约公元145—208年，东汉末医学家。第137页。

皇甫谧，公元215—282年，西晋学者、医学家。第137页。

Hue，Evariste-Regis，古伯察，公元1813—1860年，法国遣使会传教士，1839年入华。他是第一个进入西藏的法国人，著有《鞑靼西藏旅行记》等。第209页。

惠子，即惠施，公元前390—前317年，战国时政治家、辩客和哲学家，是名家的代表人物。第126、127页。

Hypatia，希帕提娅，公元370—415年，古希腊女学者、哲学家、数学家和天文学家。第37、40页。

K

Kant，康德，公元1724—1804年，德国古典哲学创始人，被认为是对现代欧洲最具影响力的思想家之一，也是启蒙运动最后一位主要哲学家。第261、264页。

孔子，即孔丘，公元前551—前479年，中国春秋末期的思想家和教育家，儒家学派创始人。第12页。

L

老子，据传说公元前600—前470年，中国春秋时期的思想家、道家学派创始人。第126页。

Laplace，拉普拉斯，公元1749—1827年，法国数学家和天文学家，天体力学的主要奠基人，也是分析概率论的创始人。第166、167页。

M

N

家和自然哲学家，被誉为人类历史上最伟大、最有影响力的科学家。第58、130页。

P

Pasion，帕西昂，生卒年不详，古希腊奴隶，后成为银行家。第162页。

Parmenides，巴门尼德，约公元前515—前5世纪中叶，古希腊哲学家，前苏格拉底哲学家中最有代表性的人物之一。他认为没有事物会改变，我们的感官认知是不可靠的。第40页。

Patton，巴顿，公元1885—1945年，第二次世界大战中的美国将领。第233页。

Pericles，伯里克利，约公元前495—前429年，古希腊政治家，雅典民主政治的代表人物。他执政的时代是雅典最辉煌的时代。第29、31、32、118、139、142、155、156、157、158、159、160、161、166、174、175、185、203、204、205、208、252、256、260、261页。

Petofi，裴多菲，公元1823—1849年，匈牙利诗人，著有箴言诗《自由与爱情》。第7、25页。

Pheidippides，斐迪庇第斯，公元前？—前490年，古希腊人，参与希波战争马拉松战役，为了传递胜利消息，他带伤以生命的代价一口气跑到雅典。这是第一届雅典奥林匹克运动会设立马拉松项目的原因。第20、21页。

Phormio，佛米奥，生卒年不详，古希腊奴隶，后成为著名银行家。第162页。

Pindar，品达，约公元前518—前442年，古希腊诗人，被认为是九大抒情诗人之首。第153、256页。

Plato，柏拉图，约公元前427—前347年，古希腊哲学家。第1、14、23、40、55、69、71、89、90、113、136、140、145、147、203、206、260页。

Pompidou，蓬皮杜，公元1911—1974年，法国政治家，曾任法兰西第五共和国总理、总统。第224、226、227、229页。

Praxiteles，普拉克西特列斯，生卒年不详，主要创作年代为公元前370—前330年，古希腊古典后期杰出的雕塑家。第172页。

Protagoras，普罗泰戈拉，约公元前480—前410年，古希腊哲学家，智者派的主要代表人物。第124、139页。

Ptolemy，托勒密，约公元90—168年，古希腊地理学家、天文学家和数学家，创立了地心说。第37、40、41、145、198、260页。

Pythagoras，毕达哥拉斯，约公元前580—前500年，古希腊哲学家、数学家和音乐理论家，毕达哥拉斯定理（勾股定理）的首先发现者。第22、40、57、58、121、122、127、130、133、137页。

Q

屈原，公元前340—前278年，中国战国末期楚国人，浪漫主义诗人。第154页。

R

Raphael，拉斐尔，公元1483—1520年，意大利著名画家，"文艺复兴三杰"之一。第39、40、41、43、45页。

Repin，列宾，公元1844—1930年，俄罗斯批判现实主义绘画大师。第49页。

Rossini，罗西尼，公元1792—1868年，意大利歌剧作曲家。第220页。

Roosevelt，罗斯福，公元1882—1945年，第32任美国总统，第二次世界大战时在任。第233、234页。

S

Samaranch，萨马兰奇，公元1920—2010年，西班牙人，前国际奥林匹克委员会主席。第101页。

Socrates，苏格拉底，公元前469—前399年，古希腊哲学家，和其学生柏拉图及柏拉图的学生亚里士多德被并称为希腊三哲人。第1、14、29、40、69、71、89、113、145、147、208、254、255、256、260页。

Solon，梭伦，公元前638—前559年，古希腊七贤之一，杰出的政治家及诗人，曾出任雅典城邦的第一任执政官，制定法律，进行改革，史称

"梭伦改革"。第29、208页。

Smith, Arthur Henderson, 明恩溥, 公元1845—1932年, 美国公理会来华传教士, 1872年来华, 是最早向美国总统老罗斯福建议退还中国庚子赔款的人。著有多种关于中国的书籍,《中国人的性格》一书曾被鲁迅向国人郑重推荐。第209、210页。

苏东坡, 即苏轼, 公元1037—1101年, 中国北宋时期的文学家、书法家。第164页。

T

Thales, 泰勒斯, 约公元前624—前546年, 古希腊哲学家, 米利都学派的创始人, 古希腊七贤之一。第120、137、260页。

Thucydides, 修昔底德, 公元前460—前395年, 古希腊历史学家。第138、139、142、175页。

田蚡, 公元前? —前131年, 中国西汉王朝汉武帝的舅舅、大臣, 封武安侯。第86页。

U

Umar, 哈里发奥马尔, 约公元591—644年, 伊斯兰教历史上的第二任哈里发, 在位期间伊斯兰帝国以空前的速度进行扩张。第37页。

V

Voltaire, 伏尔泰, 公元1694—1778年, 法国思想家、哲学家及文学家, 启蒙运动领袖人物之一, 被称为"法兰西思想之父"。第67、89页。

W

王粲, 公元177—217年, 中国东汉文学家, 建安七子之一, 擅长辞赋, 被誉为"七子之冠冕"。第137页。

Y

严复，公元1854—1921年，中国近代启蒙思想家、翻译家。他翻译了《天演论》、《群己权界论》等，将西方的社会学、政治学、政治经济学、哲学和自然科学系统地介绍到中国，产生了深远影响。第205、206页。

Z

Zeno，芝诺，约公元前490—前425年，古希腊哲学家、数学家。第22、40、70、129、130页。

张仲景，公元150—219年，东汉末年著名医学家，被尊为"医圣"，著有《伤寒杂病论》。第137页。

曾子，即曾参，公元前505—前435年，孔子学说的主要继承人和传播者，后世儒家尊他为"宗圣"。第76、77页。

赵爽，约公元3世纪初，中国古代数学家与天文学家，著有《周髀算经注》，即对《周髀算经》的详细注释。第58页。

庄子，即庄周，约公元前369—前286年，中国战国时期的思想家、文学家，道家学派的代表人物。第126、127、129、131页。

祖冲之，公元429—500年，中国南朝刘宋时代的数学家、天文学家。第130页。

图书在版编目(CIP)数据

我们头上的灿烂星空 / (加) 林炎平著. —杭州：
浙江大学出版社，2010.8
ISBN 978-7-308-07890-0

Ⅰ.① 我… Ⅱ.① 林… Ⅲ.① 希腊–历史–普及读物
Ⅳ.① K545.09

中国版本图书馆CIP数据核字（2010）第157801号

浙江省版权局著作权合同登记图字:11-2010-102号

我们头上的灿烂星空

林炎平　著

责任编辑　葛玉丹
封面设计　罗　洪
出版发行　浙江大学出版社
　　　　　　（杭州市天目山路148号　邮政编码310007）
　　　　　　（网址：http://www.zjupress.com）
排　　版　杭州求是图文制作有限公司
印　　刷　浙江印刷集团有限公司
开　　本　710mm×1000mm　1/16
印　　张　17.5
插　　页　12
字　　数　200千字
版 印 次　2010年9月第1版　2010年9月第1次印刷
书　　号　ISBN 978-7-308-07890-0
定　　价　39.00元
